经验与先验
——张东荪多元认识论问题研究

张永超 著

中央编译出版社
Central Compilation & Translation Press

图书在版编目(CIP)数据

经验与先验——张东荪多元认识论问题研究/张永超著.
—北京：中央编译出版社，2012.11
ISBN 978-7-5117-1514-2

Ⅰ.①经…
Ⅱ.①张…
Ⅲ.①张东荪(1886—1973)-多元论-认识论-研究
Ⅳ.①B261.5　②B017

中国版本图书馆 CIP 数据核字(2012)第 252215 号

经验与先验——张东荪多元认识论问题研究

出 版 人	刘明清
出版统筹	薛晓源
责任编辑	苗永姝
责任印制	尹 珺
出版发行	中央编译出版社
地　　址	北京西城区车公庄大街乙5号鸿儒大厦B座(100044)
电　　话	(010)52612345(总编室)　(010)52612335(编辑室)
	(010)66161011(团购部)　(010)52612332(网络销售)
	(010)66130345(发行部)　(010)66509618(读者服务部)
网　　址	www.cctphome.com
经　　销	全国新华书店
印　　刷	河北下花园光华印刷有限责任公司
开　　本	787 毫米×1092 毫米　1/16
字　　数	222 千字
印　　张	16
版　　次	2012 年 11 月第 1 版第 1 次印刷
定　　价	45.00 元

本社常年法律顾问：北京市吴栾赵阎律师事务所律师　闫军　梁勤
凡有印装质量问题，本社负责调换，电话：(010)66509618

没有现代性的现代化
——读张永超博士《经验与先验》

北京大学教授　胡军

记得 2011 年 12 月底前,我曾参加了中国发展战略研究会与中国创新战略研究会共同举办的"中国科学技术发展道路"的高层论坛。在几位主要发言人讲完之后,一位老年学者提了一个他自己本人认为比较幼稚的问题,即如果不把技术算在内,究竟什么是科学?当时似乎没有学者对这么一个看似简单的问题给予令人满意的回答。

其实在中国积极提倡科学的历史几乎长达一个世纪,但即便在今天的学术界对于什么是科学似乎也没有很深入、正确的理解,确实令人费解与困惑。汉语"科学"一词译自英语的"Science",而英语"Science"则源自拉丁语词 Scientia,这一拉丁词的最广泛的意义就是指的学问或知识,但英语词"Science"却是指自然科学。比较接近拉丁词"科学"原意的是德语 Wissenschaft 一词,指称的是一切有系统的学问,既包括自然科学,也包括历史学、语言学及哲学。这就是科学的本来意思。显然,此处所说的科学尚未将技术包含在内。可见,所谓科学的原意就是系统的理论知识体系。我们需要格外注意的是,这样的知识体系是包括自然科学、社会科学与人文学科在内的,而不仅仅指称自然科学。

科学史告诉我们,首先对经验现象加以知识理性考察的,应该说是希腊艾奥尼亚(Ionia)的自然哲学家们。他们将丈量土地得到大量的经验规则（大部分是从埃及传来的）变成一门演绎科学——几何学。而创始者相传是米利都的泰勒斯和萨默斯的毕达哥拉斯。三百年后，亚历山大里亚的欧几里得才对古代几何学加以最后的系统化。几何学是最早出现的科学。① 几何学的出现显然是对大量经验现象和规则的总结和提升，但这种总结和提升必须要有知识理性思维的能力。苏格拉底和柏拉图的雅典学派很重视对几何学的研究与运用。他们虽然也关心自然哲学的研究，但却更加对人自身的思维或心灵的作用入了迷。于是就不再去研究自然，而把目光转向自身。据说，柏拉图学院的门口就写着这样的几个字"不懂几何学者请勿入内"。我们看《柏拉图对话集》关注的焦点全在于论证的过程或思维的过程，他们追求思维过程的充分、明确、完整，这样的过程就是论证的过程。正是在这样过程的追求之中，人的抽象而系统的思维能力得到了极大的提高。亚里士多德就是极其相信自己的思考能力的哲学家，而不热心于对经验现象的考察与认识，正是他创立了至今仍然起着重要作用的思维工具——逻辑学。

我国古代的科技取得了丰硕的成果，但它们基本上还是经验性的，远没有形成理论体系，缺乏系统的科学思想和科学方法。"如农学，著作不可谓不多，但这些农学书大体上都是各种农业生产具体经验的记载，几乎未曾做出理论性的概括和总结，更没有形成理论体系。又如我国古代天文学基本上就是为制定历法服务的。虽然天象观察上有许多成果，却极少探讨理论性的问题，从未认真研究过宇宙结构模型。我国古代数学成就甚大，刘徽也做过一些理论性探索，但这样的工作亦未能继续展开。像古希腊人那样对自然界的相当认真、具体、深入的理论性研究，在中国古代不曾有过。"当近代西方自然科学传入之后，中国古代科技迅速为其所代替也是势所必然。②

在近代，中国古代科技为西方科技迅速取代是一个谁也不能否认的

---

① 丹皮尔：《科学史》，商务印书馆，1987年。
② 潘永祥主编：《自然科学发展简史》，北京大学出版社，1984年。

历史事实。其实,同样的情形不只发生在科技界。在我们自以为擅长的社科界、人文学科领域内近百年来也发生着同样的事实。如果说我国古代思想家们不甚关心自然界的问题,所以关于自然界的知识知之甚少。但他们却长期以来十分热衷于人自身的各种问题,就数量而论确实也不在少数。但遗憾的是,我们却发现社会科学与人文学科各个学科的奠基人似乎也都是西方学术界的。我们可以孟子与亚里士多德作简单的比较。孟子比亚里士多德早出生一年,即公元前385年,亚里士多德出生在公元前384年。由于他们俩的文化学术背景上的差异,导致了他们所谓思维方式之间本质上的不同。他们的研究领域也完全不一样。如《孟子》一书讨论的东西只涉及伦理学、政治学的部分内容。要注意的是,伦理学、政治学不是孟子创设的,而是亚里士多德。亚里士多德创设并研究的领域涉及伦理学、政治学、诗学、物理学、形而上学、动物学、植物学、逻辑学、天文、音乐等。(《亚里士多德全集》中文版共十卷,前九卷目录如下:第一卷《工具论》,第二卷《物理学》、《论天》、《论生成和消灭》、《天象学》、《论宇宙》,第三卷《论灵魂》、《论感觉及其对象》、《论记忆》、《论睡眠》、《论梦》、《论睡眠中的征兆》、《论生命的长短》、《论青年和老年》、《论生和死》、《论呼吸》、《论气息》,第四卷《动物志》,第五卷《论动物部分》、《论动物运动》、《论动物行进》、《论动物生成》,第六卷《论颜色》、《论声音》、《体相学》、《论植物》、《奇闻集》、《机械学》、《论不可分割的线》、《论风的方位和名称》,第七卷《形而上学》,第八卷《尼各马可伦理学》、《大伦理学》、《优台谟伦理学》、《论善与恶》,第九卷《政治学》、《家政学》、《修辞术》、《亚历山大修辞学》、《论诗》、《雅典政制》、《残篇》)。事实上,正是亚里士多德开创了分科治学的传统。这一传统我们沿袭至今未变。

我们尤需注意的是,他们两人不仅研究领域相差甚大,研究方法更是完全不同。如孟子从性善推出仁政。亚里士多德却将伦理的善与国家的善区分开来。个人的善是伦理学研究的对象,国家的善是政治学研究的对象。后来的马基雅维利、马克思·韦伯在这一问题上也与亚里士多德持基本相同的思想立场,认为政治从来都不是以道德为依据的。现在看来,政治学与伦理学研究领域之间的联系不能说没有,但就其知识性质的角度立论,那我们就不得不说在本质上两者之间有极大的区别。

其实,亚里士多德与孟子之间最大的不同在于,亚里士多德尤其关注思维学科及其方法论本身的研究,西方逻辑学科就诞生于他的手上。在亚里士多德看来,要著书立说、要论辩,首先要注意的是如何使我们的思维遵循一定的推导的规则。更令人我们感到惊讶的是,亚里士多德已经自觉地将思维的形式与思维的内容严格地区别开来,并制定了严格的三段论推导规则。而孟子则从来不关心此类问题。孟子以好辩而闻名于历史,但他的辩论却没有自觉地遵循一定的思维规则,更无思维科学的指导,而是以其情感和气势取胜。由于缺乏严格的思维规则的指导,孟子的论辩过程经常是自相矛盾的。俩人的区别在于,亚里士多德已经自觉而系统地建立了关于思维规则的理论知识,并以这样的理论知识指导自己的学术研究。不能说亚里士多德的逻辑学已臻于完美,后人对于其批判也不少,但两千多年来西方学术界的思维工具主要就是亚里士多德的逻辑学。

进而言之,我国现在的高等院校、研究机构的设置就是照搬西方的分科治学的模式。高校内各院系的设置,各院系使用的教科书样本都是模仿西方的学术研究模式。即便是中国哲学史、中国伦理学史等讲述的是中国传统的思想,但它们的叙述模式及其方法还仍然是西方的。尽管我们从情感上很难认同,但无情的事实却是,理论知识的研究不是我们传统文化所长,我们没有能力将关于研究对象的经验观察上升提炼为知识体系。我们学术界的此种局限至今仍未得到根本的改变,在自然科学界、社会科学界即人文学界看不见有突破性进展的新知识体系及研究方法论的出现。由于没有知识体系更新换代的能力,所以在技术上我们也只能拾人牙慧,人云亦云,亦步亦趋。现时代的技术产品主要就是知识的结晶,这是谁都难以否认的。如果说五六百年前技术产品还主要依靠经验，那么现代社会的高端技术产品无一不是知识产品。

张永超博士在其博士论文中讨论了一个重要的问题，即我们的传统文化中为什么没有形成知识论。他的着眼点主要在辨析中西本体论的差异。他的看法应该说是正确的，很有启发性，分析也深入。知识论固然是研究知识的，其实本体论也是以知识的形式来阐述或表达的。所以根本的问题，还在于怎么样培养将关于经验规则提炼为理论知识体系的能力。在此我们又不得不回到《柏拉图对话集》涉及的对话过程。对话过程就是思维得到逐步提升的过程，就是明确、细密、充分的论证过程。在古希腊哲学家看来，哲学思想体系不只是通过隽语、成语或标语等形式来表现的，而是一定要通过论证。之所以走上这样的思想途径，是因为古希腊的教育内容有其特点，这就是所谓的"四艺"：代数、几何、音乐、天文学。从少年时就必须学这"四艺"，经过十多年这样的教育后，只有其中的优秀者才有可能进入柏拉图学园深造。尤其需要我们注意的是，几何学在古希腊的充分发展，竟影响了代数学。而几何学本质上讲，主要就是一门论证的艺术。欧几里得的《几何原本》就清楚明确地表明了这一点。

西方学术界几千年的发展注重的就是这一明确充分完整的论证，知识的构成要素就是这一论证体系。由于缺乏这样的论证体系及其论证方法论，所以我们自古就没有思想家来讨论"什么是知识"这类的理论问题，因此也就不可能形成知识论的研究传统。由于这样的原因，当中国传统社会受到西方文化挤压之后，我们简直是束手无策，茫然不知所措。如产业革命并不是从我们的传统社会内自主地发展出来的，但我们却不得不被逼走上产业革命的道路。但你查查历史就清楚地知道，自英国产业革命以来支撑产业革命的技术革命有五六次之多，但这样的技术革命与我们几乎毫无关系，所以我们只得以廉价的劳动力和廉价的能源为代价引进西方的技术与资金。又如民主、自由、人权、社会改革等方面，我们的文化也缺乏相应的深入系统的研究。我们的文化缺乏关于中国现代社会发展与进步所急需的理论知识体系。

而论证是理性知识的基本要求。现代性的理解可以有差异，但其核心要素是明确而清晰的，即是要充分运用我们的理性去分析、解决所面临的各种问题，而不能仅仅凭借某些权威的评判和论断。启蒙运动的口号就是，理性高于神学等权威。一切思想、体制与社会行动的合理性也不是依靠权威的认定，而是必须站在理性的法庭面前接受理性的严格审查。这种理性审查的结果就是知识理论体系。我个人认为，任何关于法治（法制）、科学、民主、人权等的理论都毫无例外的是知识理论体系。返观我们现在进行的现代化建设所真正缺乏的就是这样的理性的论证后形成的知识理论体系。

基于上面的论述，我的看法是，尽管我们正在进行现代化的建设，但却没有关于现代化的理论知识的积累与存储，更谈不上研究与推进。基于这样的认识，中国要真正完成现代化建设的大业，首先是要成为文化的大国，而不只是经济的大国。要成为文化大国首要任务即是要加强对知识的研究，要在基础学科的各研究领域内有持续的突破与发展。

如果能够自觉地从上述的研究角度来审视张永超的著作，那么我们就不得不承认其论文具有重要的学术价值与意义。张永超同学2007年考入北京大学哲学系从我攻读哲学博士学位，2011年7月毕业。入学初，他曾拟就新文化运动晚期的思想作研究。不久他却对知识论的研究表现出了浓厚的兴趣，曾与我商量，博士学位论文能否改作张东荪的知识论思想研究。我当时即表示同意。在我看来，学术思想的研究动力就是浓厚的兴趣。在北大四年求学期间，张永超同学进步很大，对知识论及张东荪的知识论思想的研究不断深入而系统，颇有自己的不少想法。

张东荪作为民国时期影响较大的哲学家，他积极融合康德、新实在论、实用主义等学说试图构建自己的"多元认识论"体系，对其"多元认识论"作深入细致批评式的学理研究很有意义。本书不但搜集了几乎所有张东荪本人的文字，尤其是涉及认识论的所有论述，而且对于中国大陆学界的现有研究成果也有着较全面的研读与把握，书中材料翔实，对文献资料的引用是可信的。除此外，作者试图重构张东荪"多元认识论"的清晰理论框架，较妥当地处理了"条理论"与"新理学"的关系，并且能令人信服地批评张东荪对康德的"修正"，皆可视为本书在张东荪研究上的推进；另外，本书融合金岳霖的"所与"理论试图回答知识论中"所与是神话"问题，也给人耳目一新之感。总体上看，本书问题意识明确、逻辑性强、论证有力。我们要注意的是，作者对张东荪的研究强调的是学理性的探讨与对话，而不是跟着张东荪思想走，有自己个人独立的见解。

尤需注意者，中国近现代哲学领域近年来出现了不少好的成果，但知识论研究始终少人问津。之所以出现这一现象，是因为知识论研究的思路与中国传统思想的思路有着本质的区别。张永超不避知识论理论研究的艰险，主动选择了研究中国近现代知识论先驱者张东荪的相关思想，是颇为值得赞许的。通过短短四年的博士学习，他已掌握了此领域的基础性知识和很好的方法论方面的训练，完全可以预期，张永超博士在知识论研究领域将会取得更好的研究成就。

毫无疑问，知识论是研究知识之理的学问。就哲学的原意来看，哲学本就是与科学分不开的，你中有我，我中有你，剪不断、理还乱。西方历史上研究知识理论的哲学家一般说来都有很深厚的科学背景。中国现代以来虽有研究知识论的，如张东荪、金岳霖等人，但他们却没有这样强大的科学背景。于是，他们对某些知识理论问题的看法难免出现偏颇而走极端，甚至流于概念分析的游戏。建议张永超博士以后在作知识理论研究的同时，加强对科学及科学史的研究。如能长久努力下去，一定会取得丰硕的研究成果的。

目录 | Contents

引 论 中国为何缺乏知识论传统? ·········· 1
 第一节 从中西本体论之不同看中国缺乏知识论传统之原因 ······ 1
 第二节 由知识论传统缺乏到本书的选题 ············ 18

第一章 张东荪研究状况及其存在问题 ············ 21
 第一节 关于张东荪的研究文献综述 ············ 25
  一、新中国成立前的研究文献综述 ············ 26
  二、三十年来关于张东荪的研究文献综述（1980—2010） ···· 36
 第二节 研究现状中存在的问题 ············ 53
  一、文献铺陈过多 ············ 54
  二、问题意识欠缺 ············ 56
  三、颂扬多于批评 ············ 56
 第三节 由研究现状中存在的问题到本书的展开 ············ 59
  一、本书的选题 ············ 60
  二、本书的研究方法 ············ 61
  三、本书的研究意义 ············ 62

第二章 "多元认识论"问题导论 ············ 65
 第一节 "多元"认识论之涵义与演进 ············ 66

一、"多元"之涵义 ································· 67
　　二、"多元"之演进 ································· 72
　　三、"多元"间的关系 ······························· 76
第二节　"多元认识论"之特点 ··························· 77
　　一、主客交互 ····································· 78
　　二、非心非物 ····································· 80
　　三、循康德之路 ··································· 82
　　四、交互主义 ····································· 84
第三节　"多元认识论"讨论的问题 ······················· 86
　　一、外界之条理 ··································· 87
　　二、交界之所与 ··································· 88
　　三、内界之格式 ··································· 89
　　四、多元真理观 ··································· 90
本章小结 ··· 90

第三章　外界之条理 ································· 93

第一节　外界的条理是什么？ ··························· 95
　　一、条理分内外 ··································· 95
　　二、条理交互而成 ································· 96
　　三、真的外界条理 ································· 98
　　四、外界条理之特征 ······························· 104
第二节　外界条理、物自体、理学 ······················· 106
　　一、外界条理与物自体 ····························· 106
　　二、条理与理学 ··································· 108
本章小结 ··· 113

第四章　交界之所与 ································· 115

第一节　什么是所与？ ································· 116
　　一、所与与感觉 ··································· 117

二、所与为交界的造成者 …………………………………… 119
　第二节　所与是神话吗？ ……………………………………… 121
　　一、为何说所与是神话？ …………………………………… 121
　　二、何种意义上说所与不是神话？ ………………………… 128
　本章小结 ………………………………………………………… 137

第五章　内界之格式 ……………………………………… 139
　第一节　对"内界之格式"的界定 …………………………… 142
　　一、"认知上的先验格式"：时间、空间、主客 …………… 143
　　二、"名理上的先验格式" …………………………………… 148
　第二节　与康德先验格式之比较 ……………………………… 152
　　一、与康德之同 ……………………………………………… 153
　　二、与康德之异 ……………………………………………… 157
　第三节　先验格式之经验化 …………………………………… 162
　　一、时空之经验化 …………………………………………… 162
　　二、范畴之经验化 …………………………………………… 164
　　三、名学之经验化 …………………………………………… 166
　本章小结 ………………………………………………………… 169

第六章　多元真理观 ……………………………………… 173
　第一节　真理之绝对性与相对性 ……………………………… 174
　　一、对真的界定 ……………………………………………… 174
　　二、真理之绝对与相对 ……………………………………… 176
　第二节　真理综合说 …………………………………………… 179
　　一、对符合说、融洽说的批判 ……………………………… 179
　　二、唯用论倾向的真理综合说 ……………………………… 182
　第三节　多元真理观 …………………………………………… 185
　　一、三类知识系统与三种真 ………………………………… 185
　　二、多元真理观的内在困境 ………………………………… 189

本章小结 …………………………………………… 192

第七章　对"多元认识论"的再评价 ……………… 195
　　一、前人对"多元认识论"的评价 ………………… 197
　　二、对"多元认识论"的再评价 …………………… 200
　　三、由"多元认识论"到中国认识论传统之重建 …… 204

附录一　张东荪著、译、文详细年表 …………… 213

附录二　张东荪研究文献索引（1920—2011）…… 229

引 论 中国为何缺乏知识论传统?

第一节 从中西本体论之不同看中国缺乏知识论传统之原因

问题提出:为何说"中国缺乏①知识论传统?"

就中国学问传统分类来说,很难找出哪一门类为知识论,也很难说哪一学派专门研究"知识之所以为知识",金岳霖先生在《中国哲学》一文中说,"中国哲学的特点之一,是那种可以称为逻辑和认识论的意识不发达"。他说,"中国哲学家没有一种发达的认识论意识和逻辑意识,所以在表达思想时显得芜杂不连贯,这种情况会使惯于系统思维的人得到一种哲学上料想不到的不确定感",当然金岳霖先生认为逻辑意识和认识论意识并非没有发生过,他认为公孙龙一派的"离坚白"之说便是,"可见他们已经获得了西方哲学中那种理智的精细;凭着这些学说,哲学在某种意义上变成了锻炼精神的活动。然而这种趋向在中国是短命的;一开始虽然美妙,毕竟过早地夭折了。逻辑、认识论的意识仍然不发达,几乎一直到现在"。②

---

① 胡军教授和王中江教授对"缺乏"一词提出质疑,本文此词的意思与金岳霖所说"逻辑与认识论意识不发达"之"不发达"同义,中国古代哲学没有认识论传统,但对"认识"本身的反思并非没有。

② 刘培育选编:《金岳霖学术论文选》,北京:中国社会科学出版社,1990年,第352—353页。

贺麟先生在《知行合一新论》中说:"而知行问题,无论在中国的新理学或新心学中,在西洋的心理学或知识论中,均有重新提出讨论,重新加以批评研究的必要。我甚且以为,不批评地研究思有问题,而直谈本体,所得必为武断的玄学(dogmatic metaphysics);不批评地研究知行问题,而直谈道德,所得必为武断的伦理学(dogmatic ethics)。因为道德学研究行为的准则,善的概念,若不研究与行为相关的知识,与善相关的真,当然会陷于无本的独断。至于不理会知行的根本关系,一味只知下'汝应如此'、'汝应知彼',使由不使知的道德命令的人,当然就是狭义的、武断的道德家。而那不审问他人行为背后的知识基础,只知从表面去判断别人行为的是非善恶的人,则他们所下的道德判断也就是武断的道德判断。因为反对道德判断、道德命令和道德学上的武断主义,所以我们要提出知行问题。因为要超出常识的浅薄与矛盾,所以我们要重新提出表面上好像与常识违反的知行合一说。"① 贺麟先生在这里突出知识论研究的必要,我们可以看出并非单指"知行问题"而言,他认为无论是玄学或伦理学都应有知识论的背景与训练,否则便是武断的,在这里也可以看出贺麟先生对发展中国哲学新路向的思考,其中重视知识论便是核心内容之一。

进而言之,就中国传统学问而言,通过知识论研究或训练方能更好把握传统学问的真精神,至少知识论训练会为我们提供一个新的研究视角。这里需要说明的是,本论文讨论的知识论是指探讨知识之理的学问②。在汤一介先生给张耀南《张东荪知识论研究》所写的序言中也说:"我们知道,中国哲学在西方哲学的冲击下,许多学者都意识到,

---

① 贺麟:《五十年来的中国哲学》,北京:商务印书馆,2002年,第130—131页。
② 这里我借用了金岳霖先生在《知识论》一书中对"知识论"的界定。另外,目前大多数学者认为知识论与认识论是研究相同的问题,因为 Epistemology 源自希腊文 episteme(知识)和 logos(理论),所以一般将二者等同使用,自然也有学者试图区分二者的不同。就汉语语境来说,"认识"与"知识"是两个概念,"认识"除了具有知识的一些含义外,还具有动词词性"去认知"的含义,但就"知识论"或"认识论"来讲本文不作区分,依然沿用西哲传统的用法,视二者为同义的。

在中国传统哲学缺乏系统的认识论理论。"① 其中他举出了熊十力念念不忘要做"量论"而未做的遗憾,谈到金岳霖、冯友兰、贺麟对知识论缺乏的认同与重视。这些论据大致可以证明中国传统哲学是缺乏知识论传统的。② 但原因何在呢?

一、从一个"争论"谈起——中国/西方没有本体论

(一) 熊十力:西方没有"本体论"

熊十力先生在与张东荪先生的论学书札中谈到,"可见中西学问不同,只是一方在知识上偏注重一点就成功了科学;一方在修养上偏注重一点就成功了哲学"③,这里很明显熊先生对西方的解读偏重于科学与知识,而他所理解的中国意义上的哲学,西方甚或可以说是没有的,而且,"弟素主哲学只有本体论为其分内事,除此皆多理论科学。……时贤鄙弃本体论,弟终以此为穷极万化之原,乃学问之归墟"④,在此又可以看到熊先生对"本体论"的颂扬,认为哲学主要以"本体论"为分内事,而且这里的哲学也主要存于中国,因为西方成就的是科学,他可能对当时西方哲学界"拒斥形而上学"有所耳闻还颇有打抱不平之意,其实他所说的"本体论"与维也纳学派所"拒斥"的形而上学并非同一对象。在熊先生看来,"本体论即是学问的,非宗教的,而科学确不能夺取此一片领土,则哲学终当与科学对立,此又不待烦言而解。弟坚决主张划分科哲领域,科学假定外界独存,故理在外物,而穷理必

---

① 张耀南:《张东荪知识论研究》,台北:洪业文化事业有限公司,1995 年,汤一介序。
② 这里我们需要说明的是应区分知识与知识论,二者有着不同的对象与内容。说中国没有知识论传统,并不意味着中国没有知识,因为知识论是对知识本身的考察,探讨知识之所以为知识,真之所以为真,它不是某种具体的知识、具体的真、具体的理,而是一般的、普遍必然的知识之理。
③ 熊十力:《十力语要》,上海:上海书店出版社,2007 年,"与张东荪",第 61 页。
④ 熊十力:《十力语要》,上海:上海书店出版社,2007 年,"与张东荪",第 64 页。

用纯客观的方法,故是知识底学问。哲学通宇宙、生命、真理、知能而为一,本无内外,故道在反躬,非实践无由证见,故是修养的学问"①。这便是熊先生所理解的本体论"通宇宙、生命、真理、知能而为一,本无内外,故道在反躬,非实践无由证见,故是修养的学问"。而此种"本体论",西方是没有的。

(二)俞宣孟:中国没有"本体论(ontology)"

中国到底有没有本体论?俞宣孟先生在其《本体论研究》称:"本名 ontology 所指的内容是以'是'为其核心范畴的、逻辑地推论出来的范畴体系。中国哲学中并没有这样的内容。然而'本体论'这个译名却很容易将人引向另一类内容,即以为它是关于本根、本体、体用等的学说。于是人们误以为中国哲学史中也存在着类似西方 ontology 的部分,甚至把中国哲学本体论问题当作专题作肯定的研究。这真是谬种误传了。这种误解的要害是把'本体论'这个名称中所包含的西方传统哲学的特殊形态和思想方法掩盖掉了。"② 俞先生的本意是中国没有本体论,他在《中国传统哲学中没有本体论》一文中依据沃尔夫对哲学的分类,他以赞同中国有"本体/根论"的张岱年先生为例说,"当张岱年先生说中国古代有本体论时,他恰恰混淆了本体论和宇宙论的区别。他说:'西方传统的形而上学分为 ontology 与 Cosmology,中国古代哲学中,本根论相当于西方的 ontology,大化论相当于西方的 Cosmology'。根据这个说法,他至少应当是意识到本体论(ontology)与宇宙论(Cosmology)的区别的。令人惊讶的是,在他同一本书中说:'宇宙哲学本是整个的,今为方便而加以区分。本根论研究万事万物之本原,大化论研究由本根而有之大化历程之主要内容'。我们不知道这里的'宇宙哲学'与'宇宙论'有什么区别。而且,既然本根论相当于本体论,

---

① 熊十力:《十力语要》,上海:上海书店出版社,2007 年,"与张东荪",第 65 页。
② 俞宣孟:《本体论研究》,上海:上海人民出版社,1999 年,第 573 页。

它就不应属于宇宙哲学,反之,既然本根论属于'宇宙哲学',它就不应当相当于本体论"①。

之所以会有这种误解,俞先生分析认为是"与分类上的混淆密切相关的,是对本体论本义的误解。张先生显然是把本体论理解成关于'本体'的学说,进而把'本体'当作关于世界本原的概念了。这是出于望文生义而易犯的错误。西方的本体论是研究关于以'是'为核心的范畴体系的。本体论发展到亚里士多德才出现本体范畴。即使在亚里士多德以及他以后的一些哲学家中,本体范畴在本体论中占有重要的地位,他们始终把本体看作是"是者"中之一种,从来也没有企图以本体取代过'是'"②。在这里请注意,俞先生对"本体"一词多种含义的运用,本体论是与"是论"对应或等同的,但作为范畴的"本体"则是"是者"的一种。而俞先生对中国传统哲学的看法是"中国哲学没有本体论",他从"思想观念的象征性……系辞'是'的运用历程"以及相应的逻辑体系层面予以说明。③ 这里需要指出的是俞先生丝毫没有贬斥中国传统哲学的含义,他只是从学理上予以说明中国没有"本体论"以及何以如此的原因。

(三)争论之实质:以辞害义与中西"本体论"之不同

以上二者针锋相对的"争论",我们很可以看出熊先生所说的"本体论"不是"ontology",同样他认为,他所说的本体论西方是没有的;我们也可以看出与俞宣孟先生声称中国没有"本体论"(ontology)一样,熊先生也认为西方没有"本体论"(生命学问),这是个很有趣的

---

① 俞宣孟:《中国传统哲学中没有本体论》,《探索与争鸣》,1986年第6期,第5—6页;这里需要说明的是,俞先生所批评的是张岱年先生《中国古代本体论的发展规律》(载《社会科学战线》1985年第3期)和《中国哲学中的本体观念》(载《安徽大学学报》1983年第3期)两文的说法,还有《中国哲学大纲》中关于"本根论"的表述。
② 俞宣孟:《中国传统哲学中没有本体论》,《探索与争鸣》,1986年第6期,第6页。
③ 俞宣孟:《中国传统哲学中没有本体论》,《探索与争鸣》,1986年第6期,第6—8页。

现象；只是，我们不得不说，虽然双方都用了"本体论"一词，但是二者有着不同的所指，正如金岳霖先生所指出的那样，"把一些熟知的哲学用语加之于西方哲学足以引起误会，用于中国哲学则更加不妙"①。这也是陈康先生所担忧的"以辞害义"之祸，种种的分歧往往都是因用词不当或同名异义造成的。那么"本体论"之含义是什么呢？或者说中西哲学传统有各自不同的本体论？那么中国的"本体论"主要指的是什么？西方传统哲学中的"本体论"又是什么意思呢？进而言之，此种"本体论"上的差异与中国的知识论传统缺乏有没有关系呢？这些问题我们逐渐深入展开，首先我们看一下将 ontology 译为"本体论"的不妥。

"本体论"作为"ontology"译名的不妥。在这里我们首先要澄清一种认识，中国哲学界所常说的"本体论"与"ontology"是不对应的，所指的对象不同，虽然依照译名习惯，二者都是"本体论"，但是内容并不同。据考证，用"本体论"一词来译西文 ontology 的，最初是日本学者，由此影响到中国人，"但 20 世纪 30 年代以后，日本学者已逐渐放弃'本体论'而采用'存在论'一词，大约从 50 年代至今便几乎完全用'存在论'代之，'本体论'这一术语已经消失"②。而中国人则沿用"本体论"一词直到今天，虽然已经有许多人提出这个词不能对应地翻译西方 ontology 一词，并提供了多种选择，如"存在论"、"存有论"、"是论"、"本是论"等，《BEING 与西方哲学传统》一书便是针对此问题展开讨论的论文合集，其中倾向较大的是译为"是论"，比如王太庆、陈康还有专门写了专著《是的哲学研究》的萧诗美，当然也有人维持"本体论"原名而要赋予它新意的，也有认为应根据语境主张"多义翻译"的。

---

① 刘培育选编：《金岳霖学术论文选》，北京：中国社会科学出版社，1990 年，第 351 页。

② 此处可参看刘立群：《"本体论"译名辩正》，《哲学研究》，1992 年第 12 期，以及杨学功：《从 ontology 译名之争看哲学术语的翻译原则》，载宋继杰主编：《BEING 与西方哲学传统》，保定：河北大学出版社，2002 年，第 300 页。

尽管"是论"最能体现原意，然而一到要一般地谈论西方的ontology时，往往不知不觉地顺从了原来的"本体论"的译法，反而觉得自己所提出的新译法很"别扭"。"是论"确实是个很别扭的词，汉语语境里一般不这样说，但是说法的不同正反映了不同文化基型间的思维方式。陈康先生在《巴曼尼得斯篇序》里便主张，哪怕暂时忍受语词的别扭与不顺，坚持"宁以义害辞，毋以辞害义"，他认为这不仅是引进一个新译名，同时也是为国人提供一种新的思维方式，传达一种本土所没有的思想。[①] 此种心境是很值得尊重的。而关于"本体论"译名目前学界的大致看法是："从讨论的情况看，大多数人已经公认，采用'本体论'来翻译ontology，或者把中文中'本体论'这一术语与西方作为一门哲学分支学科的ontology作为含义相同的概念等同起来，是完全错误的。因为在'ontology'中，作为词根的'on'根本没有汉语或中文里'本体'的意思，至少不是它的主要的基本的意思。"[②] 由此可见用"本体论"来翻译西方哲学的核心概念"ontology"确实是不妥的。

但是，是否因此就可以说中国哲学没有"本体论"呢？

二、境界与方法：中西本体论的不同

（一）中国传统哲学中的本体论为一种"境界论"[③]

中国传统哲学中的本体论实质为一种"境界论"。在30年代熊十力与张东荪在友好的论学中有一个争论，正是关于本体论的，张东荪认

[①] 陈康：《巴曼尼得斯篇序》，宋继杰主编：《BEING与西方哲学传统》，保定：河北大学出版社，2002年，第8—9页。

[②] 杨学功：《从ontology译名之争看哲学术语的翻译原则》，载宋继杰主编：《BEING与西方哲学传统》，保定：河北大学出版社，2002年，第316页。

[③] 严格来讲："境界论"与"本体论"是有区别的，但本文着重"本体"与"人生"或"天与人"之共通连贯处，在此意义上说，传统哲学中"本体论"是一种"境界论"，此处多依据熊十力先生的说法。

为中国哲学中没有本体论,他说中国哲学"不是西洋哲学中的所谓本质或本体的哲学(substance philosophy),与因果原则的哲学(causality philosophy)。因为所讲的只是可能的变化与其互相关系,并不问其背后的唯一本质或本体。其互相关系是由于一定的秩序所使然,并不是一因一果的相连。所以大体上可以说略近于西洋哲学上的'函数哲学'(function philosophy)"①,而"中国人却始终有'整体'(integral whole)的思想,即主张万物一体。我们却不可把整体即认为是'本体'。须知西方人所谓本体(即本质)即是指宇宙的原本的材料(ultimate stuff or substratum)而我们中国却不注重于这个材料本身与材料所造成者之分别。因此我们中国人所追求者不是万物的根底,而是部分如何对应整体的适应。这就是所谓天与人的关系。所谓适应即是天人通。中国思想自始至终可以'天人关系'四字概括其问题"②。

在这里,张对中国哲学的论述大致是可以的,虽然他用"整体"和"本体"来区分中西或许不太妥切,但是他对西方"本体"的解读则是错误的,他将"substance philosophy"译为"本体的哲学",substance 一般学界都将其译为"实体"以区别于 ontology 的"本体";而且张先生所说的"本体的哲学"其实所指的是万物的本原或本质,他将"本体"解释成"宇宙的原本的材料(ultimate stuff or substratum)"依照传统的西哲系统分类,这属于宇宙论而不是本体论,无怪乎俞宣孟先生在说张先生给他"很多启发"时又说,"他所谓的本体哲学是指关于'本体'(substance)的学说,而不是关于 being 的本体论(ontology)。也许正因为他的这一偏失,致使人们误以为只要在中国哲学中找

---

① 张东荪:《知识与文化》,上海:商务印书馆,中华民国三十五年十二月再版,第99页。这里需要说明的是,此处的引用不是直接引自张东荪致熊十力先生的信札而是引自《知识与文化》一书,因为此思想是张东荪先生所坚持的,而张的此封信在《十力语要》中未附录,所以暂引《知识与文化》一书为证。

② 张东荪:《知识与文化》,上海:商务印书馆,中华民国三十五年十二月再版,第102页。

到'本'、'根'、'元'、'体'、'本体'这些概念，就算是有了本体论"①。虽然张先生对"本体论"存在着误读，但他认为中国没有本体论也是西方意义上的本体论（他所理解的实体哲学）。

在这里我们也可以附带评论一下张汝伦先生对中国"形而上学困境"的批评。在他陈述完熊十力先生本体论特征之后说："较之西方形而上学的相关思想，也并无特别之处。这并非熊氏无能，而是传统形态和思路的形而上学早已穷尽了其内在的可能性，再也提不出什么新东西了；同时也显示形而上学改弦更张势在必行。尤其是面对经验科学在人类精神世界与日常生活中前所未有的地位和支配性影响，形而上学必须重新寻找自己的活力所在。"② 张先生以康德对西方传统形而上学的批判为背景，认为熊、冯、金诸位中国哲学家无视康德的努力而继续构建这样的具有独断论倾向的"形而上学"恐怕很难走出康德所批判的形而上学困境；但是，我们可以看出熊十力等先生所构建的"形而上学"或"本体论"并非康德所批判的目标，如果非要与康德拉上关系的话，毋宁说正是康德要建立的"道德形而上学"，因为中国哲学家的本体论正是具有实践理性的道德论倾向的生命学问。③ 在这里张汝伦先生的错误便在于他依然把中国哲学的"本体论"视同为西方意义上的"本体论"。

熊十力先生在《新唯识论》语体文本中说，"然而本体论是阐明万化根源，是一切智智"④，在这里我们可以看出为中国哲学家所称道并极为推崇的"本体论"是一种"通宇宙、生命、真理、知能而为一"，这不是关于"ontology"需要用语言的逻辑推演，而是"本无内外，故道在反躬，非实践无由证见，故是修养的学问"。是一种需要精神体悟、

---

① 俞宣孟：《中国传统哲学中没有本体论》，《探索与争鸣》，1986年第6期，第5页。
② 张汝伦：《近代中国形而上学的困境》，《复旦学报》（社会科学版），1995年第3期，第114页。
③ 此处我想指出我们应区分熊十力的本体论与冯友兰的"新理学"和金岳霖的"论道"之不同，冯与金在对"本体论"的态度与情感上是中国式的，但他们的"玄学体系"则更具西方新实在论倾向，用的名词是中国的，但理论体系则是仿照西方哲学建立的，而熊十力的态度与内容都是中国式的本体论；熊与冯的争论可能正源于此，而洪谦对冯的批评也与此有关。
④ 熊十力：《熊十力论著集之一：新唯识论》，北京：中华书局，1985年，第248页。

同情了解、身体力行的精神境界，它是我们的价值之源、大化之本，中国哲学家所说的"本体"是就其根本价值源头、精神超越意义、至真至善境界而说的①，它与"是"或"关于是的学问"没有任何关系，与此相反的是，它着重"体悟"而尽力克服"语词"包括系词"是"的束缚，要做到"不落言筌"的精神超越，而这些与冷冰冰的"是论"（ontology）是截然不同的。

金岳霖先生在《论道》绪论中说："我现在要表示我对于元学的态度与对于知识论的态度不同。研究知识论我可以站在知识底对象范围之外，我可以暂时忘记我是人。凡问题之直接牵扯到人者我可以用冷静的态度去研究它，片面地忘记我是人适所以冷静我底态度。研究元学则不然，我虽可以忘记我是人，而我不能忘记'天地与我并生，万物与我为一'，我不仅在研究对象上求理智的了解，而且在研究底结果上求情感的满足。虽然从理智方面说我这里所谓道，我可以另立名目，而另立名目之后，这本书底思想不受影响；而从情感方面说，另立名目之后，此新名目之所谓也许就不能动我底心，怡我底情，养我底性。"② 这里便可以看出，中国的元学是可以"动我底心，怡我底情，养我底性"的，此种功能是那种重视逻辑、需要语言严格推演而成的"是论"所能具有的吗？这是一种情感的满足、境界的追求、精神的超越，这便是中国的本体论，根据以上分析，我将中国本体论定位为"境界论"。

那么西方的"本体论"是什么呢？

（二）西方的"本体论"实质为"方法论"

西方本体论指的是"是论"（ontology）。邓晓芒先生在《论中西本体论的差异》中说："由此可见把'本体'一词提出来以区别于单个的'本'或'体'的必要性，它表达的是'作为根本的体'。这种思维进

---

① 正是基于此，我说《新理学》和《论道》虽然有名词上的中国味道，但其内容与推演更具逻辑气息有明显的新实在论倾向。
② 金岳霖：《论道》，北京：商务印书馆，1987年，第17页。

程颇类似于亚里士多德从各种各样的'存在'中提出一个'作为存在的存在'来。但不同的是，亚里士多德的'存在'（是）自巴门尼德以来就同时是与'逻各斯'、语言和表述不可分的，具有逻辑系词的超越性含义（'是'），因而'作为存在的存在'也是在作为逻辑系词这种抽象意义的基础上被理解为个别实体，中国哲学的'本体'则始终是一个经验性的隐喻。"① 中国哲学的"本体"是不是一种"经验性的隐喻"我们可以再讨论，而且关于"本体论"的中国语境的含义上面已经表达了著者的看法，不过邓晓芒先生明确地指出了西方语境下"本体论"是关注"是"或者说"是之为是"（他译为"存在之为存在"）的学问，这便是"ontology"，它需要逻辑系词"是"，自巴曼尼德以来就同时"与逻各斯、语言和表述"分不开，这确实是道出了"ontology"的本义和秘密，从这里也很可以看出西方意义上的"本体论"与现代中国哲学家对"本体论"的理解与定位是何等的不同。

就语词上说，"ontology"源自希腊文"*logos*"（理论）和"*on*"（是），在17世纪，学者们创造了拉丁词"*ontologia*"，指称形而上学的一分支，以区别于其他分支，沃尔夫为这一术语的盛行做了不少贡献。作为形而上学的一般性的或理论性的部分，作为关于"是"的一般理论，本体论常常用以指整个形而上学。本体论关注"是"自身（即亚里士多德的作为"是"的"是"）的本质特性，其主要的问题包括："什么是'是'或什么存在"，"什么样的事物在第一意义上存在"，以及"不同种类的'是'如何互相联系"对。"是"的意义的研究始于巴曼尼德，在亚里士多德哲学中得到了系统的讨论。②

在汪子嵩、王太庆先生《关于"存在"和"是"》那篇文章里，他们谈到"是"时说："最早提出'是'的重要意义的是巴门尼德，但是他还没有将它确定为最高的哲学范畴，在他的残篇中，很少用 eon 这个

---

① 邓晓芒：《论中西本体论的差异》，《世界哲学》，2004年第1期，第18—19页。
② 关于本体论定义的解释参照了尼古拉斯·布宁，余纪元编著：《西方哲学英汉对照辞典》，北京：人民出版社，2001年，第708页。

词，主要用的还是 estin。亚里士多德才明确地将 on 定为最高的哲学范畴，他从各种不同的角度分析'是'的各种不同含义，创造了许多有关'是'的术语，并提出了相应的学说。虽然这些最终并没有能形成一个完整的关于'是'的系统的哲学，但是他开创了研究'是'的 ontology 即本体论这门学科。"① 二位先生通过对亚里士多德逻辑学诸篇和《形而上学》著作的考察，他们认为，亚里士多德认为哲学即"作为是的是"的学问，和其他各种特殊学问的关系是：第一，所有各种学问包括哲学在内都是研究"是"或是的东西的，但其他特殊学问只截取其中某一部分作为它的研究对象，只有哲学是以整体的"是"作为研究对象的。第二，就它们的研究内容说，哲学研究普遍的也就是单纯未分化的"作为是的是"，而其他特殊学问则研究已分化为某种特殊内容的"是的东西"，如数学研究作为数的"是"，物理学研究有运动变化的"是"。所以哲学和其他学问的关系是普遍和特殊的关系。

那么，作为"是的是"这门学问到底研究什么呢？汪、王二先生认为："因此'作为是的是'这门学问的任务不但要研究和'是'与'不是'关联最普遍的范畴，如一和多、同和异、相似和不相似、相等和不相等，以及对立、矛盾、相反、相关、有和缺失等范畴；而且要研究矛盾律和排中律这样的公理。"② 在这里我们可以清楚地看到，在传统意义上，自巴曼尼德开始，尤其是在亚里士多德那里"本体论"就是一门"作为是的是"的学问而被确定下来，而从词根角度看，"ontology"也是关于"on"也即关于"是"的学问，所以严格来讲，"ontology"翻译为"是论"更准确。这样便可以与中国哲学的"本体论"也即"境界论"很明显地区别开来，二者有着不同的研究方法与诉求，而且正是这种本体论层面的差异决定了两种文化基型的根本特质，种种

---

① 汪子嵩、王太庆：《关于"存在"和"是"》，《复旦学报》（社会科学版），2000 年第 1 期，第 28 页。
② 汪子嵩、王太庆：《关于"存在"和"是"》，《复旦学报》（社会科学版），2000 年第 1 期，第 35 页。

不同便由此而生。

西方的本体论"是论"实质为一种方法论。"作为是的是"的学问，研究"是"自身的本质特性，它"与逻各斯、语言和表述"分不开，而且要研究的正是最一般的、普遍的范畴和公理，在这里对范畴和公理的研究，其实都是在提供一种"普遍必然性"的工具说明，它不需要夹杂任何情感，是冷冰冰的逻辑推理，语言的运用也必须在严格的形式逻辑下进行，这些对最一般的范畴、公理的推敲，最终提供给其他具体科学的便是一套严谨的方法或工具，这里不需要体悟，任何人依照此套规则与方法，都会得到必然的结论，而且每步推理都是清楚的，金岳霖先生说希腊文化是十足的理智文化，人们需要思维工具，而希腊人提供的这类工具，我们很可以称为"思维的数学模式"。① 这样的哲学家"或多或少超脱了自己的哲学。他推理、论证，但是不传道"②，在此种意义上，我谨慎并尝试性地提出西方的本体论"是论"（ontology）实质上是一种方法论。③

三、由"本体论"的不同而产生"是"与"实"的思维方式

（一）"是论"与"是"的思维方式

"是论"决定④了求"是"的思维方式。这里的"求是"不是我们

---

① 刘培育选编：《金岳霖学术论文选》，北京：中国社会科学出版社，1990年，第353页。

② 刘培育选编：《金岳霖学术论文选》，北京：中国社会科学出版社，1990年，第361页。

③ 值得一提的是，康德在《纯粹理性批判》第二版序言中说"这项批判是一本关于方法的书"，在本人看来西方的本体论与方法论有着难分彼此的联系，对"是"的探讨本身就是一种逻辑方法的确立，亚里士多德的一些文本被命名为"工具篇"和"范畴篇"是颇有深意的。

④ 对于本体论与认识论间的"决定"关系，胡军教授不同意本文的看法；但严格来看，与其说二者是线性前后决定的，毋宁说二者是交互的、融合的。本文此处写法为不得已之举，目前更偏重二者间的交互性、渗透性，于中国哲学亦然。

通常所说的"实事求是",不是为了求得规律,"求是"的思维方式是说一种"是之为是"的探讨,对"所以然"的探讨。它需要严格运用逻辑、范畴、语言对所关注的问题进行推理、论证,在这里不用考虑实用,所唯一考虑的是每一步的严谨,像几何推理那样严格进行,由此而产生的态度是"为学问而学问",由此而产生的便是对基础"学理"的探求。方朝晖先生在《从 ontology 看中学与西学的不可比性》一文中说:

> 如果说西学思维方式的特点是以事实判断为前提,探究事物的实然状态,它以求"是"、求"知"等为旨归;那么中学思维方式的特点则是以价值判断为前提,探究事物的应然状态,它以求"应"(该)、求"善"等为旨归。前者把"知"(knowing)当作自己的首要任务,方法比结论具有更加优先的重要性;后者把"做"(doing,又可称之为"行")、"修身"、"践履"、"慎独"、"做人"等等当作自己的首要任务,结论比方法更加重要。如果把由前者所导致的学术称之为"科学"的话,那么由后者所导致的学术则可称之为宗教、准宗教或信仰类型的学问。这两种学问之间的不同我们可以通过下述这样一个极其简单的事实获得更清楚的认识:我们可以把伦理学称之为一门科学,但没有人把同样是研究道德问题的宗教学说当作科学。现将这两种思维方式作如下对比:

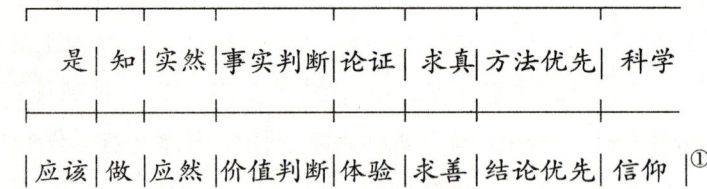

| 是 | 知 | 实然 | 事实判断 | 论证 | 求真 | 方法优先 | 科学 |
| 应该 | 做 | 应然 | 价值判断 | 体验 | 求善 | 结论优先 | 信仰 |①

由作为本体论的"是论"(或称方法论)而产生的"是"的思维方

---

① 方朝晖:《从 ontology 看中学与西学的不可比性》,宋继杰主编:《BEING 与西方哲学传统》,保定:河北大学出版社,2002 年,第 348—349 页。

式很可以给我们一把解读西方文化奥秘的钥匙,通过此种方式我们可以看出为何他们那样重视逻辑、语言与方法,为何他们讨论的问题总是难以离开逻辑、语言和方法。在此层面上,我们便可以理解为何他们会倡导"为学问而学问"的治学态度。由这样的治学态度,由这样的思维方式便毫无疑问会产生"认识论"传统,因为此种求"是"的思维方式必然包含了对认识的性质、起源等纯知识论问题的探讨。

(二)"境界论"与"实"的思维方式

"境界论"决定①了"实"的思维方式。中国哲学的本体论是一种"境界论",追求一种精神超越,这在西方是要借助于上帝、宗教才能完成的,但在中国哲学家眼里,这是个人通过修养、道德实践可以自我实现的。所以中国的学问特别强调"实践"、"实用",因为道德学问不在于你说得如何好、如何符合逻辑,所用的方法如何严谨,而是看你如何践行的,这便可以解释为何中国人强调你是如何"做"、实行的而不是如何"说"的;而且此种对精神境界的追求,也伴随着体悟、伴随着情感,正像金岳霖所说,它"动我底心,怡我底情,养我底性"。在这里我们可以看出某种吊诡,西方的学问重视"方法"研究的是普遍必然性的东西,那是离人最远的,完全可以抛弃作为人的感情,按说是"虚"的,但是正是此种"虚"产生了"实"的效果,因为他们表面上在研究关于"是"的遥不可及的学问,实际上正给任何一门学问提供了极为严谨的工具,所以必然会产生"实"的结果,因为工具或方法的精当,产生效果必然是可靠的;而中国学问在追求一种精神超越,但却很看重实效和践行,正因为此种态度反而给人以"玄谈"、"务虚"的特点。具体来说他们"为学问而学问"反而产生了真学问并有了真

---

① 此处"决定"一词不可作"线性"理解,思维方式与本体论到底谁更根本,谁决定谁?很难明确下断言,毋宁认为它们是彼此交互的、难分彼此的;至于探求本体论与思维方式之中西不同,牵涉到中西文明起源问题,需专文论述,非本论所能及。

实用，我们为实用而学问反而既没有可靠的学问①也难以产生真实的效用（科技方面），固然这是两种不同学问系统间的差异，各有优长，但在中西文化交流的今天，我们还是有借鉴、引介"为学问而学问"的必要。邓晓芒先生称中国人求实用是"渗透到血液里面的东西"，他批评徐友渔、陈嘉映尽写些政论和随笔，并坦诚自己也不愿纯粹"为学问而学问"，研究康德、黑格尔、海德格尔等，因为"这些人跟中国人的命运结合得更紧密一些，他们能对我们的人生起一种指导作用"，而作分析哲学便"觉得那样献身有点划不来"②。令人感到有趣的是，邓先生正是在检讨"百年来中国西方哲学研究中的实用主义偏向"时说那番话的。这样"实"的思维方式是无法产生出认识论传统的，因为此种思维方式产生的学问态度是"为实用而学问"，道德、修养都不是空无着落的，都是为着境界的提升、精神超越而做的。

四、结论："境界论"与"实"的思维方式决定了"中国知识论传统之缺乏"

"实"的思维方式无法产生知识论。我们再回顾一下前面对知识论定义的分析，知识论是对知识本身的考察，准确来说知识论是以"知识底理为对象，也就是以真假底理为对象。它底对象不是某一方面底理，它底内容不是某一方面底知识，它底对象是知识之所以为知识，它所要得到的是真之所以为真"③。这里我们很可以看出亚里士多德在《形而上学》中对"作为是的是的学问"的描述，正是有那种"是论"的本体论才会有"是"的思维方式的产生，因此才会产生对"知识之

---

① 这里笔者没有任何贬低中国哲学的意味，如此说法更是出于一个对百年来中国文化转型有深切体会者对中国传统哲学的进一步反省，对传统的敬意不能代替学术上的批判与反思；历史传统中的生命学问，如今看来依然是国人安身立命之极其宝贵的精神遗产，但是我们不能坐吃山空，既要整理家当、宝鼎弃瓠，又要吐故纳新、虚怀若谷。
② 邓晓芒：《哲学史方法论十四讲》，重庆：重庆大学出版社，2008年，第323页。
③ 金岳霖：《知识论》，北京：中国人民大学出版社，2010年，第9页。

理"的研究，在这里我们看到作为一个文化系统，它的本体论、知识论和方法论是相融相含的；另一方面我们中国对本体论的定位偏向于"境界"的精神超越，那么与此的方法便多强调"体悟"或负的方法，而对于"知识之理"的探讨便不在所讨论范围之内，这不是这一文化系统要关注的问题，所以由"境界论"的本体论所产生的"实"的思维方式，由此也决定了实用的学问态度，因此那种探求知识之理的纯粹"为学问而学问"的认识论传统是不可能产生的。这里我们还可以提一下杜威先生的一次谈话："杜威教授对中山先生说：'过重实用，则反不切实用。在西方没有人相信知是一件容易的事。'"① 蒋梦麟先生也说"每一种科学都是许多为学问而学问的人们经过几百年继续不断研究所积聚的结果。"在谈到人们对纯粹知识的实用态度时罗家伦先生说："科学本身是一种求真务确定精神之表现，他是一种纯粹的'知识的探求'（Intellectual persuit），他本身自有存在的价值，不必一定借应用为之表彰。"② 这里罗先生要强调的也是一种"为学问而学问"的纯粹知识探求的态度，所以说那种"实用"的思维方式不可能有"纯粹知识探求"的兴趣，也不可能产生专门探求"知识之理"的知识论传统。

通过对"中国为何缺乏知识论传统"问题的提出，我们看到中西本体论的不同，认为知识论是在西方"本体论"也即"是论"的语境下产生的，这种本体论实质为一种方法论，在此本体论下产生的思维方式是"求是"的，他们有种"为学问而学问"的对纯粹知识之理探求的方法与兴趣；而中国哲学的本体论是追求精神超越的"境界论"，与此相对应的思维方式是"实用"的，做学问的态度也是"为实用而学问"，由此便不看重逻辑意识和方法论意识，所以不可能产生对纯粹知识探求的兴趣，这样知识论传统在中国的缺乏便是注定的了。

---

① 蒋梦麟：《西潮·新潮》，长沙：岳麓书社，2000年，第117页。
② 罗志希：《科学与玄学》，北京：商务印书馆，1999年，第49页。

第二节　由知识论传统缺乏到本书的选题

从中国学术独立层面看重建知识论传统的必要。如果上面的论证不错，或者说中国缺乏知识论传统这一说法可以得到认可的话，著者认为我们有必要重建知识论传统，这不是单单引进知识论的问题，而是引进一种思维方式和一种做学问的方式，我们没有知识论传统，依照上面分析，不是单单的知识论问题，而是本体论差异基础上所形成的思维方式差异，我们缺乏的是"为学问而学问"的追求纯粹知识之理的兴趣。为什么自王国维提出"为学问而学问"到蔡元培先生主持北大时对纯粹学问的提倡，至今百年有余，我们依然对"为学问而学问"的治学态度难以接受呢？这是一种思维方式的问题。没有对纯粹学理的探求，便不可能有真正的学术独立。

罗家伦先生在谈到伟大的发明家爱迪生终不为英国皇家学会接纳时说，原因是他的贡献是"发明"而对学理没有任何发现。"我所以写到此事，因为我想到'中国学术独立'的基本问题。我以为中国如果想在世界学术上有点贡献，对于人类知识总量的基础上有点增加，则非从纯粹科学上着手不可。就是要谋科学在中国有真正的实用，也须从此着手。不然，则永久是向他人借贷，而不能自起炉灶。"① 这些话是1923年前后说的，很可以代表著者的意思，不过今日我们再检查罗先生的所言，我们是不是依然在借贷呢？依然难以走向学术独立呢？虽然这里他谈论的不是知识论问题，但是对纯粹科学的注重本身就是一种"为学问而学问"的态度，有了此种"求是"的思维方式，纯粹科学的产生才是可能的，知识论的产生才是可能的；换句话说，纯粹科学的研究与知识之理的探究是同一思维方式下的不同领域而已，或许他们处理的对象

---

① 罗志希：《科学与玄学》，北京：商务印书馆，1999年，第52页。

不同，但是所依据的思维方式都是一样的。而此种思维方式的训练，在著者看来便是知识论的立场与态度，有了对纯粹知识之理探求的兴趣与思维方式，那么知识论传统便可以得到重建，纯粹科学便可以着手研究，中国的学术便可以逐渐走向独立。

出于以上考虑，著者选取了张东荪先生的"多元认识论"加以研究，这不仅仅是一个个案研究，而是在中国缺乏知识论传统背景之下，从本体论角度解读知识论缺乏的原因的基础上，对重建中国知识论传统的一种努力和尝试。

第一章 张东荪研究状况及其存在问题

现在较为认可的看法是，民国以来在知识论领域有自己独立系统的学者有两位，一为金岳霖，二为张东荪；关于金岳霖先生的研究从 80 年代开始就已经很多了，尤其是他那部近 70 万字的巨著①出版之后，他作为知识论学者的地位已是无法动摇，而张东荪先生，虽然 80 年代后有零星的学者呐喊、研究，但是他在知识论领域的地位得到公认恐怕还需要一段时间。另外，关于张东荪与金岳霖知识论路向的不同，在 1990 年前后李维武先生就有专文陈述②，而 1994 年在北大读博士的张耀南先生还对此问题在博士论文中专一作了比较。但是著者感到不足的是张东荪认识论作为中国的"新康德主义"者这一点没有突出出来，张先生多次强调他的知识论是沿着康德路子出发的，也正是在这一点上张东荪的认识论具有明显的理性论特点，而与金岳霖先生具有实在论倾向的经验论③区别开来。我们知道在知识论领域，理性论与经验论的争

---

① 金岳霖：《知识论》，北京：中国人民大学出版社，2010 年，据该版本统计全书总计 66.5 万字，698 页。

② 李维武：《张东荪与金岳霖：中国现代知识论的两种路向》，《中国文化月刊》（台湾），1990 年第 127 期；另外与此类似的论文为张耀南：《张东荪与金岳霖：两条不同的知识论路向》，《长沙电力学院学报（社会科学版）》，1996 年第 1 期；赵青：《浅谈张东荪与金岳霖知识论之不同》，《天津党校学刊》，1997 年第 4 期。

③ 金岳霖先生自己的说法是："本知识论既不是经验主义的，也不是理性主义的。"他感觉"主义"一来便有抹杀彼此的毛病，主张经验与理性并重，但"虽然如此，实在主义也许最能表示本书底主旨"。金岳霖：《知识论》，北京：中国人民大学出版社，2010 年，第 13、14 页；张东荪先生也主张理性与经验并重，但从倾向上偏重理性，后期有变。

论旷日久远，而在中国的体现与新发展便是体现在张东荪和金岳霖身上。这样我们将二位不仅是放在中国引进西学的境域比较而是将他们放到哲学问题发展史上来看，便会明白他们真正的得失长短。

对张东荪学问的大致评价。鉴于1952年后张东荪先生因"政治原因"由鼎鼎有名的学者、政论家而从此在公众视野中消失，并失去了任教资格①，尤其是1968年以83岁高龄与长子一同被关进了秦城监狱，全家几乎遭受灭顶之灾②，在此我们回顾一下独立学人对张先生的评价或许是有必要的。牟宗三先生在1936年《一年来之哲学界并论本刊》文中谈到："在此所欲提出的是三位：一是熊十力先生，二是张东荪先生，三是金岳霖先生。这三位大体上说来是代表了三种学问：熊先生代表了元学，张先生代表了知识论，金先生代表了逻辑。……总之，熊十力先生、张东荪先生、金岳霖先生，是现代中国哲学界的三枝栋梁。若没有这三个人，也只好把人羞死而已。有了这三个人，则中国哲学界不只可观，而且还可以与西洋人抗衡，还可以独立发展，自造文化。"③而孙道昇在《现代中国哲学界之解剖》一文中则称"中国新唯心论的领袖，无异议的当推张东荪先生。中国研究西洋哲学的人，不可谓不多；说到能由西洋哲学中引申出来新的意见，建设新的哲学，恐怕只有张东荪先生一人。关于此点，不惟赞成他者如此称许，就连反对他者也如此赞扬。"④

这里"反对他者"指的是叶青先生，他专门写了《张东荪哲学批判》：他说："中国在'五四'时代才开始其古代哲学底否定，现在固没有坚强的近代体系，然而已在建设之中了。作这种企图的，首先要算张东荪。他读过欧洲过去和现在的哲学著作很多，不像'五四'胡适

---

① 撤销原职，保留北大教授资格，但无授课权利。
② 长子生物学家张宗炳被无故关入秦城监狱七年，出狱时被逼疯；次子有声望的物理学家张宗燧1969年不堪凌辱自杀于北京；三子张宗（颖）夫妇1966年自杀，两个孙子"文革"期间被判重刑、长期监禁。
③ 牟宗三：《一年来之哲学界并论本刊》，《哲学周刊》，1936年7月1日。
④ 郭湛波：《近五十年中国思想史》，上海：上海古籍出版社，2005年，附录294页。

那样只读一点美国书,失之浅薄。如果我们说梁启超和陈独秀是中国近代哲学底启蒙运动者,那末张东荪就是中国近代哲学系统的建立人。"(本书序)又说:"他虽不是哲学博士而其造诣却胜过哲学博士,例如胡适……他在作了很多哲学的介绍之后,拿出了一个自成系统的哲学……单把张东荪所介绍的'唯用论'与胡适之所介绍的'实用主义'一比,精、粗、确、谬,大有不同。"① 而关于张东荪先生对西学的引进,郭湛波在《近五十年中国思想史》中说:"中国近五十年思想史之第二阶段,一方是中国旧思想之破坏,一方是西洋哲学思想之输入,输入西洋哲学,方面最广,影响最大,那就算张东荪先生了。"②

而贺麟先生在《当代中国哲学》里提到张东荪先生时说:"他首先译出柏格森的《创化论》和《物质与记忆》二巨著。后来又译了《柏拉图五大对话》。他又根据阅读数十种西洋伦理学名著的结果,著成了一厚册《道德哲学》,这书内容相当充实……对于实用主义、新实在论、批评的实在论、层创论、新唯心论等等,他都能以清楚流利的文字各有所介绍。他搜集起来成为一巨册叫做《新哲学论丛》。中间有一篇讲述柏拉图的'理型'的文字,表示他对于柏拉图以及新实在论的共相说研究的结晶,而且也能见出他的批评与融会能力。那或许是民国十八年前后,谈西洋哲学最有价值的一篇文字……《多元的认识论》……要算是中国治西洋哲学者企图建立系统的最初尝试。……曾受过敌人的引诱与苦刑,而不变其节操,接受伪职。在这里我谨代表中国哲学界向他致意。"③

复旦大学教授张汝伦先生谈到张东荪引进西学时说:"张东荪是不

---

① 叶青:《张东荪哲学批判》,上海:辛垦书店,1934年4月15日初版,第83—84页;叶青先生之所以老是拿张东荪先生与胡适先生比是因为他也很了解胡适的哲学,而且他还专门写了《胡适哲学批判》一书。无论如何叶青先生是个有趣而值得关注的人物,据我所见研究他的人很少。

② 郭湛波:《近五十年中国思想史》,上海:上海古籍出版社,2005年,第132页。

③ 贺麟:《当代中国哲学》,南京:胜利出版公司,民国三十六年一月初版,第30—31页;此处我用了贺麟本书的第一版,因为2002年的商务版内容有删节,这是个值得注意的现象。

拘一格，从柏拉图到新实在论，从休谟到罗素，从柏格森到实用主义，从康德到刘易士，他涉猎的西方哲学的面之广，当世罕见其匹。不仅如此，他的介绍也不像当时许多介绍西方哲学的文字那么肤浅，而是有理解，有批评与融会，称得上是真正的学术论文。……说张东荪是他那个时代对西方哲学了解最多最深的人之一，决非溢美之词。……最近十五年，中国对于西方哲学的了解与认识有了长足的进步，但像张东荪这样深且广地了解西方哲学的人，似乎仍不多见。"① 陈荣捷先生也说他是"鼓吹西方哲学的学者中唯一的一位做到了吸收大部分的西方思想、建立起最广大且协调的系统，同时在具有西化倾向的中国哲学家中拥有最深影响的学者"② 方松华先生在《二十世纪中国哲学与文化》中称："以对近现代西方哲学的研究的深度和广度而言，在二十世纪中国哲学界很少有人能与张东荪比肩……他能够贯通中西方哲学并于二十世纪中国哲学的创造体系时代首创哲学体系。"③ 或许因为张东荪在引介西学与融会创造方面的成绩，一位研究中国哲学思想的外国学者认为张东荪先生"是在学院中最有创造性的两个人之一"④。

张耀南先生在其专著《张东荪知识论研究》导论中不无感慨地说"历史记住了很多不该记住的名字，也遗忘了很多不该遗忘的人。"⑤ 正是这样一位学者，被遗忘了近四十年左右，不过随着对中国近现代哲学史、思想史研究的深入，正如王桧林教授在给左玉河先生《张东荪文化思想研究》的序中所说："史学界有不少人力求用更广阔眼光公允地观

---

① 张汝伦选编：《理性与良知——张东荪文选》，上海：上海远东出版社，1995年，编选者序第8—9页。

② Chan Wing-tsit, A source Book in Chinese Philosophy, p. 744. 转引自张汝伦编著：《诗的哲学史——张东荪咏西哲诗本事注》，桂林：广西师范大学出版社，2002年，序第4页。

③ 方松华：《二十世纪中国哲学与文化》，上海：学林出版社，1997年，第137—138页。

④ 另一个是冯友兰，参见 O. Briere. S. J., *Fifty years of Chinese Philosophy* (1898 - 1950), translated from the France by Laurence G. H. Thompsom, London: George Allen& Unwin Ltd, 1956, 第38页，其中第三部分第一节讲张东荪的哲学思想，称张氏为"the neo-Kantian Socialist"（同前，第66页）。

⑤ 张耀南：《张东荪知识论研究》，台北：洪业文化事业有限公司，1995年，第2页。

察过去的历史,于是人们发现了许多被掩盖着的被歪曲了的人和事,在这样的人和事中就有张东荪。"① 王先生写这些话时是1997年,那么前后近三十年来对张东荪研究的状况如何呢?下面著者将大致予以介绍。

第一节 关于张东荪的研究文献综述

研究文献综述的必要性。作为一种规范的学术研究,每个研究者都处在承前启后的位置上。就承前说,这意味着我们思考的问题,有人已经在思考了;就启后说,我们在前人基础上献出自己独立的思考正可为后人研究奠基,正如同我们接着前人的问题思考一样。若是不明白前人思考的内容与进度,我们的研究很可能就是针对自己的进步与惊奇,当我们读康德的著作时,很是惊奇,会想到种种的问题并无形中与中国学者的思想相比较,这样会产生很多独立的感想,但是若不明白研究康德的现状,自己的所想或许对自己是全新的,而就学界来说早已是被超越或作为常识的东西了,这样的思考对个人来说确实是个人独创,但价值也仅限于读书笔记性质,因为对于学界没有增添任何新的思考,只是重复前人的想法而已。写文献综述便是要弄明白自己的研究对象前人的研究状况如何,问题何在,自己针对这些问题,有什么新的见解并准备提出什么新的问题。

在谈到什么是哲学史时,张东荪先生反对将哲学史写成哲学家传记,而是认同哲学就是哲学史"即思想自身增加丰富之记录"②,正如哲学家亚历山大所说,"一两的独立见解,胜过一吨的人云亦云",许多"独立见解"若是相对于学术界已有的学说,那确实是有价值,但若是对学界的研究现状一无所知,对于自己的"独立见解"那价值就

---

① 左玉河:《张东荪文化思想研究》,北京:中国社会科学出版社,1998年,序言。
② 张东荪:《哲学》,上海:世界书局,中华民国二十年五月初版(中华民国二十四年五月四版),第80—82页。

很有限了，因为我们做学问不是仅仅相对于自己的学习历程，而是要融入人类文明的积累中来。考虑到这一点，便可以看出写研究文献综述的必要了。这既是要弄清自己所处理的研究对象在国内学界的研究状况，也要尽力弄清所探讨的问题在人类问题发展史上所处的位置。而且最终要回到问题的推进程度上，这才是真正的研究。所以写研究综述，一来要明白前人的研究进度，二来要明白他们所存在的问题。不明白前者，自己很可能在做重复的工作，不明白后者，很可能自己无法确定自己的研究下手处。

本着以上想法，将文献综述及其存在问题列为第一章。

一、新中国成立前的研究文献综述

对张东荪思想的研究，一般将其分为政治思想、哲学思想和文化思想①三部分，但是新中国成立前，除了哲学思想有专人研究外，其他多体现在单篇文章的争论中，因此本部分的综述将依照书和单篇文章简单概述。

（一）叶青的《张东荪哲学批判》

新中国成立前对张东荪的研究，首推叶青先生，张东荪写道："煌煌数十万言，其数量之伟，令人失惊。文中所引拙著虽短篇小品亦无遗漏，其搜求之勤，尤使我感激。"② 可见这部上下册专门批评张东荪哲学的书，连张本人也感到吃惊。而之所以选张东荪作为批判对象，首先我们需要了解叶先生所用的方法，据他自己的交代："谈到我所使用的方法，那完全是科学的。并且一切论据，均以科学为依归。虽则在哲

---

① 这是左玉河先生和王桧林先生共同持有的看法，在《张东荪文化思想研究》王桧林的序言中可以看到这一点；左玉河的说法在《张东荪学术评传》后记中可以看到。
② 张东荪编：《唯物辩证法论战》，北平：民友书局，1934年，附录二《答复〈张东荪哲学批判〉著者之公开信》。

学上，我是以自己所宗的去批判张东荪；但我之宗它，因为它是真理，并非为它而宗。既然我之宗它是服从真理，没有派系主义的意思，所以我底批判不出于派系底偏见，而是站在真理底立场，与错误的思想奋斗。因此，我在这里所干的，不是派系底企图而是真理底努力。"①

这不免让人想到另一位唯物辩证法的推崇者郭湛波先生在《近五十年中国思想史》再版自序中说："本书自有一种观点和方法，所用的方法是新的科学方法——即唯物辩证法和辩证法唯物论——作者之所以用这种方法，并非有什么成见，和信仰什么主义；只是相信在今日只有这种方法能解决问题，较为妥当，不得不用它……本书以大无畏的精神，纯粹站在学术立场上，无任何党派的背景，以真理为依归，无丝毫成见；不畏权势，不徇私情；本书所述各家，有许多为作者亲授业之师，但不因师生之关系，而抹煞自己之见解，仍要秉笔直书，因此或不免有失礼之处，望诸师友原谅，从前亚里士多德说过一句话，'吾爱吾师，吾亦爱真理'，想诸师友不至见怪吧！"②

这里我们可以看出当时唯物辩证法作为一种思潮的盛行，贺麟先生在《当代中国哲学》中对此有所描述，唯物辩证法之所以如此盛行，在接受者那里是作为"科学"而认可的，而且是最新的"科学方法"，是真理，所以他们才接受并且强调自己不是宗派见解不是派系之争，完全是为了真理而战，我们一方面可见当时学界"爱智之忧"（贺麟语），另一方面也可以看出，当时学人对"科学"、"真理"理解的限度，虽然从态度上叶青先生或许没有派系之争的意思，但是，"与错误的思想奋斗"以及自居于"真理底立场"的心理，很可以看出当时学界的争论还远没有到拥有成熟的学术讨论的宽容环境。

站在唯物辩证法立场上（或新物质论）对张东荪的批判。 由于叶

---

① 叶青：《张东荪哲学批判——对观念论、二元论、折衷论之检讨》（上下册），上海：辛垦书店，1934 年 4 月 15 日初版，序言第 6 页。

② 郭湛波：《近五十年中国思想史》，上海：上海古籍出版社，2005 年，再版自序第 6 页。

青先生所宗的唯物辩证法立场,他认为这是一个"否定之否定底时代,而中国在'五四'时代才开始其古代哲学底否定,现在固没有坚强的近代体系,然而已在建设之中了。作这种企图的,首先要算张东荪。他读过欧洲过去和现在的哲学著作很多,不像'五四'胡适那样只读一点美国书,失之浅薄。如果我们说梁启超和陈独秀是中国近代哲学底启蒙运动者,那末张东荪就是中国近代哲学系统的建立人"。(本书序)这段话是研究张东荪的人所常引的,大有赞扬张东荪作为"中国近代哲学系统的建立人"的溢美意味,而忽略叶青接下来所说的话,"所以在哲学底否定之否定中的现实意义,在我看来,就是批判张东荪,老实说,别的哲学家倒还用不着……张东荪底哲学并非新创。任何断片都取自外国"。正因为如此,他认为批判张东荪就等于批判柏拉图、休谟、康德、詹姆士等西方哲学家了,而且要在中国批判观念论、二元论、折衷论也必须批判张东荪,这些都是张东荪所引介和批判吸收的源头,叶青自己说:"因此,我底《张东荪哲学批判》,实同时含有这个意义:直接地批判张东荪,间接地批判他所抄袭的许多外国哲学家;特殊地批判张东荪底观念论、二元论、折衷论,普遍地批判一般人底观念论、二元论、折衷论。"①

叶青这些说法,是有道理的,他对张东荪文字的搜集阅读令张东荪都吃惊,今天我们能看到的他几乎都看到了(截止到叶青出版此书时),张东荪的思想所受到的影响确实涵盖了观念论、二元论、折衷论,而受康德、詹姆士的影响就更不用说了,这是就对张东荪思想及其来源的了解来说,叶青先生所掌握的资料不在我们之下;另一方面,他对马克思学说的了解,从书中所看也是忠实和偏离很少的,虽然当时的"正统"马克思主义派如艾思奇、邓拓等人视其为"假马克思主义"而予以批判,但是从叶青先生所运用的唯物辩证法原理批判张东荪来看,以

---

① 叶青:《张东荪哲学批判——对观念论、二元论、折衷论之检讨》(上下册),上海:辛垦书店,1934年4月15日初版,序言第2页。

著者有限的学识感觉他并不比正统派更远地偏离马克思学说。现在的问题是，为何叶青会如此彻底地否定张东荪的哲学思想，固然这与他坚信的"正、反、合"公式有关，并且声称这是一个"批判的时代"，但将一个人的学说彻底地否定抛弃，依然无法索解"张东荪哲学，并没有什么特别的内容。我们已经说过'他底哲学是一盘杂菜，其中包含得有康德哲学、实用主义、相对论哲学、曾创的进化论、种种份子'。这是实在的。他因为读哲学书读的多，译的多，尤其介绍的多，所以采集他所认定的诸家之'长'，来成自己底学说，当然比较容易。所以'张东荪哲学'这句话，读者切勿误会为中国老实有了什么哲学"①。

《张东荪哲学批判》一书分四编：导论、总论、分论还有余论，然后再加个附录，叶青先生搜求之勤、写作之细心实在令人"失惊"，然而其学术价值依然不大，与郭湛波的《近五十年中国思想史》相比虽然二者都是唯物辩证法的推崇者，而后者虽然也有生硬套割的地方，但总体上遵从了作者自己所说的"纯粹学术立场"，虽然有些思想家被放在了不妥当的位置上，但对其学说的解读基本上是公允的，或肯定或否定，至今也有参考价值，而叶青先生虽然用功甚勤，但是《张东荪哲学批判》即便是在研究张东荪的学者眼里也少有关注；细节上，比如说张东荪思想的西方来源，叶青先生能作较细致的分析，也足见他阅读的勤奋，而对于本体论、认识论、人生观、因果律都能本着唯物辩证法立场给予自己的解答，这些或许是本书的价值所在吧。

(二) 郭湛波的《近五十年中国思想史》与贺麟的《当代中国哲学》

除了叶青先生的专著外，另外需要注意的便是《近五十年中国思想史》和《当代中国哲学》。在前书中郭湛波先生将张东荪置于"第三篇：五十年来中国思想之演变（中）"也即是第二阶段，相当于"反"

---

① 叶青：《张东荪哲学批判——对观念论、二元论、折衷论之检讨》（上下册），上海：辛垦书店，1934年4月15日初版，第91—92页。

的阶段,表现为"一方是中国旧思想之破坏,一方是西洋哲学思想之输入"①。而他认为张东荪先生是输入西洋哲学最广、影响最大的人,并引用了《认识的多元论》英译者序言,称张东荪对西洋典籍的阅读比任何一个留学生都多。然后对"认识的多元论"、宇宙观、人生观、政治思想予以较为简单的介绍,但评价是公允的,称:"张先生的思想,自成一体系;是融贯西洋各家哲学思想,以建设中国近代的哲学。""不过张先生虽为中国近代哲学的建设人,但他的思想实代表西洋十九世纪的思想。所以在'科玄'论战,反对科学的人生观;在'哲学'论战,反对'动的逻辑'。"② 前者"反对科学的人生观"是说张东荪对张君劢人生观学说的支持,而反对"动的逻辑"是说在与叶青论战中对辩证逻辑的否定,还有便是政治上对民主主义的坚信。

关于这一点张东荪先生自己也是承认的,他说:"郭湛波先生于十年前撰有《近五十年中国思想史》一书,把我亦列入,并评定为在十九世纪思想一类中,我闻之并不引为贬辞。因为我始终自信十九世纪一类的思想反而会变为二十世纪后期思想的主潮。凡是在二十世纪初期轰动一时的思想必定因为引起大乱而终被人们所厌弃。现在我的预想果然都验了。"③ 这里张先生所说二十世纪轰动一时的思想是指三十年代前后的法西斯专制思潮,在那样认为专制高效的年代里,张东荪是较为清醒的一个,认为那是暂时的,所以在"二战"结束后,随着反省和民主思想的重受重视,张先生因此说他的思想"应验"了。在《近五十中国思想史》中提到张东荪的地方还有"第五篇 五十年来中国思想方法"第五节谈到辩证法在中国的进展时,继胡适之后张东荪对辩证法的批评;另一处是在"第八篇 中国五十年来思想介绍"第五节谈到柏格森思想的介绍,称"中国研究柏格森最有心得,崇拜最力的人,就

---

① 郭湛波:《近五十年中国思想史》,上海:上海古籍出版社,2005年,第132页。
② 郭湛波:《近五十年中国思想史》,上海:上海古籍出版社,2005年,第138页。
③ 张东荪:《理性与民主》,上海:商务印书馆,1946年,第117页。

算张东荪和张君劢二氏"①。二处之介绍都过于简略,不多介绍。

而贺麟先生的《当代中国哲学》,在第二章《西洋哲学的绍述与融会》介绍了严复、王国维、梁启超后,用一页半篇幅介绍了张东荪的思想与贡献,对张东荪基本上是肯定的,承认他的"批评融会能力"并且是"中国治西洋哲学者企图建立系统的最初尝试"。

但是也不是没有批评,贺麟先生说:"然而他的系统虽说是最早,却算不得胆大。因为他谦逊的自承他只是折中论者或杂家。'九一八'事变后几年内,辩证法唯物论盛行于国内,影响青年思想很大,蔚为一种社会思潮。东荪先生曾纯从学术立场予以驳斥和论辩。于一九三五年,他约集了几位朋友出版了一册《唯物辩证法论战》,然而他的壁垒似乎不甚坚实,他自己的思想也常在转变中,效力似乎并不甚大。他因出身新闻记者,完全由于自学,方法或稍欠谨严,思想前后亦不一贯。但他多年来都在不断地努力,于翻译、介绍、自创学说、批评时代思潮,指导青年思想,均有相当的贡献与劳绩。"贺麟先生的批评是中肯的,张东荪先生的思想确实一直在变,仅仅就认识论方面,就有多次修正,前后多有不一贯之处,这是张东荪本人也承认的,而他所用的方法也有不谨严之处,虽然读的是东京帝国大学哲学系,但似乎哲学训练是有限的,而且对他在日本求学的具体经历,如今我们能知道的很有限(两本传记对此都少有描述),而且仅读了本科便回国,确实训练有限,他的哲学多是自己的兴趣与自学,贺先生这些评价也是妥当的。

另外,贺麟先生在后来《康德、黑格尔哲学在中国的传播》一文中也谈到了张东荪对康德的介绍与研究融会,称他是"真正在这方面较有深邃的研究,并能融汇自创体系",认为"他主要的观点仍是康德的认识论","他介绍康德主要是介绍康德的认识论和伦理学"。② 这里还需要说明的是在1947年版的《当代中国哲学》里有个附录是谢幼伟教

---

① 郭湛波:《近五十年中国思想史》,上海:上海古籍出版社,2005年,第271页。
② 贺麟:《五十年来的中国哲学》,北京:商务印书馆,2002年,第99—100页

授《抗战七年来之哲学》一文，称七年来的抗战是"中国哲学的新生"①，因为这期间既保留了中国哲学的优长"力行哲学"又改进了其直觉的方法与宗教的态度，他举了熊十力的《新唯识论》、贺麟的《新唯心论简释》、章士钊的《逻辑指要》、冯友兰的《新理学》和金岳霖先生的《论道》为证明，这是篇很有价值的论文，很有眼光，但是没有提到张东荪的贡献，或许是因为张东荪当时留在北平与他们几乎断绝了联系，还有就是张东荪后期三书《知识与文化》、《思想与社会》、《理性与民主》都是在1946年才出版的，关于张东荪后期思想转变的三书，没有见到相关的评论是遗憾的，对于《多元认识论》，谢幼伟教授的评论是："张东荪先生治西洋哲学甚久，用力亦最勤。于西洋哲学之各家学说，几无所不窥。其以前工作偏于介绍，最近则有自成意见，独表所见之意向……觉其前途无限，实我国最有希望之哲学家也。"②

（三）其他单篇文章对张东荪的介绍与批评

《张东荪的多元认识论及其批评》一书是很值得关注的，以下再讨论，现在仅就民国时期的介绍或批评张东荪的单篇文章予以介绍。

第一，东西文化论战时期。张东荪先生1911年前后从日本回国后发表了大量政论，这也是那代知识分子关注政治的一种较为普遍的现象，值得一提的是后来在东西文化论战中傅斯年对他的批评，张东荪主张输入西方文化没必要"专门想打破旧文艺、旧道德、旧思想"③ 他说好比瓶子里藏满了旧空气，要忙于输入新空气，而不要老是拿着瓶子摇来摇去，他依照进化理论，认为要输入新的，旧的自然会消灭，这本来是对《新潮》的期望，可作为《新青年》的后起刊物，《新潮》的立场与《新青年》是一致的，傅斯年发表了《破坏》，认为一个瓶子装满了

---

① 贺麟：《当代中国哲学》，南京：胜利出版公司，民国三十六年一月初版，第143页。
② 谢幼伟：《多元认识论质疑》，詹文浒编：《张东荪的多元认识论及其批评》，上海：世界书局，1936年，第184页。
③ 张东荪：《新潮杂评》，《时事新报》，1919年1月21日、22日。

浑水，只能先倒出，才能盛清水，中国是个有文化的国家，而且为人所信服，所以，"我们应当一方面从创造新思想、新文艺、新道德着手，一方面应当发表破坏旧有的主张"①。后来又著文称张先生是"不骂不破坏论"②。此时期关于"调和论"，他与章士钊先生也有不同的看法。

第二，为史学界所称的"社会主义论战"时期。在张东荪主持的《时事新报》上开辟有"社会主义号"专门讨论和介绍社会主义，后来在新创办的《解放与改造》上张东荪又发表了《我们为什么要讲社会主义？》。当时张与陈独秀、李达、茅盾等交往甚密，但是对社会主义的理解（主张多介绍，要合作，反对过激主义）以及是否要组党与陈意见不一，后来张陪同罗素讲学发现湖南之落后与官吏的横行，印象深刻，写了《由内地旅行而得之又一教训》③，主张发展实业，而少谈主义。此时李达、陈望道等对张的"转向"很是不满，因为他原来高谈社会主义，如今却起而批评之了，他们不能容忍，《张东荪现原形》、《评东荪君底〈又一教训〉》、《再评东荪君底〈又一教训〉》纷纷发表④，批评张东荪。除了《张东荪现原形》一文外，其他两篇都能从当时中国现状无法发展实业所以要用采用社会主义的主张展开讨论，1920年12月陈独秀又在《新青年》8卷4号开辟"关于社会主义的讨论"专栏，对此问题专门讨论，也即从这时候开始张东荪、梁启超方面与陈独秀、李大钊关于如何发展社会主义争论分歧逐渐明显和公开，张东荪继续阐发"基尔特社会主义"，主张先发展实业与合作，而陈、李则主张组党展开革命斗争。

第三，在"科玄论战"时期。张东荪参与了讨论，但当时科学派主要针对的是张君劢，所以对张东荪的文章专一批评的文字不多，不过

---

① 傅斯年：《破坏》，《新潮》第1卷2期，1919年2月1日。
② 傅斯年：《答〈时事新报〉记者》，《新潮》第1卷3期，1919年3月1日。
③ 张东荪：《由内地旅行而得之又一教训》，《时事新报》，1920年11月6日。
④ 江春：《张东荪现原形》，《觉悟》1920年11月7日；望道：《评东荪君底〈又一教训〉》，《觉悟》1920年11月7日；力子：《再评东荪君底〈又一教训〉》，《觉悟》1920年11月8日。

在此时，张东荪对哲学的兴趣逐渐浓厚，并尝试提出自己的哲学看法，后来哲学体系的创建以此时为萌芽，代表作便是单行本的《科学与哲学》①。

第四，唯物辩证法论战时期。（叶青名之为"哲学论战"）在1931年版的《道德哲学》一书中，张东荪对"唯物史观"和"阶级斗争"学说持批判态度。他说："马克思之说在学理方面本不为真理。彼之意止在谋有遂其心愿。故彼之说虽貌似高深学理而实则不过供其党徒为社会运动之助力而已。盖纯为一种手段也。"②认为唯物论毫无新颖之处，并说："我愿意诚诚恳恳向倾向俄国的人们说一句话：就是如其以感情为出发点，我们决不再多说一个字；倘使真正愿以理论与天下相见，我个人很愿意来共同分析。"③（后来更认为"辩证法唯物论只是历史理论与社会理论，而不是哲学"④。）由此便是学界常说的张东荪先生挑起了"唯物辩证法论战"，有些人更称为这是张对社会主义学说的第二次挑战⑤，叶青先生的《张东荪哲学批评》一书便是此时与张东荪争论所写单篇文章的合集，后来张东荪主编的《唯物辩证法论战》也成于这一时期。自然一些学者认为叶青是假马克思主义者，直到后来的艾思奇、邓云特参战，既批评张东荪又批评叶青才将唯物辩证法论战推向"高潮"⑥。

1935年，张东荪醒悟到："我自信我近来有一个发现：就是我发现马克思派所用的名辞都与我们相同，而其意义都与我们不同。他们所谓哲学不是我们所谓哲学（亦许就正是打倒我们的哲学）。他们所谓唯物论不是我们所谓的唯物论，他们所谓辩证法决不是我们所谓辩证法；他

---

① 张东荪：《科学与哲学》，上海：商务印书馆，1924年。
② 张东荪：《道德哲学》，上海：中华书局，1931年，第646页。
③ 张东荪：《我亦谈谈辩证法唯物论》，《大公报》副刊《现代思潮》第3期，1931年9月18日。
④ 张东荪：《十年来之哲学界》，《光华大学》半月刊第3卷9—10期，1935年6、7月。
⑤ 胡啸：《评张东荪反马克思主义的三次挑战》，《复旦学报（社会科学版）》，1983年第2期，作为80年代的"后文革时代"话语遗留不足为训。
⑥ 左玉河：《张东荪传》，济南：山东人民出版社，1998年，第260页。

们所谓逻辑不是我们的逻辑。他们所谓认识论亦不是我们所说的认识论。我们来驳他们，他们来骂我们，实在都是无的放矢，非常可笑。"①正是基于这个理由，著者对唯物辩证法论战不多作讨论，包括对叶青数十万言的文字也不多作评论，需要说明的是我们要区分开学说上的马克思主义与政争中的马克思主义，张东荪所说的更多是当时唯物辩证法在政论中的体现，不过左玉河先生说得没错，张东荪由此逐渐改变了对马克思主义的态度，从学理上正视并吸收了马克思的学说。②

第五，哲学论战后至国共和谈时期。这一时期多牵涉到政治上的争论，其前一个插曲是张东荪认同回应《八一宣言》时与刘少奇的一个简单争论，后来便是张东荪先生所提出的"第三条道路"或"中间路线"问题，这里过多涉及政论上的主张，本文不多作介绍（可以参看左玉河先生的《张东荪传》）。值得重视的是1936年前后张东荪与熊十力论学的书札若干，讨论关于宋明理学的性质、中西哲学的异同等等，这一点在《引论》中有所讨论，而熊十力先生回复张的书信收在了《十力语要》中可以备查。另外，需要关注的是孙道昇的《现代中国哲学界之解剖》③、张聿飞的《现阶段中国哲学界的派别》④、牟宗三《一年来之哲学界并论本刊》，前两文都将张东荪目为"新唯心论领袖"，而牟宗三则称："在此所欲提出的是三位：一是熊十力先生，二是张东荪先生，三是金岳霖先生。这三位大体上说来是代表了三种学问：熊先生代表了元学，张先生代表了知识论，金先生代表了逻辑。……总之，熊十力先生、张东荪先生、金岳霖先生，是现代中国哲学界的三枝栋梁。若没有这三个人，也只好把人羞死而已。有了这三个人，则中国哲

---

① 张东荪：《发刊词》，《文哲月刊》创刊号，1935年10月10日。
② 左玉河：《张东荪传》，济南：山东人民出版社，1998年，第274页。
③ 孙道昇：《现代中国哲学界之解剖》，《国闻周报》，第12卷45期，1935年11月。
④ 张聿飞：《现阶段中国哲学界的派别》，《现代评论》，第2卷1—2期，1936年10月。

学界不只可观,而且还可以与西洋人抗衡,还可以独立发展,自造文化。"① 而对张东荪介绍评论的文章则可以看陈尉《革命学者张东荪》、俞颂华《论张东荪》、林布《张东荪先生的思想》和夏炎德《读了张东荪先生新著〈民主主义与社会主义〉之后》② 等文。

从以上的文献梳理可以看出,这一时期的研究,多限于彼此之间的争论,纯粹学理上的研究是有限的,就具体的问题展开学术讨论也不具备那样的学术环境。但总体上,彼此都能以自己所尊认的学说,自由表达自己的主张,这也是在当时复杂的社会环境下,思想领域较为开放的表现,但学术上的探讨只能说还多是自我坚持、自说自话。

二、三十年来关于张东荪的研究文献综述(1980—2010)

新中国成立后到 1980 年间,由于 1952 年张东荪便基本从公众视野中消失了,对其研究更是少见。我将其晚年文字分为三类:检讨类,今存残篇若干;诗词类,《草间人语》诗存约 70 首,词多不存,哲学诗 46 首,最为完整,张汝伦对哲学诗专门做了本事注;译作类,据《草间人语·续作补录》,他可能翻译了休谟的《人类理解研究》(张译为《人类理解力》),而张耀南见过张东荪译注的《纯粹理性批判》手稿,但此翻译应在 30 年代前后(可能是与蓝公武合译,但具体如何分工尚未查对,与蓝公武版的《纯粹理性批判》有何关系也暂无定论),此草稿较完整,而《人类理解力》未见手稿。目前关于研究张东荪的文字还可以参考的有 1952 年 3 月 6 日《新燕京》第二期"张东荪专号",

---

① 牟宗三:《一年来之哲学界并论本刊》,《民国日报·哲学周刊》,1936 年 6 月 24 日、7 月 1 日;需要说明的是牟先生晚年对张东荪先生的"多元认识论"评价很低,称"没有什么价值,毕竟因时代的限制,只能到一定的程度"(《时代与感受》)。
② 陈尉:《革命学者张东荪》,《现代新闻》,第 5 期,1947 年 6 月;俞颂华:《论张东荪》,《人物杂志》,第 2 卷第 6 期,1947 年 6 月 20 日;林布:《张东荪先生的思想》,《时与文》,第 1 卷 12 期(1947);夏炎德:《读了张东荪先生新著〈民主主义与社会主义〉之后》,《世纪评论》,第 4 卷第 5 期,1948 年 7 月。

另有葛懋春《第二次国内战争时期马克思主义者对张东荪的反动哲学的批判》、朱作云和庞朴《张东荪——封建地主买办资产阶级代言人》、蒋捷夫和葛懋春《批判张东荪的主观唯心论和不可知论》①，另外一篇谢扶雅《怀念张东荪先生》②倒是很好的研究张东荪的文献资料。1949年到1979年的文献我所掌握的材料大致有这些，除最后一篇外，其他应景之作，学术价值不大。下面看一下1980年以来30年间的研究状况。

(一) 第一个十年（1981—1990）初步研究阶段

1980年以来，对张东荪的研究逐渐展开，此中原因如王桧林先生所说，因为要研究现代思想史，张东荪是个绕不开的人物，从以上的文献综述我们可以看出，从民国以来张东荪多次参与了对后来中国影响重大的"思想论战"，有些他还是发起人，所以研究现代思想史必然会面对如何处理张东荪的问题，若说"文革"前后因为政治原因张东荪成为不便提及的人物的话，那么1980年以来，他是不得不被提及了。就哲学领域来说，他是中国哲学转型时期现代中国哲学独立体系的最初尝试建立者，其"多元认识论"也是沿着康德的路子独立有所发展的，所以在哲学研究方面，张东荪先生也是个不可绕开的人物，后来的学人，若想接着民国时期学者继续推进现代中国哲学的研究，那么张东荪的贡献也必在继承之中。

现在较早见到的一篇论文是刘孝良先生《评建党时期陈独秀与张东荪关于社会主义问题的论战》③一文，讨论陈与张在建党问题和社会主

---

① 葛懋春：《第二次国内战争时期马克思主义者对张东荪的反动哲学的批判》，《山东大学学报》，1961年第4期；朱作云、庞朴：《张东荪——封建地主买办资产阶级代言人》，《山东大学学报》，1956年第2期；蒋捷夫、葛懋春：《批判张东荪的主观唯心论和不可知论》，《山东大学学报》，1956年第1期。
② 谢扶雅：《怀念张东荪先生》，《台湾传记文学》，1976年29卷6期。
③ 刘孝良：《评建党时期陈独秀与张东荪关于社会主义问题的论战》，《淮北煤炭师范学院学报（哲学社会科学版）》，1983年第1期。

义引进方面的分歧，这也是张东荪较早参与思想论战并阐发自己反对过激主义提倡实业建设的时候。而后胡啸先生发表《评张东荪反马克思主义的三次挑战》与《张东荪的架构论宇宙观和多元认识论》① 两文，前文还难免带有抨击似的意识形态口吻，学术价值不大，后文虽然对张东荪的哲学思想也持批判态度，但大致介绍了张的多元认识论与宇宙观。关于张东荪的哲学思想，向宁发表了他在北大的硕士论文《张东荪哲学思想剖析》② 一文，较为系统地介绍了张东荪的思想，依然是本着唯物辩证法的立场，但对张东荪思想的介绍部分还算是忠实，这应算是较早的较系统的介绍张东荪的哲学思想了。另外方松华、张慧彬先生对张东荪先生的哲学思想也有简要的介绍，关于张东荪先生的生平，叶笃义先生《我和张东荪》③ 一文算是较为可靠的回忆，因为叶是张的学生和得力助手，所以通过此文可以较贴近史实地了解张东荪先生的事迹。

这一时期较有深度、较有分量的论文要算李景林先生《张东荪多元认识论简析——兼述张东荪对康德认识论的倒退》、张盾先生《从逻辑观点看"多元认识论"的困难》和张慧彬先生《张东荪的多元认识论与康德的先验论》，另外李维武先生和黄克剑先生发表在台湾《中国文化月刊》上的《张东荪与金岳霖：中国现代知识论的两种路向》、《民主主义：东方文化的现代转机——张东荪先生的中西文化比较研究》④ 两文也是很值得关注的学术论文，他们脱离了那种思想介绍的初步研究，而是有所发挥并能提出自己较深刻的独立见解，固然有些对张东荪

---

① 胡啸：《评张东荪反马克思主义的三次挑战》，《复旦学报（社会科学版）》，1983年第2期；胡啸：《张东荪的架构论宇宙观和多元认识论》，《复旦学报（社会科学版）》，1984年第4期。
② 向宁：《张东荪哲学思想剖析》，《中国哲学史研究》，1985年第4期。
③ 叶笃义：《我和张东荪》，《文史资料选辑》增刊第2辑，中国文史出版社，1987年。
④ 李景林：《张东荪多元认识论简析——兼述张东荪对康德认识论的倒退》，《中国哲学史研究》，1986年第2期；张盾：《从逻辑观点看"多元认识论"的困难》，《吉林大学社会科学学报》，1987年第5期；张慧彬：《张东荪的多元认识论与康德的先验论》，《社会科学战线》，1988年第3期；李维武：《张东荪与金岳霖：中国现代知识论的两种路向》，《中国文化月刊》（台湾），1990年第127期；黄克剑：《民主主义：东方文化的现代转机——张东荪先生的中西文化比较研究》，《中国文化月刊》（台湾），1990年第132期。

先生的思想持批判态度，但是能从学术的立场作学理的批判，这也是较为可贵和中国学术走向正轨的前兆。以上大致是这十年间的研究概况，需要说明的是这十年间研究张东荪的专著没有出现，博士论文据我所知也没有，硕士论文就北大馆藏来看有两篇：一为向宁先生的《张东荪哲学思想剖析》（1984年），二为王洪先生的《张东荪文化思想述评》（1989年）。对张东荪先生较成规模的研究要从90年代开始了。

（二）第二个十年（1991—2000）研究奠基阶段

说这十年为研究奠基阶段，是因为在这个十年里，对张东荪的研究论题基本上确定并且达到了一定的深度，对张东荪的定位与价值的确认达到了第三个十年所没有超过的范围，第三个十年在研究广度与细节上有所推进，但对第二个十年所确立的论题以及研究深度并没有明显的深化。我们先看一下这一时期的研究专著情况。

第一，在研究张东荪领域影响最大的首推社科院的左玉河先生，他连续出版了三部有分量的著作《张东荪文化思想研究》、《张东荪传》、《张东荪学术思想评传》。三部书分别围绕他和其北师大的博士生导师王桧林先生所认定的"政治、哲学、文化"三部分思想为主题，第一部书是他的博士论文，也是他三本书里最好的一部，不仅四个章节安排得当，而且作者往往能适时地给予较为发人深省的评论，且能将问题推进一步，对张东荪文化思想的梳理，层次分明，后来的研究者，具体细节上或许有超越的地方，但就张东荪的文化观方面能超过左玉河先生此书的并不多见。《张东荪传》一书据作者交待此书原名为《张东荪政治思想研究》，为他的博士后研究成果，后经耿云志先生建议以《张东荪传》为书名出版，虽然书中涵盖了"哲学思想"和"文化观"部分，并加进了张东荪的早年求学经历，但此书仍以张的"政治思想"为主，虽然在评论上左玉河是站在唯物史观的立场上依然称张东荪为"资产阶级思想家"，并且有些评论也有生硬之处，但是对张东荪先生政治理念的把握基本是公允的，并且试图找出张先生所坚持的民主主义与社会主义立场及其演进的线索,这些都是可贵的。正如左先生在该书再版后记中所说:"10年过去了,这部传记对东荪先生生平活动及思想的描述,经受住了历史的检验;这部著作对东荪先生功过是非的评定,得到了人们的基本认同。这是我感到欣慰的。"① 这些话并非作者自夸,他确实坚守了一个严格史学家的立场,并能够给张东荪以同情的了解,深受张先生对思想自由、政治民主与见解敏锐的感召,所以他在《张东荪传》再版时并未多大改动,这还引起了高山杉些微的批评,认为他发现了新材料而没有新说明。

左玉河的第三部著作《张东荪学术思想评传》是戴逸主编"二十世纪中国著名学者传记丛书"之一种,这本书与前两部书比起来逊色许多,左先生在文献上下过很大工夫,从硕士期间就开始搜集研读张东荪的著作,但是一个史学家作哲学思想研究,难免有些力不从心之处,这部评传,其实正是左先生要写的"张东荪哲学思想研究",我说过他将张的思想分为"政治思想、哲学思想、文化思想",前两部围绕"文化思想"和"政治思想"展开,这第三部书便是"哲学思想研究",这在本书后记中左先生说得很清楚②。所以对张东荪的学术思想评传,他便主要定位在哲学方面,但是作为一个史学家研究哲学思想,他意识到其中的难处并自觉地采取了有别于哲学研究者的视角和方法,正如作者所说:"我在研究张东荪哲学思想的过程中,特别注意发挥自己的所长,着重考察张东荪哲学思想的形成、演变和发展的历程;着重弄清张东荪哲学思想的渊源和思想转变的内外原因;着重考察张东荪前后期哲学思想的不同特点;注意其对于某些哲学问题讨论的演变情况;注意从整个中国现代哲学演变演进的过程中,评判张东荪哲学的贡献和价值,界定张东荪在20世纪中国哲学史上的地位。相反,对于张东荪哲学的具体观点和见解,则立足于介绍和阐述,不做过多的评判。"③

---

① 左玉河:《张东荪传》,北京:红旗出版社,2009年再版,第304页。
② 左玉河:《张东荪学术思想评传》,北京:北京图书馆出版社,1999年,第320页。
③ 左玉河:《张东荪学术思想评传》,北京:北京图书馆出版社,1999年,第322页。

作者是这样说的，也正是这样做的，作者对张东荪哲学著作搜求之勤、阅读之细致，很可以与民国时期的叶青先生相媲美，对张东荪思想渊源的梳理、前后之演变以及当时学人之交往都能用史家的功夫细致地做出来，不得不让人佩服左先生对张东荪先生文献之梳理功底，其中也很可以看出作者的一些勉为其难，从某些方面看，这部书也是成功的，但如作者所说立足于绍述不作评判，对于哲学研究著作来说，这不得不说是个硬伤了。所以左氏三书，论影响《张东荪传》为首，论学术《张东荪文化思想研究》为最好，《张东荪学术思想评传》无论如何都是处在第三位的。但这毫不影响左玉河先生对张东荪思想价值重新发掘与公之于世的贡献，在这一点来说左玉河先生功不可没。另外并热心于张东荪著作的编订、准备出版《张东荪全集》的努力都是功泽后世的事业。

第二，若说左玉河先生对张东荪哲学思想研究发掘不够的话，张耀南先生可算是张东荪哲学思想研究的权威。虽然他的《张东荪知识论研究》出版 15 年过去了，但是在这一领域还没有人可以企及。张耀南 1991 年来北大读博，师从汤一介先生，他硕士为西哲专业，所以作张东荪的知识论研究可谓正所用其长，两年左右的时间研读张东荪的认识论著作，于 1994 年完成博士论文《张东荪知识论研究》，1995 年作为台湾洪业文化"国学精粹丛书 37"出版，这部书很能体现张耀南先生的风格，深度上如汤一介先生序中所说："我不能说张耀南的《张东荪的知识论研究》已经尽善尽美，但我可说这本书不仅对研究张东荪思想有开创之功，而且这本书本身也是一本有相当深度的哲学著作。"① 汤先生所称赞，这本书是当之无愧的，这本书出版于 1995 年，比左氏三书都要早，而且深度上也有过之而无不及，但是因为在台湾出版，再加之学界对一个人的关注也往往从浅层入手，哲学层面的关注人少且僻，

---

① 张耀南：《张东荪知识论研究》，台北：洪业文化事业有限公司，1995 年初版，汤一介序末段。

所以这部书影响不大，但是张耀南先生研究张东荪哲学思想的观点却陆续以论文形式在大陆发表，他对张东荪知识论"三大贡献"（内在关系说、非写真说、间接呈现说）以及他通过张东荪与金岳霖知识论比较，对张东荪作为中国知识论开创者地位的重新确定，还有他对冯友兰"新理学"的批评并对张东荪"条理"的发挥都能发前人所未发，而且后来研究者谈及这些方面种种不署名的引用，可以说大部分都来自张耀南先生的研究成果。

这部书虽然有些地方有武断之处，而且对张东荪的知识论也有拔高的地方，但作为一部严格的研究性著作确实是90年代以来20年间研究张东荪哲学思想最好的一部。张耀南先生另外一部书为《张东荪》①，为傅伟勋、韦政通先生主编的"世界哲学家丛书"之一，也是在台湾出版，这部书可以作为《张东荪知识论研究》的辅助性读本，除对张东荪生平有些考证外，值得注意的是第四章"宇宙观"和第五章"道德哲学"部分，研究张东荪的哲学思想，这两部分也是必要的参考。在张东荪哲学思想研究方面，他十几年来对张的挖掘与地位的确立所作的贡献可以说无出其右者。而对于编选张东荪文集以及努力于全集的出版也可谓尽心尽力。

第三，90年代研究张东荪另一个不得不提的人物是复旦大学的张汝伦教授。他虽然没有专著出版，而且论文也不多见，但是一篇《中国现代哲学史上的张东荪》成了研究张东荪的必要参考文献。他说："张东荪是不拘一格，从柏拉图到新实在论，从休谟到罗素，从柏格森到实用主义，从康德到刘易士，他涉猎的西方哲学的面之广，当世罕见其匹。不仅如此，他的介绍也不像当时许多介绍西方哲学的文字那么肤浅，而是有理解，有批评与融会，称得上是真正的学术论文。……说张东荪是他那个时代对西方哲学了解最多最深的人之一，决非溢美之词。……最近十五年，中国对于西方哲学的了解与认识有了长足的进

---

① 张耀南：《张东荪》，台北：东大图书股份有限公司，1998年。

步,但像张东荪这样深且广地了解西方哲学的人,似乎仍不多见。"①作为学界较有声望的西方哲学教授对张东荪的西哲贡献能有如此高的评价,实在是一语值千金了,在《中国现代哲学史上的张东荪》一文中能从研究方法角度分析张东荪融会理解西哲的贡献,更有助于研究者对张东荪的理解与深化,另外对张东荪学者态度、为人的辩护,尤其是对张氏文字的编选对张东荪哲学思想研究的推动可以说不在他的文章之下,《理性与良知》一书成了许多研究张东荪学者的参考书目,选文之精当很可以代表张东荪哲学思想的范围与深度,这些都可以说正体现着张汝伦教授对张东荪哲学思想理解的深刻之处,张汝伦还主持出版了张东荪的《思想与社会》② 一书。

　　第四,90年代对张东荪的研究,另一项需要提出的是1998年12月20—22日,在澳门举行"张东荪与中西哲学比较"研讨会。研讨会由澳门中国哲学会主办,中国社会科学院哲学研究所协办,来自澳门、香港、台湾和祖国大陆的二十余位学者参加了研讨会,张东荪的亲属也参加了会议。本次研讨会是关于张东荪研究的第一次公开会议,似乎也是30年来唯一的一次,与会代表讨论了张东荪的认识论思想、宇宙观、思想渊源、对待唯物辩证法态度的转变以及对知识社会学的初步研究等等,并作了较高的评价:有学者具体指出了张东荪对中国哲学的贡献,认为从大的方面说,有三项贡献:(1)在20世纪的中国,张东荪第一个给中国哲学贡献了一个完整的哲学体系;(2)在中国哲学史上,张东荪第一个也是最后一个(本世纪)给中国哲学贡献了一个"以知识论居先为方法"的全新的方法论;(3)在20世纪的中国,张东荪第一个把中国哲学家的哲学水准,提升到可与西方大师平等地、建设性地对

---

① 张汝伦选编:《理性与良知——张东荪文选》,上海:上海远东出版社,1995年,编选者序第8—9页。
② 张东荪:《思想与社会》,沈阳:辽宁教育出版社,1998年(张汝伦作"本书说明")。

话的新高度、新境界。① 或许正是此次会议之后，学界对张东荪的研究更加关注，一个明显的现象是，在 2000 年至 2010 年间研究张东荪的论文大量出现。

第五，关于第二个十年研究张东荪的相关论文情况。除却上述左玉河、张耀南、张汝伦三先生外，其他研究多是对 80 年代研究的扩延和深化。论及的范围也细化到了张东荪先生的早期政治思想、文化价值观，以及他对精神分析学、价值哲学的引介，另外集中讨论的问题便是张东荪先生的"民主主义思想"、"文化观理论"、"实用主义"、"知识价值论"等方面，具体文章可以参看本论文附录二。值得一提的是顾红亮先生的《实用主义真理观与张东荪》，文章指出，相对于胡适对实用主义实验方法的介绍，张东荪对实用主义的传播侧重于真理论。"他深入而具体地分析了实用主义真理论的主旨，指出了实用主义的两个方面：其中真理论是实用主义的根本，方法论是真理论引申的一种态度，本体论则只是真理论的伸延补足。"② 这些在本书"真理观"一章会专门予以讨论。

总体上看，第二个十年，对张东荪的研究是最有深度也基本上奠定了日后论题的十年，尽管有些论文还夹杂着 80 年代的话语痕迹，但对张东荪思想的具体研究已经是明显的纯学理层次的探讨，虽然有些单篇论文还是作者初步研究、介绍性的工作，但从深度上讲，第三个十年要想超越 90 年代学人的研究是有些困难的，而且从研究专著上来看，数量上仅仅三部（含张汝伦教授对张东荪哲学诗的注解，不含再版的《张东荪传》），而 90 年代是五部（张耀南二书和左玉河三书）。下面我们看一下第三个十年的研究情况。

---

① 张利民：《"张东荪与中西哲学比较"研讨会述要》，《哲学研究》，1999 年第 2 期，第 80—81 页；我推测这种评价来自张耀南先生。
② 顾红亮：《实用主义真理观与张东荪》，《长沙电力学院学报（社会科学版）》，1998 年第 3 期。

（三）第三个十年（2001—2010）研究繁荣阶段

说本阶段为"研究繁荣"阶段主要是从数量上来说的，一方面表现为研究张东荪的单篇论文大量增加，这个十年的研究论文比前两个十年的总量还要多，估计要占到五分之三以上；另一方面表现为研究张东荪的硕士论文和博士论文增多。原因其一为关于张东荪的研究有了前20年的积累，作为民国年间一流学者的张东荪逐渐进入了学人视野，尤其是通过对张东荪著作的选编，更多人能够看到张东荪的真实思想，其中《理性与良知》一书影响很大，其后便是张耀南先生编的《知识与文化》[①]，当然左玉河先生的《张东荪传》也自然影响不小，克柔女士编选的《张东荪学术文化随笔》[②]也很有眼光，所选文章很可以代表张东荪作为一个思想自由、精神独立、捍卫民主、悲天忧民的中国学人的典型特征。这样，正是张东荪个人思想的魅力吸引着更多的人来关注他、研究他；其二，中国大陆学生数量的增加，尤其是研究生数量的剧增。这样以现代思想史、现代哲学史或现代政治史为专业的学生难免不遇到张东荪先生，这样研究的机会便大大增加。其三，原来正统学人，比如在对熊十力、冯友兰、金岳霖、梁漱溟、胡适、陈独秀、李大钊等有了大量研究的基础上，后来者若想取得任何进展都是很难的，所以关注对象逐渐扩展，原来不太受关注的人物逐渐成为新的研究对象。其四，互联网技术的发达与论文检索的方便，尤其是优秀硕士论文和博士论文期刊网的建立，使我们能较方便地检索到关于张东荪研究的更多信息，尤其是其他院校的研究动态和最新研究状况（同时也说明前20年的统计信息尤其是关于学位论文方面难免会遗漏）。但是数量的增加并不意味着质量的提升，相比于90年代功底深厚、学风踏实的左氏和"二张"外，这十年的学人由研究生而成为较成熟的学者还有待时日。

[①] 张耀南选编：《知识与文化——张东荪文化论著辑要》，北京：北京广播电视出版社，1995年。

[②] 克柔编：《张东荪学术文化随笔》，北京：中国青年出版社，2000年。

自然，就单篇文章来看，逐渐细化，并且深度上比 90 年代微弱的推进了一步，但大致范围未超越上个十年的定型。专著出版上来说尚不如上个十年，下面做一简述。

第一，第三个十年研究张东荪的专著。

首先是马秋丽女士的《张东荪哲学思想研究》。这是以"哲学思想研究"为名的第一部，左玉河那本书虽然研究哲学思想但是以《张东荪学术思想评传》命名的。马秋丽女士的行文风格是平实，没有深刻的论断，但也没有越轨的危险，她对张东荪文字的阅读是细心认真的，借着山东大学颜炳罡和张平教授对张东荪著作的搜集与整理，马秋丽女士能以平实的文笔扎实的功夫从张东荪参与"科玄论战"开始一直到后期三书的出版，马女士都能步步为营、稳扎稳打篇篇解读，并给以合适的论题进行研究，虽然对前人成果吸收不多，但是就对张东荪文献整理上可谓是第三个十年研究张东荪的主要学人。就《张东荪哲学思想研究》来看，她分上下篇，上篇谈科学哲学关系、宇宙观与人生观、知识论、文化哲学，我们可以看出，这任何一个论题都可以独立成书，但被作者安排在一本书里，而且还只是书中的上篇，不过作者的特点是忠实于原作，对张东荪的宇宙观、人生观、知识论，以及后期知识社会学都能分门别类地给予归纳和整理，对于初期研究张东荪的学人来说，这倒是很不错的一部著作，作者评论不多，也较少以问题为中心展开与其他学者的比较，但是能做到对张东荪个人思想贴切的研究解读也算是可贵了，而且在这本书里你看不到 80 年代或是 90 年代那种带有意识形态性质的话语，这或许是新时代学人的一个极为微薄却是可贵的进步，对正统史家说张东荪一贯反社会主义，作者也能适当地据理直争，关键是站在学术的立场来研究问题，这可以说是 21 世纪学人的学术自觉。我们逐渐在营建规范而又宽容的学术环境。

就具体内容来说，无论是宇宙观还是知识论她都没有超越张耀南先生定下的根基。而对文化哲学的探讨，也多与左玉河先生的研究重复。对于"70 后"或"80 后"学人来说，若依然采取前 20 年的研究方法，恐怕很难通过文献整理超越前人，我们应转入问题研究的时代，否则难逃与前辈学者重复的命运。《张东荪哲学思想研究》下篇"张东荪对中国文化问题的哲学思考"，这其实是个含混的题目，章节安排也更像是论文合集，虽然就单篇文章来看不时能体现作者的眼光的敏锐，比如她将张东荪先生对中西文化的比较与李约瑟难题联系起来，这样也不失为一篇独立的学术论文，其他比如《一条中间性的政治路线》、《张东荪对知识分子问题的研究》似乎不太适合放在"哲学思想研究"的著作里边。书中的内容大多都作为单篇论文在期刊上发表，所以在第三个十年我们会看到多篇有马秋丽博士撰写的研究张东荪的学术论文，就单个作者写如此多的关于张东荪的论文来说，她应该是最多的了。

第二部关于张东荪的著作是张汝伦教授的《诗的哲学史——张东荪咏西哲诗本事注》。这不算是一部严格的研究性著作，如同本书的副标题所说是对西哲诗的"本事注"，张汝伦教授谈到为何编著这样一本书时说："笔者也在大学教授西方哲学有年，素来钦佩东荪先生的道德文章，故对这些咏西哲诗倍感兴趣。为使更多的人了解张东荪先生的人格学问，本人不揣浅陋，对东荪先生所咏西哲诗作一本事注，俾使一般读者能更好地了解这些诗的内涵。"① 在这篇序里张教授仍称"张东荪的确是最出色的现代中国哲学家之一"。这本书对张东荪晚年所作西哲诗都能给予简要的解读，对西哲的理解固然没有问题，从注解来看，张汝伦教授对张东荪哲学著作似乎有着广泛的阅读，具体张先生是如何接触到张东荪先生书籍的，目前还不知道，张耀南先生是接受了汤一介先生的建议，而左玉河先生据他自己说是在河大图书馆借到《新哲学论丛》一书时受其吸引才开始了对张东荪著作的搜集与研究，上面已经介绍，这三位先生是较早并深入研究张东荪著作的代表人物，至少在90年代如此。

---

① 张汝伦编著：《诗的哲学史——张东荪咏西哲诗本事注》，桂林：广西师范大学出版社，2002年，序第6页。

另外一本涉及张东荪的著作是黄玉顺教授的《超越知识与价值的紧张——"科学与玄学论战"的哲学问题》①，这本书也是研究"科玄论战"少有的精深之作。另外一部是贡华南的《知识与存在——对中国近代知识论的存在论考察》，该书"围绕科学知识、常识、形而上学知识、人的境界与人的存在的关系，以及知识形态中所隐含的本体论含义等问题，对中国近代哲学家的有关思考做了梳理，并深入地分析了其中的所得与所失"②。其中就包含了对张东荪的知识论的分析。该书第二章第一节，认为张氏"把真理理解为主体间交往的产物，理解为社会的产物，确实具有一定的道理。但把它完全归结为主体间的互相订正而否认其客观的内涵又走向了另一个极端。须知主体间的交往或订正的根据乃是客观的存在，真与不真的标准也应该是能否接近客观的实在而不是主体间能否达成一致"。据此，贡华南得出的结论是："张东荪把真的发生问题归结为主体间的交往辩难诚有所见，但据此抽去了真与客观存在的内在关联，无疑又把真的发生问题与真的内涵混为一谈。"③

第二，研究张东荪的学位论文。博士论文三篇除了上面已经出版的贡华南的《知识与存在》，还有华东师大毛翼鹏博士的《"多元交互主义"知识论研究》（2003年）、马秋丽女士的《张东荪哲学思想研究》（未查到原文，仅获赠其书），另外涉及的有社科院耿彦君博士的《唯物辩证法论战研究》（2003年）。而硕士学位论文方面出奇得多，这让我大感奇怪，单就以张东荪作为论文题目关键词的硕士论文就有11篇，而且在期刊网上所查都是全国优秀硕士论文，而那些没上网的论文又不知凡几了。突出的是2007年以来明显增加了，这可能与大陆高校扩招有关，因为2007年前后正是本科扩招以来攻读硕士研究生的毕业年，

---

① 黄玉顺：《超越知识与价值的紧张——"科学与玄学论战"的哲学问题》，成都：四川人民出版社，2002年。
② 杨国荣：《〈知识与存在〉序》，见贡华南：《知识与存在——对中国近现代知识论的存在论考察》，上海：学林出版社，2004年。
③ 贡华南：《知识与存在——对中国近现代知识论的存在论考察》，上海：学林出版社，2004年，第59页。

这个推断应大致不差。这些论文的优长是针对张东荪的一方面思想展开专题研究，比如"逻辑思想"、"政治哲学"、"文化观"、"真理观"（可参见本书附录二）。与90年代相比这或许是一个明显的进步，不再以"哲学思想研究"、"述评"、"简述"等形式做文献整理式的工作，而是能展开专题研究，不可不说这是新一代学人的自觉与自立的开始。我说过，我们的研究已经进入了"以问题为中心"阶段，那种绍述、简评式的研究时期已经过去了。

第三，研究张东荪的单篇论文。由于面临发表论文的压力，这个十年研究张东荪的学术论文便以研究生为主，像上面以张东荪作为硕士论文或博士论文研究对象的，陆续将学位论文以单篇形式在期刊上发表，这是这一时期比较明显的现象。但是就深度上来看，实在是有限，我说过这批学人逐渐筛选、成熟起来恐怕要到下个十年了。但是这个十年的进步除了上述做专题研究外便是尝试比较研究，比如对二张（张东荪、张君劢）的比较、比如张东荪与张岱年的比较；第三个进步是研究范围的广泛展开，张东荪的认识论、宇宙观、道德观、言语制限、逻辑思想等等，前20年所涉及的话题都有人重提，更不用说张东荪的社会主义思想了，另外关于张所参与的北平和谈等等种种回忆录也较多出现。

这十年间值得一提的论文我从中选取三篇，其一为宋志明先生的《评张东荪的多元认识论》。他研究张东荪的论文，我就见到一篇，但对张东荪的"多元认识论"能从先验论与经验论之彼此限制来解读，确实是见到了"多元认识论"的症结与关键，他在结论处说，总的来看，张东荪尽管对唯觉主义表示不满，实际上却没有超出经验论的范围。张东荪在中国现代哲学史上第一个发现了唯觉主义的简单性和褊狭性，并试图用多元论理论予以纠正，这是他做出的理论贡献。但是，他好像一位不高明的医生，只是诊断出病情，却开不出医病的良方。他的多元认识论并没有提出多少独创性的见解。但是，他确实意识到认识论问题的复杂性，并作了认真的哲学思考。他是中国现代哲学史上自觉地研究认识复杂性的第一人。他的多元认识论发表之后，哲学界对他毁誉不一。无论是毁还是誉，都说明他的多元认识论在当时有一定影响，说明这种学说是构成中国现代哲学发展史的一个环节①。这样的评论有些让人感到模棱两可，他在摘要中说"上承丁文江下启金岳霖"，文中谈到"科玄论战"时期张对丁的批评，但是用"上承"一说是否合适？而"下启金岳霖"更是不知何所指了。

第二篇论文为张耀南先生的《论中国现代哲学史上的"知识社会学"》②，这是具有开拓性或里程碑式的一篇论文，因为 30 年来对张东荪的研究论文有三百余篇，可是能专一提出"知识社会学"为论题研究张东荪的只有这一篇，据张耀南先生说他是受孙万国先生启发，而且这篇论文也有明显的颂扬之嫌疑，但是以"知识社会学"为论题研究张东荪确实是一种开创，张东荪后期三书（《知识与文化》、《思想与社会》、《理性与民主》），连他自己也说那是他学术思想的一个重大转变，受了当时西方刚兴起的"知识社会学"的影响，他尝试作此研究，而且当时燕大他的学生后来著名的人类学家李安宅先生还翻译了曼海姆的知识社会学著作中的一部分。张耀南先生很能见到此点，并从国际学术背景上来探讨张东荪先生所最先尝试研究的这一最新领域，这对张东荪哲学思想的研究确实是一种开拓。以前对后期三书的定位多是从知识论或者从文化观方面研究，而张先生的本意则是对知识社会学的探究。这一点，30 年来研究者很多，但就大陆来看只有张耀南先生看到了其中真正的学术地位与意义。他甚至说"知识社会学"可以作为张东荪的代表性贡献，在中国现代哲学界取得与熊、冯、金、贺相当的地位。不过以"知识社会学"为视角展开对张东荪的研究，张耀南先生只是开了个头，需要做的工作还很多，因为这半个世纪以来，知识社会学在西方已不再是新兴学科了，其研究现状如何，我们无法一时得知，而张东荪先生的研究又在学术史上到底处于何种地位，恐怕唯待专门研究后方

---

① 宋志明：《评张东荪的多元认识论》，《中国人民大学学报》，2002 年第 4 期，第 111 页。

② 张耀南：《论中国现代哲学史上的"知识社会学"》，《哲学研究》，2004 年第 7 期。

可下结论了。

第三篇我想提及的论文是武汉科技大学郭广硕士的论文《近代科学为什么没有在中国产生？——论张东荪对"李约瑟难题"的求解》①。这篇论文能运用张东荪对中国哲学特征的论述引申到对李约瑟难题的回答，我们在《引论》一章中可以看出自然科学界似乎很热衷于这个问题，但是对其回答往往不着痛痒，对于这样一个老问题，郭广硕士能以他研究张东荪硕士学位论文的特长展开另一种回答，给人耳目一新，前面我们谈到马秋丽女士也以此为论题发表了论文，但是将二文一比较便可以看出后来者居上了。关于单篇论文暂时谈这么多，我说过这十年的论文很多，我所举例是有限的。

以上大致为张东荪研究近十年的状况，有喜有忧。喜者为论题深入细化，逐渐走向专题研究，和以问题为中心，但这只是个初步的开始；忧者，虽然研究张东荪的学人数量上大量增加，但他们对张东荪文本的把握、对前人研究成果的吸收、对新问题的发掘与深化，要想超过90年代的二张和左氏还没有看到明显的征兆。而且，令人忧虑的是左玉河先生并没有新的更好的著作或论文出现，他自己说："我觉得自己对东荪先生生平及思想研究的使命基本完成……没有再撰写相关文字，而是将研究重心转移到中国现代学术转型问题上来。"② 一个人的研究自由我们是无法苛责的，但是功底深厚如左玉河者，如此停笔实在是一种遗憾，因为后来者要达到他对张东荪文本的熟悉程度恐怕就是个难题，更不用说研究上的超越了；而张耀南先生也对我说近几年也很少关注张东荪了，从论文上看近三年他确实很少写，除了他新编的《张东荪讲西洋哲学》③ 做了序和点评外，便算是收入《多元2006》论文集里的《论

---

① 郭广：《近代科学为什么没有在中国产生？——论张东荪对"李约瑟难题"的求解》，《武汉科技大学学报（社会科学版）》，2010年第1期。
② 左玉河：《张东荪传》再版，北京：红旗出版社，2009年，再版后记。
③ 张东荪：《张东荪讲西洋哲学》，张耀南编，北京：东方出版社，2007年第1版"序"和"点评"，分别为：《一九三〇年以前中国人对西洋哲学的了解》、《西方文化之输入不能不以哲学为先导》。

基于知识社会学的中国哲学史研究》①，这篇文章以张东荪对"知识社会学"的研究、融合为背景来依照中国哲学自身的特质来编写哲学史讲义并与熊、冯、金有着种种讨论，张耀南先生对此进行了细致的梳理，确实很见张先生的细致与大手笔，这与上面提到他的《论中国现代哲学史上的"知识社会学"》可以对看，张先生一直鼓励我作关于"知识社会学"方面的研究，我很奇怪，不知他为什么不继续作张东荪研究，要知道他的文献积累是在我之上的，而且前几年他还和汤师谋求《张东荪全集》的出版；第三位，要说的是《张东荪哲学思想研究》的作者马秋丽女士，她来邮件也说"转向儒学研究"了，其实这对一个学者来说是很大的遗憾，因为放开自己熟悉的文本，不去深化问题研究，而另辟领域，无论如何成长为新领域的专家都有待时日。

所以在我看来这个现象并非是个案，而且是个很值得关注的中国学人研究取向问题，我认为之所以选新弃旧在于研究方法。若以评述、整理为研究方法，那么文本很快便会因为熟悉而整理完毕，这样只有转向了；若是以问题为中心，那么对问题的深化便永远没有止境，而且只有最终回到问题研究上，独立的也即国际性的学术研究才是可能的，我们面对不同的文本，但是我们可能面对着相同的问题，只有对问题的研究深度才能最终体现一国学者的研究水准，由此以问题为平台的国际对话才是可能的，否则呢，要么我们另外开荒，要么我们敝帚自珍，总之呢，这样的研究都是自闭的而非开放的、文献整理的而非深入问题的。若不走出此种困境，新起的学人难免要步前几位先生和女士的后尘，中国的学术也不可能独立，你做的东西都是初步的，别人根本没必要与你对话；就我们自己来说，你会发现许多论文的研究虽然列了大量的参考文献，但是他的行文里很少有参考引用的，对话、批评更谈不上，若国内同一领域的研究者尚如此"老死不相往来"，那么若要我们走向国际学术界对话，那更是胡说。其实以整理文献为方法作研究是不需要引用

---

① 程广云主编：《多元》，北京：首都师范大学出版社，2006年，第75—100页。

前人成果的，因为你首先关注的是研究对象的原作，那才是最值得引用的文本，所以大量的引文便是张东荪的文字而不是后来的研究者的，尽管不乏睿智的研究者，比如张耀南先生、张汝伦教授、左玉河先生还有马秋丽女士。下面我就谈一下研究中出现的具体问题。

第二节 研究现状中存在的问题

若说以上多是对研究者的肯定与敬意的话，以下将主要是批评和反思了。而且学术批评比学术赞扬更重要，"做学问"便既要有"学"也要有"问"，前者强调对既有研究成果的吸收，后者包括"询问"、"疑问"甚或"审问"，而我们所缺的正是后面此种包含学术尊严但显得冷冰冰的"疑问"和"审问"，当我们批评一个研究作品时，正是对它的看重和满怀敬意，换句话说是值得批评所以才选出来的。我想一个作者最大的痛苦便是自己的作品无人问津、空谷无回音，或者一片颂扬之声甚至超越了承受的限度，这样的颂扬对作者研究的深化与改进是没有任何益处的，学术的进步只有在不断的争鸣、思想火花的激荡中才更易于步步深入。我们都在追求真理，但任何所得的真理只是片段甚至是碎片，正因为此才有继续探求的理由和动力，这也才是"爱真理"和"爱智慧"的真正含义吧，那种以真理获得者自居的人，其实只是一个信徒和宣传员，这与学术无关。我们常听到"吾爱吾师，吾尤爱真理"，但是往往将"真理"作为一个结论而不是探寻的过程，那么这便走向相反的方向了。"爱真理"是一种"为学问而学问"的态度，这种态度本身就包含着对自我的否定和超越，即便是对自己感情上所欣赏的理论或研究者，也能以探究的态度去反思甚至去怀疑，这才是真正的接近真理的态度。我们常说"当局者迷，旁观者清"，正因为此，学术批评与学术对话才是必要的，对一个学人来说有一个相当水准的论敌或批评者，实在是他的福气，这便是"忠实的反对派"令人敬重的地方。

记得波普尔在批评卡尔纳普的文章末尾说道:"我很高兴有此机会把这些问题从脑子里倒出来——或如物理主义所说,把闷在心里的话讲出来。我不怀疑,下一次在蒂罗尔度假,下一次攀登'语义流星'山,卡尔纳普和我将在大多数问题上达到一致;我深信,我们都属于理性主义者团体——这个团体的人渴望争辩,渴望相互学习。但是在我们之间的自然的鸿沟看来却难以搭桥,因而我现在就越过大洋——我知道很快就要到达彼岸——以我最良好的兄弟祝愿送给他我这些带着倒刺的箭。"① 而合乎理性的"争辩"与"宣传"的"差别在于一种平等交换意见的态度,在于不仅准备说服别人,而且也可能被别人说服。我所称的合乎理性的态度可以这样来表征,'我认为我是正确的,但我可能是错的,而你可能是正确的,不管怎样,让我们进行讨论罢,因为这样比各自仅仅坚持认为自己正确可能更接近于正确的理解'"②。这些应该是学术规范中的常识了,不过为中国学者所广泛接受,恐怕还需要时间,我们太害怕批评了,因为"批评"和"批判"曾经是个可以给自己带来灭顶之灾的词语,但是学术界若不能重新将这两个词语迎接回来,并为它们正名,恐怕那才是真正的学术上的"灭顶之灾"呢!辩论的实质是我在用理性思考,但不一定是对的,通过辩论我甚至可以放弃自己原初的观点,而认同论敌更有说服力的想法。以下我将研究现状中存在的问题列举出来,算是一种受恩于几位先前研究者的善意的批评。

一、文献铺陈过多

第一,对研究对象的文本引用过多,而少有评论。读多了研究张东荪的论文、专著,你会发现满纸净是"张东荪认为",而熟悉张东荪文

---

① 卡尔·波普尔:《猜想与反驳》,傅季重等译,上海:上海译文出版社,1986年,第417页。

② 卡尔·波普尔:《猜想与反驳》,傅季重等译,上海:上海译文出版社,1986年,第508页。

本的人，很快便会发现，无论是带引号、不带引号的，大多都是张东荪原作中的内容，你想看看作者的评论都很难。唯一的区别在于，作者能将张东荪的思想冠以"人生观"、"认识论"、"宇宙观"等名称分项列出。甚至许多转述的地方或限于篇幅还无法表达张东荪的要义，这样的文本也算是研究吗？更像是一个张东荪语录，在初步研究阶段，这样的文献整理是需要的，因为没人研究，可资凭借的研究文献很少，所以先大致有个整理的框架，便于日后的研究深入，这或许是可以的，但老是做这种读书笔记式的论文，即便不能说是后退也只能说是原地不动了。第二，不注意吸收前人研究成果，重复过多。若说第一个问题是重复张东荪的话，本问题便是研究者之间的重复，同是研究张东荪的人生观或架构论，翻开一看内容大致不差，但却是不同的作者，而且可以相差20年，如此研究过于自闭，缺少对话，甚至不明白这一领域的研究情况，似乎不是对学界负责而只是对张东荪负责，这样的论文价值便极为有限了。

　　本问题之突出者我们可以马秋丽女士的《张东荪哲学思想研究》一书为例，这是唯一的一本以"张东荪哲学思想研究"为书名的专著，尤其是处于研究的第三个阶段，但是没有达到第三个阶段的水平，就知识论研究一章来看，与14年前张耀南先生相比可以说还没有并肩，遑论超越呢；她对张东荪文本之解读忠实而又细致，并零星有些睿智的显现，但作为哲学研究著作来说，文献绍述过多，深度不够，而且关于宇宙观、人生观和逻辑思想部分前二十年都有多篇论文研究，她也似乎没有在继承已有成果的基础上将问题推进。① 下面第二个谈的问题便是"问题意识欠缺"。

---

① 马秋丽：《张东荪哲学思想研究》，北京：现代教育出版社，2008年；"知识论研究"在第三章，分为四节："主客交互作用的认识论"、"多元认识论"、"多元交互主义知识论"、"知识之真——对知识标准的探讨"，由此章节安排来看，可见马秋丽博士对张东荪知识论把握的忠实与全面，著者且受秋丽女士见赐新作，在此深表谢意。

二、问题意识欠缺

第一，在搜集研究文献时，我发现多篇"哲学思想浅析"、"简评"、"评述"张东荪思想的文章，你看不出他们要讨论什么问题。虽然是单篇论文但却要介绍张东荪的整个哲学思想或是认识论或是政治哲学，若是80年代初步研究作为一种介绍，或是可以允许的，在研究张东荪的专著出现之后，还有这样的论文，只能说这只是个人的研究行为，这样的论文也只对个人有价值，对于学界没有任何影响吧。第二，以左玉河先生的《张东荪学术思想评传》为例。这本书上面说过可以"张东荪哲学思想研究"看待，其中第五章"文化主义知识论"安排四节"从知识到文化的历程"、"形而上学知识的性质"、"知识的文化制限"、"境况决定与文化满足"，本章算是讨论张东荪后期三书尤其是与知识社会学相关的《知识与文化》、《思想与社会》的讨论，但是除了单节的思想陈述外，你看不出他要讨论什么问题，单节限于对张东荪思想的介绍，而节与节之间也看不出有什么逻辑关系。自然作为一个严谨的史学家，左玉河先生已经有自己的研究方法上的自觉，我也并无苛责之意，只是指出这一问题，而要说明的是其他论文类似的也不少。

三、颂扬多于批评

本批评是针对张耀南先生的，他对张东荪哲学思想的研究达到了至今无人企及的深度，同时也将张东荪的地位推到了无人推进的高度。[①]

[①] 此处对张耀南先生的评价，王博教授提出了善意的批评，认为有"诗人气质"嫌疑，学术论文用语当更严谨些，对此建议本书表示感谢。不过，读过张耀南先生研究文字的人，或许会与我同感，他对张东荪知识论的研究是有深度的，而且就目前学界来看，还难见有人超越；但是他的问题在于对张东荪的学术贡献有拔高嫌疑，这也是我不满和在本书中力当避免的。因为这句话比较符合张耀南老师的特征，此处暂时保留原样，但王博教授的建议是对的。在综述和评价以外的文字，本书的处理都比较谨慎。综述部分难免有些个人色彩。

第一，就知识论说，他用大量篇幅证明张东荪先生超越了金岳霖先生；就"新理学"来说，他用张东荪对"条理"的解释反驳了冯友兰的新理学体系，从而证明了张东荪先生超越了冯友兰先生。20世纪中国的哲学家中最为人尊崇的其中两位就这样被张东荪先生轻而易举地超越了。对于金岳霖先生，既然张耀南教授极力证明他与张东荪是不同的两个知识论路向，那么此种超越又从何说起呢？他的过于充分的证据反而显得有些力不从心。另外，对金岳霖的《知识论》的时间定位偏晚，对金先生"外在关系说"的理解有误可算是细节上的错误。① 而对于冯友兰先生的新理学，固然他用实在论的解读偏失很大，但作为中国哲学转型的尝试，也算一种失败的努力，但是张东荪先生的"条理"是基于认识论对"外在者相关者"的解读，是不是与中国的"理学"之"理"同属于一个系统，我们是可以存疑的，即便说冯友兰的实在论倾向不对，张东荪先生的"条理"也不因此而更接近中国的理学②。对于确立张东荪的地位，张耀南先生是自觉为之的，他说："本书即是专为论述张东荪之知识论而作，考虑到张东荪思想一直被忽略的现实，本书更把重点放到确立张东荪知识论之地位上。"③ 在结论中与金岳霖先生比较时又说"这里如此详尽地考察时间，其实只是为了争一个'第一'或'开拓者'的位子"④，固然作为"开拓性"的研究者难免带些对研究对象敬意的情绪甚至有一种使命感是可以理解的，但是作为一项学术研究，似乎这些倒是其次的工作。研究对象的问题与思想本身才是最值

---

① 张耀南：《张东荪知识论研究》，台北：洪业文化事业有限公司，1995年初版；关于《知识论》一书的写作时间界定见第305页、关于金根本否定内在关系见第297页；此两处明显是错误的，前者可见《知识论》一书《作者的话》本书写了两稿，第二稿据作者说完稿于1948年12月中旬，就书中行文所涉及的时间，1943年左右已完成了大部分；后者《知识论》中涉及"内在关系"作者并没有完全否定内在关系，还可参见金的《内在关系和外在关系》一文，说他承认知识关系是外在关系是可以的，说他承认一切关系都是外在关系则是错误的。

② 关于张东荪先生的"条理"论请参见本书第三章"条理与理学"一节，需要提醒的是，张东荪先生的"条理"一词在后期三书中对"理学"的解读与前期认识论中"条理"一说，同名而异义。

③ 张耀南：《张东荪知识论研究》，台北：洪业文化事业有限公司，1995年，第20页。

④ 张耀南：《张东荪知识论研究》，台北：洪业文化事业有限公司，1995年，第305页

得关注的。

第二,"东荪先生知识论的三根支柱"①(内在关系说、间接呈现说、非写真说)。这是张耀南先生研究的最明显的成果,研究张东荪的学者没有人这样提,他是第一位,后来者,也多是引用他的说法,其实这"三根支柱"的说法在张东荪的文本里只是间接提到而已,而且"间接呈现"与"非写真"其实就是一个意思,甚至与"内在关系"也是难以分离的,三者只是在说明一种现象而已,如今被张耀南先生提出来作为三根支柱。并说:"他用这个'非写真说'打通了柏拉图以为不能打通的'知识'与'意见',打通了金岳霖先生以为不能打通的'发现'与'发明',打通了熊十力先生以为不能打通的'理智'与'性智',亦打通了冯友兰先生以为不可能打通的'科学'与'形上学'、'综合命题'与'分析命题',等等。谁能说?这一切不是东荪先生的贡献?!"②坦白说,这样的说法,也只有张耀南先生说过和敢说吧,除此外,我还没见第二个人说过。张耀南先生不是对张东荪没有批评,但是他颂扬的态度,以及问题关注的中心不在问题研究推进上而在地位确立上,实在是《张东荪知识论研究》一书最大的遗憾,尽管如此,他的学养与本书的深度,我说过,就研究张东荪的知识论领域来说,还是无人企及;其他持颂扬态度的学人还不少,颂扬的高度不如张耀南先生而其研究的深度也同样无出其右。不过我们日后的研究,的确应转向问题研究上来了,应作批评式的而非颂扬式的研究。

以上是著者在整理前人研究文献时发现的问题,由于没有明确的问题意识,所以研究成了张东荪语录的铺陈,在这里作为研究者个人的声音反而听不到了,听到的更多是赞叹、颂扬,没有批评式的研究,我们似乎只能做些文献整理式的工作,这样三个问题便形成了恶性循环。后来的学人想在整理文献上超过前人几乎是不可能了,要么选择重复,要

---

① 张耀南:《张东荪》,台北:东大图书股份有限公司,1998年,第197页。
② 张耀南:《张东荪》,台北:东大图书股份有限公司,1998年,第402页。

么选择新的出路,所以,如果说80年代算是一种研究上的觉醒,90年代是一种研究上的奠基,那么这个十年算是一种学术范式转型的积蓄,它几乎重复了前二十年的所有论题与论说范围,经过这个十年的积累,我们初步尝试着新方法比如专题研究、比较研究,尤其是有了较为明确的问题意识,这算是这个十年最为可喜的苗头与新方向的尝试。如果此种新方向能在本十年的学人那里持续努力的话,下个十年的研究将达到中国学术水准的新高度。不过后起之秀可能需要在生活上浪费太多的精力与时间,所以下个十年究竟如何,我们只能拭目以待。

第三节 由研究现状中存在的问题到本书的展开

本书立意是突出自己的原创性研究并将张东荪的研究放在哲学问题史上作进一步的推进,但这一目标的难度也是明显的,不是人们不愿创造,而是原创确实有难度;尽管如此,本书还是迎难而上,尽力写出自己独立的研究和看法。

了解自己同行研究状况的好处是可以集思广益,坏处便是感到自己无话可说,要想有新的思想那么你要么有新的方法、视角,要么你能提出新的问题,而这都需要作者不但有广泛的积累而且要有独立的见解。我说过若以问题为中心,那么研究是无止境的,因为你总可以针对问题提出更好的解决办法,而这是完全可以避免重复的;而且当我们针对问题时,不仅是国内学者的研究成果而且国外学者的见解我们都可以对话、批评、运用,因为虽然我们面对不同的文本或研究对象,但是处理的问题是可以相同的。也只有回到问题研究上来,一国的学术才可以说走向了独立的学术规范之路。而这正是我在《引论》中所说"是"的思维方式的一种体现,只针对问题研究,不考虑实用、不计较情感;只考虑自己的说法是否合乎理性、是否严谨,而不必考虑别人是否批评与反对。因此我的选题是以问题为中心的。

一、本书的选题

本书将讨论四个问题：条理问题、所与问题、先验格式问题、真理标准问题，这分别构成了本书的第三、四、五、六章。

第三章简单介绍"多元认识论"的理论框架及其演变，并回应《张东荪多元认识论及其批评》一书四位作者的批评；而对于张东荪后期的"知识社会学"，由于著者对此领域尚未涉足，不多涉猎，但是对《知识与文化》所谈知识的性质部分仍作为"多元认识论"演进部分视为研究范围。然后重点讨论多元之一元的"条理"问题，作为"外在相关者"对此进行研究，并试图与金岳霖先生的"官觉外物"进行比较，都是对"外物"的认识看二者有何不同，究竟应如何界定"外物"，张东荪先生用"条理"去解释是否合适。除此外，准备回应一下张耀南先生认为张东荪在此处超越了冯友兰"新理学"的说法，在我看来"条理"同样不能解释中国"理学"之理，二者是不同的所指。最后提出著者本人对"条理"的看法。

第四章讨论"所与"问题。这在张东荪文本里是作为"多元"之另外一元出现的，他有时名之为"感觉"，对此经验论与理性论有不同的解读，到底应如何看待，张耀南先生所说的"非写真说"是如何在这里成立的，还有塞拉斯说"所与是神话"，那么结合张东荪的论述，我们要分析看"所与"是不是不可能的。还有"所与"理论也是金岳霖《知识论》的核心内容，二者对此又有何种不同的表达，学界常说的两种认识路线是否合适又是如何体现的，彼此的问题何在，有没有完善推进的余地？此为第四章论题。

第五章讨论先验格式问题。这也是"多元认识论"中的另外一元，也是最能体现张东荪认识论特点的地方，当然也是他前后改变最多的地方，尤其是他说他的知识论是沿着康德的路子便体现在这里，那么与康德相比有何不同？对康德的理解，他有没有偏离？而且他对概念与范畴的界定也与康德颇不相同,我们当如何看待此种处理方法,另外在时空之外张东荪先生又加入了"能所"关系,这与时空是否处在同一层面上。围绕这些问题将是第五章的主要内容,若说上章主要与金岳霖比较的话,本章主要与康德比较。

第六章讨论真理标准问题。在知识论领域,真理标准问题是个核心问题,那么如何放在知识论历史上来看待张东荪对三个传统标准的融合,无独有偶,金岳霖先生也是将真理标准综合起来,二者的方法有何异同、能否成立、问题何在,以及著者本人对真理标准的看法,这是第六章。

总体说来,第三、四、五章是围绕"多元认识论"的"多元"逐个讨论的,而第六章是对"多元认识论"的真理观展开讨论。

第七章是对"多元认识论"的评价问题,准确说是"再评价",在本章著者将"评价的标准"作为一个问题来讨论,分析我们应如何评价一个哲学体系,然后具体到张东荪身上,结合前人对他的评价,表达著者本人的看法。最后结语部分,为全论文之总结,并试图论述"中国知识论传统重建的必要",这是对《引论》中"中国为何无知识论传统"问题的回应。

二、本书的研究方法

对于知识论研究来说,很难说要具体用哪一种研究方法,但本书主要采取的方法是比较的、怀疑的、批评式的,自然因为受金岳霖《知识论》一书的影响,分析的方法也将是行文的主要方法之一。比较的方法在各章都有体现,关于在"外物"问题主要与金岳霖比较,所与问题会与塞拉斯的"所与神话"理论比较,先验格式问题主要与康德比较。总体上著者将采取批评式的研究,将讨论的问题放在哲学史的大背景上来考虑,看他有没有提出新看法与新问题,以及问题何在,如何推进。

三、本书的研究意义

第一，本书试图在前三十年研究的基础上，以问题为中心将张东荪研究推进一步。正如上面所说，如今我们再做整理式的研究是无论如何难逃重复前人的命运了，所以现在到了回到问题研究的时候了，我们要深化对问题的研究，这样的研究才是开放的、世界性的，以问题为平台对话才是可能的。

第二，在中国哲学现代转型阶段，厘清前人对知识论引进、创造的基础上，继续做知识论研究。在《引论》中我说过，知识论不仅仅是一种理论和对知识性质的探讨，而是一种由"是论"这一本体论所决定的思维方式，我们要引进与继承的便是此种思维方式，正是这种"求是"的、"爱智慧"的、"为学问而学问"的对纯粹学理探求兴趣的思维方式主宰着今人文明，无论是要反省现世还是要继续发展，若不从根本上掌握这套思维方式，那么我们只能是亦步亦趋的文明跟随者而非创造者，我们不可能在思想世界里有自己的独立地位与声音。所以对知识论的研究，不仅仅是一项学术性闭门造车，而是中国哲学转型乃至于中国人思维方式丰富的重要关口，正是在此意义上，我才说我们有重建知识论传统的必要。

第三，重建中国知识论传统的努力。在《引论》中我分析了中国知识论传统缺乏的原因，最终界定为在本体论决定下的"实"的思维方式的影响。所以重建中国知识论传统也是引进一种新的思维方式。试图通过知识论的研究，对于知识论所涉及的"元"问题，作出我们自己的思考，在哲学问题发展史上、人类文明史上，面对新的问题、面对我们传统中不太注重的问题，做出我们自己的探索、发出我们自己的声音，这不仅仅是一种思维方式的丰富也是国人对新问题的创造性智慧的体现。这些很像后现代主义"对宏大叙事的不信任"的话语，不过哲学家若是不望天、不做梦，那也不叫哲学家了。

第四，研究范式的尝试性建立。到底该如何研究一个哲学家？图书馆书架上可以看到很多关于冯友兰、金岳霖、熊十力研究的专著，但是到底这些著作处于何种水准，在人类文明史上又能有何种地位，我们是否可以反省一下呢？研究一个学人的思想，我们到底应关注什么？如何研究才是高水准的、有价值的？我想对新时代的学人来说，我们必须要有此种研究者的自觉才是，否则只是重复研究，如同上面我在"研究现状中存在的问题"中所说的那样。所以本书不仅仅是个个案研究，也是对一种研究方法或研究范式的探寻。本著者学力有限，只是个不懈的探索者和独立的思考者，提出这些问题倒不一定能够回答，但是我在尝试着努力回答。

第二章 "多元认识论"问题导论

在《张东荪多元认识论及其批评》一书中,姚璋先生作序说:"认识论在西洋虽甚重视,而在我国却向不发达……然而张东荪先生之《认识的多元论》却颇有自创新说的样子。"① 而张东荪也称"多元认识论"为自己之独立主张,他说:"我在五年以前,作了一篇文章,题目是《条理范畴与设准》。在这篇文章中,我提出一个认识论上的主张。我自信这个主张是前人所未言。因为中国哲学向来不注重知识问题。在中国,以前自是没有像我这样的主张本不待言。然即在外国,以我所知,亦没有和我一样的议论。我虽不敢说是创见,然至少我可以自白确有些是我自己想出来的。不过我所创造的地方不在于其中哪一点是由我作古,而在于把那些相关的各点综合在一起便成了一个从前未有过的整个儿东西。换言之,即我此说之所以为新不在其中的任何一部分而只在于各部分间的配置综合。因为综合是新的,所以其所得的结果亦可说是新的。"② 而张东荪先生之所以称他的认识论为"多元"的,他说:"我的认识论多元论大体上可说仍是循康德的这条轨道。但重要之点却有不同。就是我把方式不纯归于主观的立法作用。我不像康德那样以为

---

① 詹文浒:《张东荪的多元认识论及其批评》,上海:世界书局,中华民国二十五年初版,姚序。

② 胡适、蔡元培、王云五编辑:《张菊生先生七十生日纪念论文集》,上海:商务印书馆,1937年,第95—96页。

外界是无条理的。我不像康德那样把'感觉所与'为知识的质料。我主张感觉不能给我们以条理的知识,这虽和康德相同,但条理却不能完全是心的综合能力所产,这又和康德不同了。因此我承认外界有其条理;内界(即心)亦有其立法;内界的立法又分两种,一为直观上的先验方式,一为思维上的先验方式(这一点与康德相似);至于感觉则不是真正的'存在者'。所以我此说有几个方面,因名之曰多元论。"[1]

以上之说法基本上可以代表张东荪"多元认识论"之核心内容,至于他说他是"循康德之路",此问题会在第五章"内界之格式"中重点讨论,本章要讨论的问题是:第一,"多元"之涵义是什么?与张东荪后期三书《知识与文化》、《思想与社会》、《理性与民主》相比,在知识社会学视野下,"多元"有没有新的演进与变化?第二、"多元认识论"的特点是什么?第三、"多元认识论"要讨论的问题有哪些?

第一节 "多元"认识论之涵义与演进

本节之文本依据。"多元"究竟包含哪几元?在张东荪的文本里有着多种表达,本节所依据的文本分两个阶段,以后期三书为界;前期依据的主要文本为《一个雏形的哲学》、《认识的多元论》与《多元认识论重述》,后期依据的主要文本为"后期三书"《知识与社会》、《思想与社会》、《理性与民主》,三书中以前两书为主,《知识与社会》一书包含附录中的五篇重要论文。先看前期之"多元"的不同表述与涵义:

---

[1] 张东荪:《认识论》,上海:世界书局,1934年,第46页。

一、"多元"[①] 之涵义

"多元认识论"之提出。以专著的形式出现最早见于 1934 年上海世界书局版的《认识论》中,该书之第五章名为《认识的多元论》,但本章之主题思想却较早见于 1934 年发表在《哲学评论》第四卷 2—4 期上的《条理范畴与设准》一文。更早的追溯,便是 1929 年出版的《新哲学论丛》,其中《一个雏形的哲学》下篇谈到胡塞尔的"现象学"时说到:"在认识中发见认识的所对是有独立的理法。于是便分为三:曰能认识的主观;曰所认识的客观;曰认识中的'内蕴'……我个人的意思以为三分法是对的。我们主观对于外界客观虽有所知,但千万不可即把外界客观等于认知内容。因为外界客观是一种存在,而认知内容又是一种存在,两者的全体是不相等的。"[②] 但是对于第三种之"内蕴"到底是什么,张认为"颇为费解","他们又说是共相,是方式,但我总觉得这样研究下去势必愈陷入迷阵。所以我的意思以为我对于知识应采取一种见地。我名此见地曰生物中心说(biocentric view)。就是我们的知识不是神的知识,更不是超人的知识,亦不似照相机那样的物与物的关系。我们因为我们是生物,所以我们对于认知外物,先有若干根本的格式。这些格式的性质是根据于生物的性质的。但我们却不专靠这些原始的格式,必须拿这些格式来加以混合与锻炼,这便是主观的方式与客观的交互作用……因此我主张我们对于外界的认识不是写照,乃是先以

[①] 关于张东荪的"多元认识论",张学智教授提出了几个令人深思的问题,他说张东荪的多元认识论与实在论、新实在论有何关系?他作为新唯心论的代表与贺麟的新心学又有何种区别?对于实在论、新实在论以及康德的先验论,张东荪是如何将之融合在一个体系中的?这几个问题很好,本文也确实少有关注,比如没有涉及与贺麟"新心学"的比较,但却是值得做的;至于"实在论"与"先验论"的融合问题,张东荪的处理是在"外界之条理"中多是对实在论包括"批评的实在论"的借鉴,这体现在他的"架构说"和"条理论"中,而对康德"先验论"的吸收,则主要体现在"先验格式"说中。

[②] 张汝伦选编:《理性与良知——张东荪文选》,上海:上海远东出版社,1995 年,第 22 页。

自己的格式吸取外界的材料,然后再变化自己的格式以应付客观的实际,于是格式愈变化而愈复杂,其与客观相交织乃亦愈密切"。① 此处我们可以看出"多元"是以"三元"的形式表现出来的:所认识的客观、认识的内容与主观的"根本格式"。正是此"三元"为后来"多元认识论"之"多元"种种表达的"雏形",虽然有"五元说"、"七元说"但终归要回到"三元说"上来。

"多元"的多种涵义。对"多元"的正式提出与多种表述集中在《认识的多元论》与《多元认识论重述》中,我们可以列表以明确表示之:

图表一:"多元"认识论之多种表述

多种表述	表述名称	多"元"	原始表述	出处与时间
表述一	认识之"三分法"	外界客观 认识内容 主观格式	"所认识的客观","认知内容",主观之"根本格式"	《一个雏形的哲学》1929年,第22、23页
表述二	三元说	外界条理 感觉所与 内界立法	"因此我承认外界有其条理;内界(即心)亦有其立法;内界的立法又分两种,一为直观上的先验方式,一为思维上的先验方式(这一点与康德相似);至于感觉则不是真正的'存在者'。所以我此说有几个方面,因名之曰多元论。"	《认识论》1934年,第46页
表述三	四元说	外物条理 交界感觉 内界格式 经验概念	"平心而论,讨论认识而于外物的条理,交界的感觉,内界的格式以及经验上的概念本来是一个连环的圈子。"	《认识论》1934年,第105页(注:张不同意路易斯将四者看为一个圈子,认可四元)

---

① 张汝伦选编:《理性与良知——张东荪文选》,上海:上海远东出版社,1995年,第23页。

(续表)

多种表述	表述名称	多"元"	原始表述	出处与时间
表述四	五元说	外物 感觉 格式 设准 概念	"我以为在根本上是五种互相独立的。由感觉不能知外物；由格式不能知感觉；由设准不能知格式；由概念不能知设准……而我此说当名之曰认识论上的多元论（epistemological pluralism）。"	《认识论》1934年，第106页
表述五	三元说	外界之条理 内界之格式 中立之感相	"我们对于认知加以分析，乃知其为一种合成的产物（Joint product）：其中有由外界映来的条理；有由内界自具的格式；又有中立性质而本不存在的感相。"	《认识论》1934年，第120—121页
表述六	多元要素	感相，条理，联想，预见，解释；空时主客，各种设准；概念，证实	"（一）属于所与的，a. 直接的——感相，b. 背后的——条理，c. 心理的（甲）唤旧的所与——联想（乙）知觉上的所与——预见（丙）概念上的所与——习惯的解释（traditional interpretation）；（二）属于自立法度的，a. 认识上是先在的——空时主客，b. 名理上是先在的——各种设准；（三）属于经验的，a. 概念，b. 结果——即是'证实'（verification）"	《认识论》1934年，第123—124页

(续表)

多种表述	表述名称	多"元"	原始表述	出处与时间
表述七	四元说	条理，概念及其证实，设准，格式	"于是就知识的性质来说，则我们可以有下列的主张：即于此有两个端，而有一段中间。……我则以为在这个中间内却有许多东西，换言之，即是复杂的。……至于两端的背后则完全超出我们的可知界了。……为了便利起见，可以把这两个绝对不可知道认为等于没有。"	《认识论》1934年，第124—125页
表述八	七元说	感相 外在根由 直观的格式 设准 主客 先验名理基本律 经验概念	"我们的认识，就此看来，实是一个最复杂的东西。其中有幻影似的感相；有疏落松散的外在根由；有直观上的先验格式；有方法上先假设的设准；自然而然成分的主客；有推论上的先验名理基本律；更有习惯与行为而造成的所谓'经验的概念'"	《多元认识论重述》1936年，第124页
表述九	四层次说	伏构 感相 造成者 解释	"现在再换一个叙述法更可比较明白。即我主张在吾人认识对象的时候上，我们确有四个层次，或称为四个世界，如下：（甲）是所谓伏构的世界（level or world of sub-structures），（乙）是所谓感相的世界（level or world of sense or shadows），（丙）是所谓造成者的世界（level or world of constructions），（丁）是所谓解释的世界（level or world of interpretations）"	《多元认识论重述》1936年，第127页

（续表）

多种表述	表述名称	多"元"	原始表述	出处与时间
表述十	"知识作用之多重因子说"（multiple factors of knowledge）	自然条理 感相 时空 名学原则 主客对立 半先验的设准 概念	"现在把这些方式与这些层次统在一起来说，则可述之如下：（甲）自然条理甚为疏落暗昧。其存在只可推知，不过在其本身上却有左右我们的力量，并且是硬性的。（乙）感相虽亦有强迫性，但其自身并不是如实存在的。（丙）直观上先验格式的空时是直现于认识上，是主观的，因为外界的空时不必与之相对应。（丁）名学上推论的基本原则其来源是无法再推，只可承认为先验的。（戊）主客的对立亦是自然而然的。可归之于先验一类中。（己）概念中有一类，不是事物而是事物之条理。这一类东西我名之曰设准。是半经验半先验的。（庚）……（辛）概念（……）"	《多元认识论重述》1936年，第131—132页

"多元"认识论实质为三元论。对"多元"的表述固然有多种，但是严格来讲为三：外界之条理、交界之所与、内界之格式。其中，外界之条理，虽然有"外物的条理"、"外在根由"、"自然条理"等种种表述，但都指的是作为认识的对象，或感相之外在依据；交界之所与，同样也有类似"感觉"、"感相"等不同表述，但都可以作为沟通内界与外界的、具有中立性的"所与"来看待，固然张东荪在后来的文本中区别了所与与感觉，但就其多元认识论来看，"所与"之内容涵盖了"感相"和"感觉"；而内界之格式，这是最能表现张东荪认识论路向特征的地方，他所说的"循康德之路"也正是体现在对"内界先验格

式"的承认和运用上,固然他在感性纯直观的时空以外增加了"主客",将"在先的"分为名学上的和方法上的,将范畴称为"设准",但这些都可以放在"内界之格式"框架中来讨论。

基于上述理由,本著者认为,张东荪的"多元认识论"实质为"三元论",而且可以说,任何探讨认识何以可能的认识理论,都将归为"三元论",以金岳霖为例,他被认为与张东荪走了不同的认识论路向,但是"有官觉、有外物"以及对"所与"的认可依然是"三元论"。固然不同的认识论对"内界"有不同的界定,或许不认为有"先验格式",但是认识主体对"外界"之加工、抽象、概念化都是难免的,而这是通过"所与"这一中介形成的,至于"外界"或将其定位为"物"、为"共相"、为"方式",固然定位不同,但是都无法不承认有"外在根由"的存在。

以上为1936年以前张东荪对"多元认识论"之"多元"的界定,那么1936年以后,"多元"之涵义有没有变化与演进呢?

二、"多元"之演进

本小节之文本依据。在《知识与文化》"后序"中张东荪先生说,"现在所讲的和我以前旧作《多元认识论》(尤其是初稿)颇有不同。有许多地方都是我已经抛弃的了"①,而在《思想与社会》一书的"序论"中又称"近年来西洋学术界发生了一个新的学问曰知识社会学,其内容是从社会学以研究人类之知识",作者也试图将心理学、哲学、社会学综合起来建立一个"综合的知识论",此种综合的态度,是《知识与文化》与《思想与社会》二书共同采取的。那么下面我们将对"多元"之演进进行探讨,看他抛弃了什么,"综合的知识论"在"多元"方面又有如何之变化。著者将依据出版于1946年的《知识与文

---

① 张东荪:《知识与文化》,上海:商务印书馆,1946年,后序,第6页。

化》、《思想与社会》、《理性与民主》三书对其进行分析,"后期三书"对知识论的探讨以前二书为主。"多元"之表述,同样列表以明之:

图表二:"多元"认识论之演进

多种表述	表述名称	多"元"	原始表述	出处与时间
表述一	多元交互主义	本身的造成者 背后的所与 外加的影响	"知识本身是'投外的造成者(projective constructs),但必有所据,名之曰'所与'(given)。然却不是仅由所据而造成,乃外有影响足以左右之,于是我们共得三个概念。即本身的造成者、背后的所与、及外加的影响是也。"	《知识与文化》1946 年,第6 页
表述二	知识多因素说(multiple factors theory of knowledge)	感觉 外在者 概念 范畴 文化影响	"多个因素互相作用其中,感觉自是一个因素,而其背后的外在者亦是一个因素,概念是一个因素,而其发为指导作用的范畴亦是一个因素,不仅知识以内的感觉概念等为然,而在知识以外的文化影响又在暗中左右知识,何尝不是又一因素呢?"	《知识与文化》1946 年,第6 页
表述三	三概念解释知识	造成者 所与 影响	"我提出三个观念来以解释知识。一个是所谓'造成者'。感觉是混合,这个混合是个造成者。知觉是配合,这个配合其本身又是一个造成者。概念是凝合与抽出,而凝合与抽出又都是造成者……但知识是造成者,却不是凭空而造,必有所据,有所取材。此即通常所谓'所与'……在'所与'以外尚有一方面我名之曰'影响',因为每一个知识必与其他知识所联系。"	《知识与文化》1946 年,第34—35 页

（续表）

多种表述	表述名称	多"元"	原始表述	出处与时间
表述四	多因交互主义或互相作用主义	外在者限点 感觉 知觉 概念	"至于在知识方面，是由感觉起来作第一次的构造，再由知觉起来作第二次的构造，概念起来再作第三次的构造。所谓'心'只是连续的构造而已。详言之，即感觉是由混合而成的构造品；知觉是由配合而成的构造品；概念是由抽离与凝一而成的构造品。这些构造品中即暗含有外界的限点。"	《知识与文化》1946年，第39页
表述五	知识之三方面	知识本身 知识的对面 知识的暗中影响	"关于知识之三方面，第一是关于知识本身，知识本身是一个构造。第二是知识的对面，知识的材料是当前的'所与'。第三是关于知识的暗中影响，知识所受的影响虽直接只是本人的过去经验，却其所使用的思想格式与态度无不来源自社会。"	《知识与文化》1946年，第140页
表述六	三个观念讲知识	对象化 所与 影响	"于是用三个观念以讲知识，一个是对象化。一个是'所对'（given）即'所与'。一个是'影响'（influence）。无论感觉或概念都有这三个方面。以其所造成而言，是对象化；其所以必如此而不会另外的样子，这是'所与'使之然；但不仅所与能左右之，而同时另外的影响亦能有些作用加于其上。"	《知识与文化》1946年，第141页

（续表）

多种表述	表述名称	多"元"	原始表述	出处与时间
表述七	知识之四层次	外界架构 感觉 造成者 解释	"我主张人类的知识有四个层次，而却是互相融透为一片。第一层我称之曰在感觉背后的外界架构。真的外界只是'架构'（structure）……第二层是所谓感觉，我愿依新实在论者称之为sensa……第三层是所谓'造成者'（construction）……第四层即我在上文所谓的解释。"	《知识与文化》1946年，第194页（注：本文为该书附录三《思想言语与文化》，写于1938年，刊于《社会学界》第10期）
表述八	三种知识系统	常识系统 科学系统 形而上学系统	"这几个大的系统就是（1）常识系统，（2）科学系统，（3）形而上学系统。"	《思想与社会》1946年，第29页

"多元"的层次性演化。我们以两图表中的表述五为例，表一中显示的"三元"为"外界条理、内界格式、中立感相"，其具体表述为："我们对于认知加以分析，乃知其为一种合成的产物（Joint product）：其中有由外界映来的条理；有由内界自具的格式；又有中立性质而本不存在的感相。"① 由此我们可以看出这"三元"都是构成"认识本身"的三元，也即在回答认识是如何形成的问题。但是图表二的"三元"则是"知识本身、知识对面、知识影响"，具体表述为："关于知识之三方面，第一是关于知识本身，知识本身是一个构造。第二是知识的对面，知识的材料是当前的'所与'。第三是关于知识的暗中影响，知识所受的影响虽直接只是本人的过去经验，却其所使用的思想格式与态度

---

① 张东荪：《认识论》，上海：世界书局，1934年，第120—121页。

无不来源自社会。"① 这里所谈的"三元",是知识本身仅为其中一元,而造成知识的依据为其中一元,第三元是"知识与社会、历史"间的影响,这里要回答的问题是知识的构成及其影响。由此同样是"多元"它们却分属不同的层次上,图表一中的"多元"与图表二种的"多元"内容之不同不仅仅在于种类的变化而是所处之层次和回答的问题侧重变了。

"多元"的侧重性变化。在图表一中我们可以看出,其侧重是在对"先验格式"的分类与表述,比如直观格式的时空与主客、作为假设性的设准(方法上的先验格式)与名理基本律(名学上的先验格式),固然"先验格式"问题张东荪先生与康德有着种种的不同与定位,但在认可内界格式上是共同的,这也是张前期认识论思想的典型特征;但是在后期的"多元"表达中,"先验格式"从时空主客到范畴到逻辑律,都具有文化性和经验性,作为知识保证的普遍必然性看不到了,看到的是多元的范畴表达,看到的是多元的"知识系统"。逻辑律与范畴都是随着文化的样式改变而改变的,其中语言起了决定的作用,不同的文化因素影响了"多元"的构成。这样我们便可以看出,前后期"多元"的侧重性变化,前期侧重在于认识过程的形成尤其是"内界格式"对"外界"的加工与改造,而后期则是偏重知识所受到的文化影响及其作用。同样是"交互主义"立场,前期是认识过程中主客间的交互,而后期则是知识与社会间的交互作用,这便是前后期问题侧重上的变化。

三、"多元"间的关系

在分析了"多元"之不同"元"的含义及其演进之外,我们可以看一下"多元"在张东荪知识论系统的地位与意义以及各"元"之间的关系。对此张耀南先生将其归纳为六种,著者认为很有见地,也是他所著《张东荪知识论研究》中很见光彩且立论较稳固的一节,暂引用

---

① 张东荪:《知识与文化》,上海:商务印书馆,1946年,第140页。

之以作为本节之小结。

"多元"的第一义是认为知识的各元之间不具有"还元性",第二义是认为知识的各元不仅是各有来源、不可归并的,不仅是互相独立的,而且是可以各为起点的;第三义是认为能知并不直接和所知打交道,在能知和所知之间"有一段中间",在这个"中间"地带有很多东西;第四义是认为人类知识之成立不是来源于统一经验,而是来源于分化经验。由以上四义张耀南先生又根据张东荪在其他文本中的相关表述推出另外两义,因此第五义是科学不是对常识的综合,哲学也不是对科学的综合,常识、科学和哲学都是对经验的开化,在这一点上,它们是平等并列的;第六义是属于精神的层面,它所要表达的是一种伟大的"宽容精神"或"容忍原则"。此种"宽容精神"不仅仅表现在张东荪对西方知识论的修正与拓宽上,也表现为他对多元文化系统的认可与多元知识系统的提倡上。对"多元"之六义,张耀南先生总结道:"总起来看,张东荪之'多元'的第一义重在反对循环论,第二义重在反对统属论,第三义重在反对直接呈现说,第四义重在反对'统觉',第五义重在反对哲学综合科学说,第六义重在反对文化专制主义。"① 这里需要补充的是,张耀南先生似乎对于"多元"的演进没有给予足够的关注,他对"多元"关系的探讨集中了张东荪前期"多元认识论"思想,若是综合前后期看,比如对"统觉",张的态度由反对转向了赞成,称为康德之"慧眼"和大贡献,这些问题,在后面的章节会详细讨论。无论如何,张耀南先生对此问题的总结还是很值得参考的。

第二节 "多元认识论"之特点

分析完了"多元"的含义、演进及其关系,我们可以看一下"多

---

① 张耀南:《张东荪知识论研究》,台北:洪业文化事业有限公司,1995年,第107页。

元认识论"的特点。其一,"主客交互",认识主体与客体之交互作用,尤其是强调"内界格式"对外在条理的吸收改造作用,很能够体现"多元认识论"的特征,这是他区别于"新实在论"的明显所在,张耀南更将此定性为"非写真说";而作为张东荪知识论三大贡献之一,尽管在后期三书中,张强调的"交互"不再是主客间,而是知识与社会影响间,但就知识本身来说,此种"主客交互"是张先生所毕生坚持的。其二,"非心非物",张东荪先生在文本中多次强调此一特征,并且对孙道昇称他为"新唯心论"领袖的说法不予承认,因为他承认"外界"作为外在根由的存在,固然有"自然条理"到"自然限点"的转变,但承认"外界"作为认识依据的存在是一贯坚持的,因此说非唯心,但他又认为认识之形成不是写真外物而是由内界格式改造加工外在性质而成的,条理是内外作用的结果,所以也非唯物,自然非唯物也与张对"物"的解读有关,他不承认"外物"作为实质、东西的存在,认为只是性质、关系或者条理和自然限点。其三,循康德之路,这是张先生自己声明的,尤其是在《多元认识论重述》一文中很可以看出他受康德影响之大,他称自己为"修正的康德主义",但具体是如何修正的,在后面章节会详细讨论。其四,交互主义,这里所谈的是他后期知识社会学或综合知识论下"多元"间的交互影响,具体表现为知识本身与知识的对象以及知识所受的影响与作用之间的交互作用。

一、主客交互

认识为主客交互而成。张东荪在1929年《一个雏形的哲学》一文中说:"认识上所现的条理好像打洞时所打成的洞壁。这句话的意思是主张认知作用虽是对于其所对为之辨别规定,但其为事是主客交互而成,就是最初认知作用以其本身的方式来规范所对,而后来可以所对而修正其方式,所以不是专靠先天的格式;亦不是专靠后天的经验。乃是以先天的格式左右后天的经验;更以后天的经验改良先天的格式而已。

这样的主客交互作用,其所成行殆如打洞时所打成的洞壁。"① 他又说:"所以我的意思以为我对于知识应采取一种见地。我名此见地曰生物中心说(biocentric view)。就是我们的知识不是神的知识,更不是超人的知识,亦不似照相机那样的物与物的关系。我们因为我们是生物,所以我们对于认知外物,先有若干根本的格式。这些格式的性质是根据于生物的性质的。但我们却不专靠这些原始的格式,必须拿这些格式来加以混合与锻炼,这便是主观的方式与客观的交互作用。既经交互以后,我们便很难分得出哪一个是纯粹方式,哪一个是纯粹客观。康德把知识分为方式与材料两方面原是有道理的:方式是内界的格式,而材料是外界的客观。因此我主张我们对于外界的认识不是写照,乃是先以自己的格式吸取外界的材料,然后再变化自己的格式以应付客观的实际,于是格式愈变化而愈复杂,其与客观相交织乃亦愈密切。所以极端的实在论是不可取的,而极端的意象论同样不可取。"② 在《多元认识论重述》中又说:"总之,我的多元认识论有一个要点:就是各方式各层次必须互相依靠在一起,互相叠合在一起,却同时又必是互不相生。"③

主客交互是个颇难理解的提法。内界格式对外界材料的改造作用是张东荪与康德共同承认的,但是张东荪的说法尚不止于此,他的说法是"主客交互"。这便意味着,内界格式可以"为自然立法"、可以为把握重构外界材料的同时外界材料也可以修正改变"内界格式"。至于外界材料如何修正"内界格式",张东荪的文本没有交代,但是这样的提法影响是巨大的,而且正在他自认为"循康德之路"处便与康德分道扬镳了,因为既然"内界格式"不是独立于经验先天存在的,而且在认知过程中还要接受"外界材料"的修正与改造,那么"内界格式"便是可变的、构造中的,在康德那里用来解决"普遍必然性"的"先验

---

① 张汝伦选编:《理性与良知——张东荪文选》,上海:上海远东出版社,1995年,第17页。
② 张汝伦选编:《理性与良知——张东荪文选》,上海:上海远东出版社,1995年,第23页。
③ 胡适、蔡元培、王云五编辑:《张菊生先生七十生日纪念论文集》,上海:商务印书馆,1937年,第132页。

格式"在张东荪这里却先天地带有了"经验"的色彩,这样,知识的"普遍必然性"便无法保证,而张东荪"主客交互"之说法暗含了康德所没有表达的内容,同时也隐喻了想不到的危险,那便是"内界先验格式"的经验性和主观随意性。在康德那里高扬理性主体对客体驾驭规定性的"先验格式",在张东荪文本中却被"主客交互"的形式给弱化了,后来固然他将逻辑、范畴放在多元文化系统中来消解此种认识上的相对性和随意性,但"普遍必然性"与"多元"之间本身就存在难以弥合的张力,所以这构成了张东荪知识论中一个难以弥合的硬伤,这或许与他作为"折衷论者"(《认识论》自序)的立场有关。

二、非心非物

"我的主张既非唯心论又非唯物论"。在《一个雏形的哲学》中张说:"对于物本身,我们是不能知的;而我所知只是关于物与物间的相关的条理;并且这个关于物理的知识却又不是纯粹的写实,乃是我们用了自己的内范而作用于外界上互相交织以演成的,但其结果却并非不可靠。因此我们对于现在科学所研究的关于物理的所得成绩都须得认为有价值而不必怀疑。我这种认识论可以说是一种温和的意象论,因为其中把实在论的要素吸收在内,所以又可以说是一种温和的实在论。"① 在1934年的《认识论》中张坚持了这一看法,他说:"凡是主张有一个物质,或一个生命,或一个精神(即大生命与大心灵),在我看来,都是误把一个概念当作一个实物……从这一点上,我的主张既非唯心论又非唯物论,更不是生命派的哲学。"② 这里需要说明的是,张坚持"非唯心、非唯物"与传统对"唯心唯物"的界定不同,他之所以认为"非唯心非唯物",因为不存在作为"实质"的"物",也不存在作为整个

---

① 张汝伦选编:《理性与良知——张东荪文选》,上海:上海远东出版社,1995年,第23—24页。
② 张东荪:《认识论》,上海:世界书局,1934年,第131页。

心灵的"心","一切都是架构":"我们把物理而代替物,便亦正可把生理(biological principles)而代替'生',把心理而代替'心'。就是有物理而无物质;有生理而无生命;有心理而无心灵。这亦就是说一切都是架构,而不是实质。"① 将外在一切都看做"架构"或"条理"与张东荪先生的宇宙观有很大关系,他将宇宙万物分为"物"、"生"、"心",而三者最终归为"物理"、"生理"和"心理"。之所以这样理解,这与张对现代自然科学的理解与接受有关,比如物作为坚硬的"实体"被打破了,逐渐细分而成了"物性",而颜色、光等最终被分析成"光波"和"粒子性",这些现代自然科学的发展对于哲学界理解"物"产生了很大的影响。但就"物"与"心"在认识中的作用而言,张并没有否认,而是采取了折衷论的态度,承认"外物"作为"相关者"为知识依据的存在,而对于"内界格式"的作用更是推崇有加,在此意义上可以说张是"非唯心、非唯物"的。此种立场张是一直坚持的,在《知识与文化》中他称"我决不是唯心论者,亦决不是实在论者"②;对于门人孙道昇将他归为"新唯心论"中他提出声明"不承认",他说:"我向来不愿自居于这个名称。我认为唯心与唯物不仅是哲学上派别的名称,而皆有社会思想上的涵义……所以我对于唯心唯物之争不从其本身上来看,决不愿意讨论唯心唯物孰为真理,且我以为这种讨论与争执本身上是毫无意思的。读者如果通读本书全体当知此种态度是根据书中所言的一贯立场。但就书中所言,论知识的本性一部分好像是近于唯心论的;论文化制限知识一部分却又颇似近于唯物论。故如有人把我列入哪一类,他必定自己会发现其不对,不待我出来更正。"③

纯粹的唯心与唯物皆为不可能。就如同上面著者所说任何的认识理论都将归为"三元论"一样,既无法用能知吸收所知,也无法用所知吸收能知,能所还必须有交界的"所与"来沟通之;而有此"三方",

---

① 张东荪:《认识论》,上海:世界书局,1934年,第131页。
② 张东荪:《知识与文化》,上海:商务印书馆,1946年,第38页。
③ 张东荪:《知识与文化》,上海:商务印书馆,1946年,第145页。

便不可能是"纯唯心"或"纯唯物"的,对于"外物"我们固然可以有种种的名称或解读,但就像罗素的桌子一样,它并不仅仅是一束观念,不然的话我们将看到"悬空的布"出现,而对于能知,即便如实在论者,也无法否定认知主体对客体的感觉、知觉、概念抽象作用,无论如何进入脑子的都不是"桌子"本身而是观念或概念。以金岳霖为例,他被认为与张东荪走了不同的知识论路向,但就"温和的意象论或温和的实在论"(张东荪语),他也是当之无愧的,在《知识论》一书中,他便反复强调"无论如何,本知识论既不是唯心,也不唯物","本知识论既不是经验主义,也不是理性主义"①,若是勉强"安上主义",他才勉强接受"实在论底知识论"② 这一说法。所以,我们可以看出那种"纯粹唯心或唯物"的说法本身就"不纯粹"而且也不可能"纯粹",对知识论的探讨,若是坚持知识论的立场,那么难免都带有"非唯心、非唯物"的色彩,只是对"物"和"心"的界定和偏重不同罢了。而就侧重来说,至少在张东荪的前期思想中,张东荪是侧重"心"的,这也是他称自己"循康德之路"的原因之所在。

三、循康德之路

"我的认识论多元论大体上可说仍是循康德的这条轨道"。在《认识论》一书自序中张说:"至于第五章乃是我个人的主张。我这个主张蓄之于心中好多年。现在愈想愈觉有些自信。"而在第五章张东荪又大致表明了他与康德的异同:"我的认识论多元论大体上可说仍是循康德的这条轨道。但重要之点却有不同。就是我把方式不纯归于主观的立法作用。我不像康德那样以为外界是无条理的。我不像康德那样把'感觉所与'为知识的质料。我主张感觉不能给我们以条理的知识,这虽和康德相同,

---

① 金岳霖:《知识论》,北京:中国人民大学出版社,2010 年,第 13 页。
② 金岳霖:《知识论》,北京:中国人民大学出版社,2010 年,第 14 页。

但条理却不能完全是心的综合能力所产,这又和康德不同了。因此我承认外界有其条理;内界(即心)亦有其立法;内界的立法又分两种,一为直观上的先验方式,一为思维上的先验方式(这一点与康德相似);至于感觉则不是真正的'存在者'。所以我此说有几个方面,因名之曰多元论。"① 而在 1936 年为张菊生先生七十寿辰献文的《多元认识论重述》中又称:"我此说在大体上可以说是'修正的康德主义'(revised Kantianism)。所以大部分与康德相同,尤其是在趋势上是采同一的方向。"②

对康德的修正与背离。据说张东荪翻译了康德的《纯粹理性批判》,无论如何他受康德的影响很大是无疑的,在对西洋哲学的引进与介绍中,无论是《共理与殊事》一文还是《哲学》一书涉及康德的章节,张东荪都能作平实并不乏深锐的引介。但是,首先,就知识论来说,他与康德所走的路是不同的,这倒不仅仅是二者对"先验格式"的不同理解上。"循康德之路"或"修正的康德主义"这只是张东荪的个人说法,其实二者之路向根本不同;康德在"纯批"中的路数为对"先验领域的纯理性批判或限制",这更近似于"形而上学";而张东荪则是引用康德先验格式基础上对外在条理的认识过程说明;同是回答"认识何以可能",前者偏重理性的作用范围与限制,后者则是侧重认识历程的形成以及内界格式与外界条理的交互作用,因此可以说前者是"形而上学",而后者是"认识论"。其次,张东荪在 1938 年以后对原先认可的"先验格式"逐渐弱化,比如时空、范畴、名学都打上了经验的烙印,这可以说是对康德的严重背离,虽然不能断然说就是"倒退",但是将"先验格式"经验化,康德所努力的对知识的"普遍必然性"的寻求,是再也无法得到保证了;固然张东荪之所以将"先验格式"经验化,认为名学和范畴都是跟着文化走的,不具有普遍性和唯一性,他这样做的理由是采取"知识社会学"的视角,正因为此不贸然

---

① 张东荪:《认识论》,上海:世界书局,1934 年,第 46 页。
② 胡适、蔡元培、王云五编辑:《张菊生先生七十生日纪念论文集》,上海:商务印书馆,1937 年,第 96 页。

说就是一种"倒退",但说他严重"背离"康德是可以的。而对于康德"先验格式"的"修正"或"不同理解"在后面会具体讨论。

四、交互主义

"多元交互主义"。这里需要说明的是"交互主义"与特征一"主客交互"是不同的,正如同对"多元"的涵义与演进的考察一样,"多元"之"元"是变化了的,而"交互"也同样发生了变化。如果说1936年以前的多元认识论,其交互为"主客"间的,那么在后期三书中除了知识以内外还有知识与社会、文化间的交互作用。而本特征主要是针对张东荪后期在知识社会学立场上对"综合知识论"的界定。在《知识与文化》绪论中,张东荪谈到"三次交互作用":"第一是在知识以内。即在知识内是感觉知觉与概念以及外在的架构四者互相作用。外在的架构在左右感觉。感觉支配知觉。知觉供给概念。而概念却又解释知觉。知觉又决定感觉。感觉混括外在者。这是第一次的交互作用。至于知识与文化的关系亦是二者互相作用。知识受文化的限制,如言语在一方面便足以限制思想,在他方面却又可以助长思想。这是第二次的交互作用。而在文化各方面亦有交互影响的情形。如言语足以影响逻辑。逻辑又足以支配哲学。哲学能左右社会政治思想。反之,社会政治思想又能决定哲学。哲学在暗中却指导逻辑。逻辑又能改造言语。这便是第三次的交互作用。"[①] 这段话基本上可以代表张东荪后期在知识社会学立场上所创造的"综合知识论"的基本看法,我们可以明显地看出,前期讨论的"交互"作用,如今只是三层交互之一,在此之外知识与文化以及文化各方面都有交互作用,这便是张东荪前后期思想的转变之所在,他一直强调要建立"独立的知识论",其实后期他所建立的只能是"综合的知识论",考虑的更多是知识与文化、社会间的交互影响,

---

① 张东荪:《知识与文化》,上海:商务印书馆,1946年,第6页。

这也是"知识社会学"研究方法发必由之路。在《思想与社会》一书结论部分，他说"本书采取的立场是一种'交互主义'（interactionism）"①，认为知识受生物的限制，受文化的限制，又受知识本身的限制，此种限制或影响是相互的，所以名此为"交互主义"。

"交互主义"对知识论研究的拓宽与偏离。张东荪从知识社会学角度来研究知识论，看到了传统知识论研究的局限，他在 1938 年《思想言语与文化》开篇中说："本篇的目的是相对于所谓的'理论的知识'做一个比较满意的解释，亦可以说这就是一种知识论。原来我这个意见曾蓄在心中有好多年。最初使我得着一些暗示乃是由于我发现西洋哲学上的问题大半不是中国人脑中所有的问题。我因此乃觉得西方与东方在心理上，换言之，即在思想的路子上，确有不同。根据这一点，又使我不得不承认西方人所有的知识论不能不加以修正。因为西方人的知识论是把西方人的知识即视为人类普遍的知识，而加以研究。然殊不知西方人对知识仅是人类知识中止一种而已，在此以外，确尚有其它。这是使我所以有此中思想的最初唆示。"② 本文写于 1938 年，引述部分我感觉在张东荪的前后期思想变化中占据着"标志性"的地位，正是在这篇文章中，他将前期自己"循康德之路"对知识的研究而由"普遍性"转到了"多元文化系统上"，他说他看到西方的"知识"只是人类知识之一种，并且感觉有修改西方知识论的必要，感到西方人思考的问题不是中国人所思考的，这都是很有见地的看法与感悟，由此种感悟，他走向了"知识社会学"立场，也正因为此他放弃了前期具有普遍性的知识论研究，而转向了后期的"多元交互主义"的综合知识论立场，他说以上思想是个"唆示"，我则将其定位为他前后期变化的标志，上面说 1938 年以前与以后，以及"前期思想"与"后期思想"的说法都以此为依据。从言语、逻辑、哲学、政治学等方面来考察知识的性质，确

---

① 张东荪：《思想与社会》，沈阳：辽宁教育出版社，1998 年，第 251 页。
② 张东荪：《知识与文化》，上海：商务印书馆，1946 年，第 171 页。

实拓宽了知识论研究的道路，但与此同时也泛化了知识论研究。在前面本书《引论》中，我说过要区分"知识"与"知识论"，不同的文化系统间固然有不同的知识内容，但就"知识论"来说是不是唯一的？或者说就对知识论问题的探讨来说是不是也具有民族性？这是值得讨论的。金岳霖先生在 1941 年发表的《论不同的逻辑》一文中专门针对张东荪的"多元逻辑观"进行批评，他说："每一门学问都有对象与内容的分别"，"逻辑与逻辑学也有分别。逻辑是逻辑学的对象，逻辑学是研究此对象而有所得的内容"，"张先生这篇文章之不容易懂，最显而易见的地方就是逻辑与逻辑学不分"。① 此种批评也可以用来考察张东荪先生的"多元交互主义"知识论，知识的对象、知识的内容、知识的影响这些还是应区别开研究更好，否则的话，固然可以给人以拓宽视野的感觉，但就知识论研究本身来说，关注的核心问题反而被遮蔽了。比如"先验格式"的经验化，在知识社会学立场来看，似乎是可以的，但在知识论自身来说却影响重大。在此意义上，我感觉张东荪后期"知识社会学"立场所建立的"综合知识论"固然可以给人种种启示，但就知识论研究本身来讲却是一种偏离。

以上对"多元"认识论的特点"主客交互"、"非心非物"、"循康德之路"、"交互主义"进行了考察和批评，下面我们具体看一下"多元认识论"所讨论的问题。

第三节 "多元认识论"讨论的问题

以 1938 年的《思想言语与文化》为界，我将张东荪的知识论思想分为前后期，对于后期的"多元交互主义"的"综合知识论"，如上面

---

① 刘培育选编：《金岳霖学术论文选》，北京：中国社会科学出版社，1990 年，第 533 页。

分析，本著者认为就知识论本身而言是一种偏离，所以本书关注的问题将集中在知识论本身，对于知识与言语、逻辑、文化、社会间的交互影响暂不讨论。由此，关注的问题便是认识论的"三元"：外界之条理、交界之所与、内界之格式，在认识过程之外便是知识的标准问题，这在张东荪文本里也是个重点讨论的问题，前期是具有唯用论倾向的综合真理说，后期则是将知识分为不同的系统，由此也产生了不同的"真"，我将二者统合为"多元真理观"。

一、外界之条理

外界的存在形态与可知性。贝克莱说"存在就是被感知"，任何外界之存在，就其被知道而言，不能离开人的感知，但是是否仅仅有人的感知便可产生"存在"？罗素说假如那样的话，我们给桌子蒙上布，便会发现布会因此"而在桌子原来的地方悬空放着了"①，他认为这是荒谬的，而且也是不可能的，所以在感知以外还有感知的依据之所在。固然在外界没有"桌子"、"椅子"这样的名称，桌子、椅子也无所谓光滑、漂亮、红色、实用等性质，但是抛开这些人为的赋予以外，总还有有些东西存在着，那么它们是什么？张东荪认为是"条理"是"架构"，原来那种认为外界存在着"物质"、"东西"、"实质"的想法被近现代以来的物理学所打破了，对物的分析我们最终所得到的只是"物性"、物与物间的关系，也即"物理"。由此，在《认识论》中张东荪认为"真的外界条理"是存在的，他谨慎地提出"原子性、连续性和创变性"作为真的"外界条理"，但是对此"真的外界条理"他是有种种限制的，并不像实在论者那样认为外界存在条理分明的共相世界和物理世界，张东荪只认为这些"真的外界条理"是疏落的，是相对于主观格式来说的，知识不仅仅是全由"内界格式"造成来说的。

---

① 罗素：《哲学问题》，何兆武译，北京：商务印书馆，1999年，第13页。

即便如此，他依然认为，称"外界条理"之存在过于硬性了，又在《多元认识论重述》中提出"自然限点"一说，认为作为"外在的相关者"只是些"自然限点"，这是人为所无法改变的，但是认识主体可以在这些"自然限点"上依据内界格式"构形"。关于自然限点的说法，在《知识与文化》中张东荪先生依然坚持，但是在《思想与社会》、《理性与民主》中对"条理"又有了基于知识社会学的另种解释，那便是区分中西，认为中国的理学之理是条理，但是作为伦理秩序的条理；而西方的理是理性，是作为理性主义的物理分析，这已经超出了纯粹知识论的范围而带有文化比较的色彩。我们要追问真的外界"条理"或"自然限点"是如何存在的？又是否可知？"条理"与康德所说的"物自体"是否相同？另外外界条理与感觉、所与又有何种关系？如果真的外界条理存在，那么其特征是什么？这是第三章"外界之条理"要讨论的主要问题。

二、交界之所与

作为沟通内界与外界的所与是否可能。我们认识面前的桌子，既不是完全抛开"桌子"而用"先验格式"自造，也非将外界的桌子置入脑子看个究竟，对桌子的认识依赖于内界格式的规定，同时也依赖于外界作为实体桌子的依据，而能将二者沟通起来的便是"所与"，但"所与"是否能胜任此中介性的角色？因为毕竟"所与"固然有外界的依据，它依然是属于观念性的，所与并不等于外界实体，那么视"所与"为沟通内外的中介是否合适？张东荪认为是可能的，但他并未给出详细的说明，他认为认识有外在对象或"外在相关者"，而所与是内外共同作用的结果，因此"所与"便具有中介性，此种论证是不充分的；而且张东荪区分了感觉与所与，他认为所与与"造成者"是相对的，所以"外界刺激"、"感觉"、"知觉"都是所与，此种说法是否合适？以及真的外界是否是所与？所与能否沟通内外而促成认识？

本著者在澄清张东荪先生在表述上的混乱外，想提出所与不是神话，可以沟通内界与外界，但对外界的界定是"对象性的存在"而不是"真的外界"，"真的外界"是否存在？如何存在？又是什么？这些我们无法得知，在这里著者依然保留了康德"物自体"的说法，对于"物自体"不可认识，但对于所与沟通的"外界"不是物自体而是"现象界"，所与之所以能沟通"现象界"是因为无论是认识还是评判的对象都是认识范围内的"对象性存在"，这样固然"所与"是观念性的，但与"对象性的存在"并不冲突，在此意义上说，所与不是神话。这将是第四章要讨论的主题。

三、内界之格式

张东荪与康德关于先验格式的异同。张东荪多次称他是"循康德之路"的，并称自己的学说为"修正的康德主义"，能够体现他与康德同与异的都在"先验格式"这一主题上。首先，张对内界之格式定位便不同于康德。在感性纯直观上，他认为除了有空间和时间以外，还有主观与客观；在先验格式上，他区分了"直观上的"、"方法上的"和"名学上的"，这些都是与康德不同的。其次，对于先验性的理解不同于康德。张认为范畴（他称为设准）是半经验、半先验的，直观格式与名学格式是先验的，但却不同。再次，在后期思想中，无论是时空还是主客，无论是范畴还是名学格式，这些作为先验格式的都被经验化了，如上面我说，这可以说是张东荪对康德的背离。

但是对于后期思想的理解，不可以纯知识论立场来断言张东荪的倒退，因为他是站在"知识社会学"立场上来看待知识论的，单就知识论本身来说，他似乎依然坚持内界格式对外界条理的规定作用，这是不得不需要注意的。除此外，对康德的理解张东荪也有前后期的不同表述，比如对统觉、综合，在前期思想中是持批判态度的，后期则表示支持；对于方式与材料的对立也有类似前后不一的表达，这些问题将是第五章讨论的主题。对于张东荪为何会从知识论立场走向知识社会学,将先验格式经验化,著者将谨慎地提出这可能与中国人的思维方式有关,正如本书《引论》中所分析的那样,"实"的思维方式不注重学理与方法论探讨而注重实际之影响与现实之综合形态。

四、多元真理观

多元真理观的三个问题。通过"外界之条理"、"交界之所与"、"内界之格式"三者交互作用而形成了认识,那么如何断定这样的认识是真的?或者说判断知识之真是否可能?这便是真理观的问题,张东荪在此问题上的探讨有三个问题值得关注,第一是真理的绝对与相对的问题,若说真理是绝对的,那么另外的认识主体如何能与你达成一致,主体间的认识又如何保证是同一的;若说真理是相对的,那么还谈什么认识何以可能的问题,因为各有各的认识,作为普遍的认识可能问题便无存在的理由了,张东荪在此问题上徘徊不定,这凸显了此问题的复杂性;第二是综合真理说问题,传统的真理观有符合说、一直说、效用说,张东荪看到三者各自的限度,而想把它们综合起来,但他的综合与金岳霖相比带有明显的"唯用论"色彩,那么他的这种综合是否可能?有没有内在的冲突呢?第三个问题是"真"是不是具有不同的类型,在后期思想中张东荪区分了三类知识系统分别为"常识系统"、"科学系统"与"形而上学系统",他认为知识系统不同,"真"也便不同,因此有了"便","实","好"三个真的标准,那么此种对"真理"类型的划分是否有价值,对于真理观的研究是否提供了新的借鉴因素?

本章小结

以上大致是本章的主要内容。在对"多元"含义的探讨上,著者没有对各"元"进行分述,而是列表显示之,通过两个图表很明显可以看出张东荪"多元"思想的演化,不仅包括"元"内容的变化还包括"元"层次性的变化,对于"多元"间的关系引述了张耀南先生的归纳;在此基础上,我们可以看出"多元认识论"的四个特点,分别为"主客交互"、"非心非物"、"循康德之路"和"交互主义",对这四个特征著者进行了批判似的评述,认为"主客交互"暗含了与康德的分歧,而"非心非物"是一切认识理论的归宿,"循康德之路"一说背后是与康德明显"修正",而"交互主义"则体现了张东荪后期思想的明显变化,作为知识社会学是一种开拓,作为知识论则是一种偏离。

　　由以上分析,可以看出"多元认识论"包含四个问题,也是以下四章要分别讨论的主题:第三章讨论"外界之条理",第四章讨论"交界之所与",第五章讨论"内界之格式",第六章讨论"多元真理观",最后第七章为结论,含对"多元认识论"的评价并回应引论提出"重建知识论传统之必要"。

第三章　外界之条理

在讨论"外界之条理"前，我们可以先看一下罗素对"外物"问题的思考①：

我们所必须考虑的是这个问题：就算我们肯定了自己的感觉材料，我们是不是有理由认为这些东西就是我们称之为物理客体的某种东西存在的标志呢？当我们列举我们自然而然地会认为与桌子相联系的一切感觉材料的时候，我们是否已经说尽了有关桌子的一切呢？或者是否还有不是感觉材料的某种别的东西，在我们离开屋子的时候，仍然继续存在着呢？常识毫不犹豫地回答说有。一个可以买卖、可以推来推去，又可以铺上一块布等等的东西，不可能仅仅是感觉材料的集合而已。倘使用布把桌子完全盖起来，那我们从桌子就得不到感觉材料了；因此，倘若桌子真的仅是感觉材料的话，那它就会中止其存在，而那块布便会出于一种奇迹而在桌子原来的地方悬空放着了。这种见解显然是荒谬的；但是要想作一个哲学家就必须锻炼得不怕荒谬。

我们之所以觉得在感觉材料以外还应当有一个物理的客体，其最大的原因在于我们要求不同的人都有着同一个客体。当十个人围

---

① 原来此处是直接给出罗素的引文，王中江教授建议说，此种格式不妥；但作为问题讨论，罗素的看法值得关注，所以作此处理，以下几章也以相同的方式作了文本处理。

着一张餐桌坐着的时候,若坚持说他们所看见的不是同一块台布,不是同一的那些刀叉、调羹和玻璃杯,那就荒谬可笑了。但是,感觉材料对每个人都是个人的,而直接呈现于这个人视界的东西,并不就是直接呈现于另一个人视界的东西;大家都从略微不同的观点去看事物,因此,看事物也就略有差异。因此,倘使真有共同的中立的客体存在,这种客体在某种意义上对于许多不同的人又是可能认知的话;那么,就一定有某种东西是超出于不同的人所见的个人的特殊的感觉材料之外与之上的。但是,我们有什么理由相信有这种共同的中立的客体呢?

我们自然而然会遇到的第一个答案是:尽管不同的人可以稍有差异地来看桌子,但是他们看桌子的时候所看见的总还是一些类似的东西,而且他们所看见的种种不同的变化也是服从光线的远近和反射定律的;所以便很容易下结论说,有一种持久的客体构成了所有不同的人的感觉材料。我向这间房的旧房客买下了我这张桌子;我买不来他的感觉材料,他的感觉材料在他走的时候就消失了;但是我却能够买,也的确买来了可以信得过多多少少是与之相类似的感觉材料的期待。所以,事实是:不同的人们都有着相类似的感觉材料,而一个人在不同的时间,只要是在一定的地点,也会有相类似的感觉材料。这就使我们可以假定:**超乎感觉材料之外与之上,一定有一个持久性的共同客体,它是构成不同的人和不同时间的感觉材料的基础或原因。**①

那么我们现在要问的是"一个持久性的共同客体"是什么?我们又是如何知道的?或者说能否知道?在这个问题上,张东荪认为真的"外界"是"条理",固然疏落但一定存在,但他又想避免新实在论过

---

① 罗素《哲学问题》第二章:物质的存在,北京:商务印书馆,1999年,第13—14页。

于强硬的立场,认为外在条理只是一种方式、秩序、架构或关系;后来他又用"自然限点"来弱化"条理"的硬性,但是无论如何,这样的"条理"或"自然限点"似乎都只能"推知"而无法直接知道,张东荪认为他的自然条理不是"物自体",也不同意康德"物自体"的假设,认为"条理"背后更没有什么存在,认为"自然限点"便是最后的存在,本著者认为这样的说法是牵强的,主张依然回到康德的立场,承认"物自体"的存在,这样张东荪关于"外界条理"的种种理论困境便较易得到解答。在后期思想中,张又比较了中西"伦理"和"物理"的不同,在此"条理"说与前期思想明显不同,换句话说他用来解读理学的"条理"与知识论中的"条理"是不同的。

第一节 外界的条理是什么?

一、条理分内外

外界条理是存在的。在《共理与殊事》一文中谈到康德的共相时,张东荪说:"康德的主张虽非如此极端,然而他总是以为条理可分两种:即一种是经验上而得的条理;另一种是纯粹的,换言之,即无法发现其为由经验而成的。第二种乃是根本的与基础的。康德发现第一种经验的条理不是自己成立的,乃是倚靠第二种的条理而成,换言之,即第一种条理是次等的,附属的,派生的,而第二种条理乃是基础的,根本的;不有第二种便不能有第一种。第二种条理是内界的规矩或格式,第一种条理是外界的秩序或共相。既然如此,则显然是外界的共由有内界的格式而生了。"① 东荪先生在此对康德的解读是忠实的,但他却不太同意,他说:"我们不能否认外界,不过我们对于外界真所知的实不甚多。虽不是绝对的不可知,然而大部分总是存疑的,所以我自称怀疑论者即是为此。康德把外界纯为材料,把内界纯为格式;但我以为格式大部分是内界的,然其间亦有是外界所铄的。例如原子性一端。"②

这里可以看出张与康德的差异,但是需要说明的是"条理"一词在张东荪先生的语境中是多义的,可以指"性质"、"关系"、"方式"、"秩序"、"架构",这些用语的含混加之"条理"一词本身的歧义性增加了后人理解张东荪"条理说"的难度。但是,他承认外界条理的存在是可以断定的,虽然"条理"在此的意思是为一种"性质"。在《认识论》中他说:"须知外界给与我们的确是方式,是条理,然而却不是完全的,不是整个儿的。因此我们不必像新实在论那样,认外界是一个系统分明的世界。"③ 他又说:"认识的多元论以为所有秩序可大别为四类:一是真属于外界的条理;二是属于认识上的预立方式;三是属于名理上的预立规律;四是经验上总括的结果。"④ 在这里我们可以明显地看出,张东荪认为"真的外界条理是存在"的。但是他将条理分为内外两种,似乎是不妥当的,因为作为"先验格式"的"条理"与作为"外界性质"的条理明显是不同的;而且将秩序区分为四种,将外界条理与内界格式放在同等层次上,也可以看成是"类型错误"。

二、条理交互而成

条理如同洞壁为主客交互而成。张东荪在 1929 年《一个雏形的哲

---

① 张汝伦选编:《理性与良知——张东荪文选》,上海:上海远东出版社,1995 年,第 85—86 页。
② 张汝伦选编:《理性与良知——张东荪文选》,上海:上海远东出版社,1995 年,第 106 页。
③ 张东荪:《认识论》,上海:世界书局,1934 年,第 50 页。
④ 张东荪:《认识论》,上海:世界书局,1934 年,第 51 页。

学》一文中说:"认识上所现的条理好像打洞时所打成的洞壁。这句话的意思是主张认知作用虽是对于其所对为之辨别规定,但其为事是主客交互而成,就是最初认知作用以其本身的方式来规范所对,而后来可以所对而修正其方式,所以不是专靠先天的格式;亦不是专靠后天的经验。乃是以先天的格式左右后天的经验;更以后天的经验改良先天的格式而已。这样的主客交互作用,其所成行殆如打洞时所打成的洞壁"①又说:"对于物本身,我们是不能知的;而我所知只是关于物与物间的相关的条理;并且这个关于物理的知识却又不是纯粹的写实,乃是我们用了自己的内范而作用于外界上互相交织以演成的,但其结果却并非不可靠。"②

在《共理与殊事》中又说:"条理可说是由内外交互而成,然却是尺度的作用居多。虽可说是闭门造车,却竟出门合辙。即在此交互的一点上则真际便可得之了。"③ 之所以在探讨"真的外界条理"是什么之前先说明"条理由交互而成",是想澄清一个认识,由于张文本中对"条理"运用的含混,很容易让人意识到"条理由交互而成"与"真的外界条理"是矛盾的,因为"交互而成"的条理是"认识上所现"的条理,它是作为认识内容而非认识对象存在的。但是澄清此认识也并非表明"条理"论没有内在困境,因为既然认识上的条理是交互而成,而我们对于"物本身"又不能知,对于物物间的相关条理的知又加入了内界格式的规范作用,那么对于物与物之间的"条理"我们又能如何知道呢?这构成了张东荪先生"外界条理论"的一个内在困境。暂时搁置此问题,我们先看一下,在张的文本里"真的外界条理"有哪些?又是什么?

---

① 张汝伦选编:《理性与良知——张东荪文选》,上海:上海远东出版社,1995年,第17页。

② 张汝伦选编:《理性与良知——张东荪文选》,上海:上海远东出版社,1995年,第23页。

③ 张汝伦选编:《理性与良知——张东荪文选》,上海:上海远东出版社,1995年,第107—108页。

三、真的外界条理

真的外界条理有三个:"原子性"(atomicity)、"连续性"(continuity)、"创变性"(creativity)。张东荪先生对于是否真的存在外在条理是持怀疑态度的,他既想避免新实在论对外界过强认定的误区,又想避免观念论对外界过于轻视的趋势,他认为作为认识发现的条理,需要内界格式的规范,但不仅仅来自内界格式,必定有些是外界透入的,那么一定存在外界的依据。就如同罗素所说存在一个"持久性的共同客体"一样,不然感觉材料的来源与依据便无法保证,就如同我新买了房子,原来房主人的感觉材料他带走了,但他不可能因此也将房子带走。不过罗素认为这样的"共同客体"无法证明,是推知的,但张东荪认为是真有,而且是三个。

在这里,认为真的外界条理有三个,我们需要暂时抛开"条理"一词的含混,张东荪定位的"外界条理"不同于罗素的"共同客体",而且张对于那种具有实体性的"客体"是反对的,他认为存在的只能是"物性"、"方式"、"架构",而不是"实体"、"东西"或"物"。即便如此,张依然对真的外界条理采取了怀疑态度,因为他固然可以把"物"定义为"物理",但是这样的"物理"我们又如何能知道呢?张说:"我对于这个真的外界条理(genuine external order)本是十分怀疑。后来我觉得这种条理不是没有,乃确是很少。并且这些很少的却又不是十分明显。因此我们不易知道。我迄今天为止,以为在积极方面有三个,是可以见到的;在消极方面只有一个。亦许不止这三个,但我们却无法去发现它。所以不得已我只说是三个,至于那一个消极的可以说并不是条理,却亦是外界所固有的一种性质罢了……三个条理是什么?我名之曰(一)'原子性'(atomicity)(二)'连续性'(continuity)(三)'创变性'(creativity)。那一个消极的则我名之曰(四)'可塑性

（plasticity）'。"① 在这里，只要我们看一下张对"三个外界条理"的解释便可以明白，他所说的"条理"只是一种当时自然科学语境下对外界的性质的认识，"真的外界条理"或许是存在的，但我们却无法知道。

张说："并非说外界确有原子其物。不但没有原子，并且亦没有电子，没有波子。所有的只是外界的构造上有分为若干单位的可能性罢了。"② 所以"原子性"其实即是"可分性"、"个体性"，而"连续性"与原子性是相连的，有"个体性"，"连续性"便蕴含其中，因为个体不是独立的，而是处于关系中的；另外"创变性"指的是"变化性"，这也与"可分性"有关，所以张东荪所说的"三个外界条理"只是我们认识限度内的三种"物理性质"而已，不可因为中文语境"条理"一词之多义，而真认为外界存在一个"条理分明"真客体，这是张东荪所反对的。对于"可塑性"，这偏重的不是我们所认识的"物理性质"，而是作为认识对象的"可认识性"或"对象性"，张称它为"外界固有的性质"是不妥当的，它也是主客关系下的性质，单就外界来说不存在这样的性质，真说它具有"被认识"的可能性也只是一种假设而已。为了便于理解"真的外界条理"我们可以举下段话为证：

> 须知我们所有的感觉都不是外界存在的。所以我们绝对无法知道外界的"内容"。换言之，即在内容上，外物无由进入于我们的认识内。于是有人便以为外物的内容是不可知。我则愿更进一步主张外物本来只是一个构造方式，本不必要有内容。所以一涉及内容便属于我们的心。但这些构造方式固然不是完全属于外物本身的。但其中至少有若干是不由于我们认识的立法所造。这便是我所谓原子性与连续性以及创变性了。我们所以主张原子性是真在外界，换

---

① 张东荪：《认识论》，上海：世界书局，1934年，第51—52页。
② 张东荪：《认识论》，上海：世界书局，1934年，第52页。

言之,即为真的外物条理,其故只在我们知觉上所以有变化不能不承认是由于外界的背景。至少必须把外物映于我们的变化认为是由于外物自身有可以分开与断立的可能性所致。这种可能性是表示外物所固有的性质。哀廷顿说不是由心的立法所造成,亦就是指此而言。读者千万不可误会,遂以为这个就是外物了。实则我可以说以实质而言,本来就没有外物。以构造与方式而言,大部分的方式仍是属于认识作用的本身的,换言之,即属于主观的。不过即在这些之中乃有若干方式(即条理)是不纯粹属于主观,这就是我们所以把原子性连续性创变性举出来的缘故。①

这段话很可以代表张东荪对"真的外界条理"坚持的苦心,至于张耀南先生说他认为有"外界条理"是"张东荪所犯的一个十分严重的错误"②,则是错误的,至少他反对的理由表明他不明白张的本义,因为张始终认为"外界"有依据存在,认识中显现的"条理"不纯粹来自主观方式,必然有部分是来自外界的,在此意义上说有真的"外界条理"存在,即便后来提出外界条理是"自然限点"一说也是出于此种考虑而提出的。下面我们便看他的"自然限点"说。

真的外界条理是"自然限点"。在《多元认识论重述》中张东荪对自然条理的解释是:"至于论到这个外在根由是什么,我以为最浅近的可以说它决不是物体或物件或东西,而只是些架构而已……我曾名之曰'条理'或曾称之为'自然条理'(natural order)。不过这些自然条理不是很明显的如实存在,独立自称在那儿。凡以为外界有个如实自存的条理,这便是错误。反之,凡以为一切唯心所造,而无所凭借于外界,这亦是同样的错误。须知自然条理是有的,但它却很稀松,很暗昧,很

---

① 张东荪:《认识论》,上海:世界书局,1934年,第56页。
② 张耀南:《张东荪知识论研究》,台北:洪业文化事业有限公司,1995年,第50页。

活动。有时它却可以左右我们，但我们有时亦可把它变了颜色。"① 这里的表述与《认识论》的看法是一致的，在张东荪对"外界条理"定位为"外在依据"上依然承认其存在，但是，或是他避免别人把他所坚持的外界"条理"混同于新实在论，他又提出了"自然限点"说，现在请以下列之图作为比喻以说明之：

图表三：自然限点（四图分别为：甲"四个点"、乙"由四点而成圆形"、丙"由四点而成方形"、丁"由四点而成×形"）

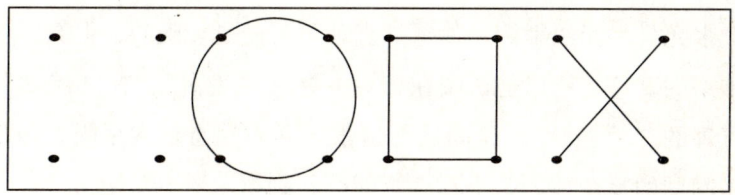

"图中的四个点（如甲）即比喻为自然条理。我们根据这四个点可以画成一个圆形（如乙）；又可以画成一个方形（如丙）。又可以画成一个×形（如丁）。这个方形圆形等都是比喻那些所谓'凝构'（fiction 用樊亨格的术语）但这些凝构不是完全灵幻的，乃必须有若干'支点'（即上图的四个点）并且就四个点而言，亦只能造成方形圆形与×形，而决不能造成三角形与直线形。所以我在前作上提出'有限变化之原理'以明凝构的背后必有相当的根据。"②

"自然限点"说的独断论倾向。与"自然条理"说相比，张东荪提出"外在根由"为自然限点，带有明显的独断论倾向。在自然条理中

---

① 胡适、蔡元培、王云五编辑：《张菊生先生七十生日纪念论文集》，上海：商务印书馆，1937 年，第 122 页。
② 胡适、蔡元培、王云五编辑：《张菊生先生七十生日纪念论文集》，上海：商务印书馆，1937 年，第 123 页。

他认为外界不是"物体"而是"原子性"、"连续性"、"创变性"等性质,这是与当时的自然科学发展接轨的,固然视其为"真的外界条理"难免给人以"新实在论"的印象——那正是张东荪所反对的,但是提出"外在根由"就是"自然限点"和"支点",不但没有将问题澄清,反而将其中的理论困境明显化了。因为,既然我们所看到的只是方形、圆形等"形",那么,它们背后的"限点"我们又是如何知道的呢?即便是知道又如何知道他们是"自然"的呢?还有,即便假设存在如上图中的四个限点,为何说只能构成三种形?这里还涉及张东荪先生在真理观上多元与一元的徘徊,他感觉真理不可能是无限的,但又无法承认普遍唯一的真理,所以他试图在相对中寻求"绝对",在"绝对"中又看到真理的"境遇性"。这固然不是张东荪在故意玩弄字眼,但他确实看到了问题的复杂性。关于真理观问题,到第六章再专论。

对此"自然限点"张又结合"可塑性"继续申明:"关于四个点能造成方圆各形一层,我曾提出'可塑性'一名辞以表示此中的情形。于可塑性意外,我又提出原子性、连续性、创变性三种。须知这三种只是自然条理中的最基本者。可名之曰'基本条理'(basic order)。我在前作中没有把基本一层发挥得透,致使许多批评者发生误会。于此所谓基本亦就是'最后'之意。就是说一切自然条理只能潜伏于凝构(即可塑者)之中,所以十分困难把自然条理与我们所构造者相分开。于不得已之中只有假定这三种是比较上最不夹杂凝构的。换言之,即是比较上最表示自然条理之真相的。这乃是推至最后的说法,不得已而为之,并不是说自然条理就是这三种。"[①] 这里一方面可以看出张对《认识论》中三种"外在条理"的坚持,另一方面他强调"基本"之意为"最后",这不啻是说"基本条理"背后再无东西可言,"基本条理"不仅仅是三种,但是它们属于最后意义上的。此种独断论便更加明显,一来

---

① 胡适、蔡元培、王云五编辑:《张菊生先生七十生日纪念论文集》,上海:商务印书馆,1937年,第124页。

称"基本条理"为外在者本身我们是无法证明的,二来称"基本条理"是最后的,我们更是无法证明。张东荪想坚持承认外界依据性的存在,但是直接便认为外界是"条理"或"限点"已经是明显的独断了。

"自然限点"能否被推测出来。在《知识与文化》中对自然限点的坚持更加明显,不再将其看做一种"比喻"或"说明",认为外界只是"界点",他说:"于是所谓外在相关者本身结构乃只是变为'自然界限'或'自然限点'(limits)了。我们用数学推算这些'自然限点'。所以在不遇着'限点'的时候,我们是自由的。只有碰着了这个'自然限点'我才算真正的和外界见面了。可见外界不是没有秩序,只是他的秩序只能在那些限点上被我们推知,故是比较松散的……根据有限变化之原则,我们可以把这种自然限点推测出来。所谓相关者就是如此而已。势必有人以为我此说是主张外界不可知了。我诚然以为外界是相对的不可知,但不是绝对的不可知,然而我却以为这是由于问题而发生误会。我们说外界不可知乃是先假定外界有个本相。其实外界只是'限点'而已,并无本相或本性。"①

这里或许张东荪意识到认为"外界"就是"自然限点"所发生的困境,他说这些"自然限点"是推测出来的,但"推测说"同样无法解决他"条理论"中的内在困境,既然推测便无法认定推测出来的就是"限点"而不是本相。张说"其实外界只是'界点'"而已,这依然有明显的独断论成分,若是"外界"需要推测而知,那么它便可能是"本相"、"实质"、"限点"、"性质"或其他,而且在推测的意义上说,无论是"本相"还是"性质"都是一样的,当张东荪依据现代自然科学的成果说外物不是"物"而是"物理"的时候,在知识论层面来看,他不是打破"实质"说,而是将"实质"认为是"性质"、"关系"和"方式"了,在这里"性质"便是原来所说的"实质",二者是同一层面的词汇。进一步的解释并不能改变问题的性质,我们对外界真相的所

———
① 张东荪:《知识与文化》,上海:商务印书馆,1946年,第16—17页。

知，只是"推测"，至于"真相"如何，我们无法得知。所以，即便著者可以承认外界"真相"的"推测说"，但"推测出来"的却不一定就是"自然限点"，这只是一种可能而已，而且对于不可知的"物自体"进行推测是无意义的。

以上主要讨论了"真的外界条理"是否存在？又是什么？我们能否知道？又是如何知道的？通过以上分析本著者认为，张承认知识的"外在依据"说是可以接受的，但认定是"条理"或"限点"则是一种独断，我们通过"推测"而知的"外界真相"只能是一种假设和可能，下面我们通过考察张东荪对"条理"特征的描述，会更清楚看到这一点。

四、外界条理之特征

外界是一种架构、方式、性质。方式、性质、关系、秩序、架构在张东荪的文本里有着相似的运用，在《一个雏形的哲学》中张说："我们可以断言，关于外物，我们不能知其内性，但能知其关系，而此关系却是一种比较固定的架构。若我们暂假定物质并无内性，而只是架构，则我们已可谓知道外物了。"[①] 在认识论中也有着相似的表达："所以认识的多元论主张只在这个相关变化上外界的存在乃能显示于我们心上。而这个相关变化不是质料而却是方式。换言之，所与于我们的不是内容而是条理（即秩序），"[②] 又说："实则我可以说以实质而言，本来就没有外物。以构造与方式而言，大部分的方式仍是属于认识作用的本身的，换言之，即属于主观的。不过即在这些之中乃有若干方式（即条理）是不纯粹属于主观"[③]。这里需要注意的是，张东荪看到对于物

[①] 张汝伦选编：《理性与良知——张东荪文选》，上海：上海远东出版社，1995年，第27页。
[②] 张东荪：《认识论》，上海：世界书局，1934年，第49页。
[③] 张东荪：《认识论》，上海：世界书局，1934年，第56页。

"我们不能知其内性",所知道的只是"在这个相关变化上外界的存在乃能显示"出来的,也就是"物本身"我们是无法得知的,知道的只是在主客相关变化上显示出来的"外界",所以我们能知道的"外界"固然可以给它以"秩序"、"方式"、"架构"等种种的名称,但他们并不就是物自身,而是显示在认识范围内的。进一步,我们可以说"外界"不像传统认为的是一种"东西"或"实质",说"外界"不是什么,但却无力说它是什么。

外界是感知觉变化之依据。在《认识论》中张东荪说:"我们所以主张原子性是真在外界,换言之,即为真的外物条理,其故只在我们知觉上所以有变化不能不承认是由于外界的背景。至少必须把外物映于我们的变化认为是由于外物自身有可以分开与断立的可能性所致。"① 感觉、知觉的变化有内界格式参与其中,但是除此外还有外物自身性质变化的可能性,在《多元认识论重述》中张东荪甚至认为"外在根由是比较硬性的,不过伏在背后罢了"②,此种"硬性"也指的是"依据"而言,不是内界格式所能改变的,这类似于罗素所说的"共同客体",但张不将其解释为"客体"而是"自然条理"或"自然限点"。换言之,张固然承认"硬性的外在根由",却与新实在论"刚性的"外界不同,他说:"所以自然条理在认识上只是一种'因子'(factor)。而决不能像一张固定的完全图画,由我们的认识再临摹下来。把外在的条理认为是'刚性的'(即已打成一片),这乃是泛客观主义的新实在论之大错误。"③ 毋庸置疑,张对外界的承认,固然与新实在论者不同,但却受新实在论影响很大,这也是张自称为"温和的实在论"的缘故,他们的区别只是在程度上,或者说对"外界"的界定不同罢了,比如罗素认为是"客体"而张东荪则认为是"界点",其实,差别只是在名

---

① 张东荪:《认识论》,上海:世界书局,1934 年,第 56 页。
② 胡适、蔡元培、王云五编辑:《张菊生先生七十生日纪念论文集》,上海:商务印书馆,1937 年,第 122 页。
③ 胡适、蔡元培、王云五编辑:《张菊生先生七十生日纪念论文集》,上海:商务印书馆,1937 年,第 123 页。

称上,既然都是推知,区别便在于解释的不同了。

进而言之,通过考察外界条理之特征,我们可以看到"外界条理"的特征实质是认识范围内的"对象性存在"的特征,至于"外界自身"我们是无法认知的。但是张东荪却否认"物自体"的存在,下面便来比较张东荪的"自然条理"与"物自体"是否相同;另外,在《思想与社会》、《理性与民主》一书中,张对"条理"的解释发生转移,从知识社会学或中西文化比较的角度来看待"条理",这固然不再是纯知识论范围内的问题,但作为张东荪的"条理"说,在下节中一并讨论之。

第二节 外界条理、物自体、理学

一、外界条理与物自体

"自然条理不是物自体"。在《多元认识论重述》中,张东荪谈到康德的"物自体",他说:"论到此,请一说康德的'物其自身'。这便是我与康德的不相同处。他所谓物其自身不是我所说的自然条理。因为物其自身乃是物之本来面目。在康德以为凡被认识即便为现象。所谓本相即等于说其物在不被认识时的相。其实,物若不被认识即不能说其相若何。所以根本上物其自身是不可知的。但既不可知又何以必须以为其存在呢?这乃是因为没有物其自身即等于主张没有物。没有物又安能有现象呢?这是康德的苦衷,所以他必须假定物其自身之存在。康德虽是现象论却仍留有素朴的实在论的根底。我则以为可以不要这个物其自身。至于主张有所谓自然条理却又与这个物其自身无涉。因为我所主张的自然条理依然在认识以内,不是超越在背后的。只是透露于感觉中,夹杂在感相内,而并不是藏在其背后独自存在不为人知。既不是事物,当然不能说到其自身了。所以倘欲把他误会为事物便大错而特错。康德的物其自身至少有此嫌疑。因此我说我所谓自然条理不是他的物其自身。"① 这里张东荪对"物自体"的理解大致是符合康德本义的，但是把"物其自身"等同于"本相"则有语义上的混乱，在中文语境中"相"确实有与"视"、"认识"相对的意思，但"物自体"却不是与"认识"相对，与认识相对的在康德那里是"现象"，所以"物其自身"视为"物"本身或"现象"后的依据是可以的，作为认识对象的"相"则是错误。澄清这个认识后，我们要关注的是张东荪的"自然条理"到底是不是"物其自身"，他的论证是否合适？

外界条理与物自体。首先，我们要分清"条理"在张东荪语境中的多重含义，有作为认识上所现的"条理"、内界格式的"条理"与外界自存的"条理"，我们要比较的正是"真的外界条理"与物自体是不是相同。其次，我们看他的论证。其一他认为他的自然条理是认识以内，其二他不认为外界所存的是事物，据此两点认为"自然条理"不是"物其自身"。说"自然条理"是认识以内的，明显张所说的"条理"不是"真的外界条理"而是认识上所现的"条理"，在这里他偷换了概念或者是混淆了两种条理的歧义性。因为如上所述，作为"自然限点"的"条理"是"硬性的"，是认识主体所无法改变的，即便是作为"原子性"、"连续性"、"创变性"的"真的外在条理"也不是人所赋予的，而是外物自存的，这些都不是认识以内的，正是区别于认识以内的条理而说明的，或者是为了探讨认识上所显示条理的外在依据所举出的，所以论据一不成立。论据二，张不认为外界是事物，他认为是"架构"是"条理"是"限点"，但即便不是"物"也仍然有"自身"的问题，因为说"架构自身"、"条理自身"、"限点自身"都是可以的，所以论据二也无法成立。

这样，即便我们接受现代自然科学对"物"的研究，认为外在的

---

① 胡适、蔡元培、王云五编辑：《张菊生先生七十生日纪念论文集》，上海：商务印书馆，1937年，第125—126页。

不是"实体"而是"性质"或"关系"或"条理"或"秩序",但是"条理自身"又是什么?这依然是我们无法得知的,我说过技术手段的进步,对"物象"分析的细化无法改变哲学上问题的性质,所以"物自体"的问题依然存在。张东荪说他的自然条理是"基本条理","基本"便是"最后"的意思,这只是一种假定,是无法证明的。而且若是区分开"真的外界条理"与"认识范围内条理",我只可以说"真的外界条理"是"认识内条理"的依据,但"真的外界条理"到底是什么,我们无法得知。至于上面对"外界条理"性质的描述只是"认识范围内条理"的特征,而不是"真的外界条理自身"的,说"真的外界条理"就是"自然限点"只是一种独断,至于"真的外界条理"是什么,我们无法知道,在此意义上说,真的外界条理与康德的"物自体"是一样的,同样不可知。

二、条理与理学

本小节要讨论两个问题,一是作为认识对象的"条理",除了以上"三种性质"和"自然限点"外,张东荪的后期思想中也同样用"条理"来解释中国的"理学"之"理",这里我想指出此处的"条理"是作为"伦理"次序的"条理"而不再是"物性"的"条理";第二,张东荪反对冯友兰用新实在论的"共相"来解释理学,而据此张耀南先生说张东荪的"条理"解读理学的"新理学"是对冯友兰"新理学"的超越,我则认为他此种说法是不妥当的,他没有分清"条理"在张东荪语境中的后期转变,而且"超越"一说也言之过当。

条理的第三种含义:"伦理"次序。如果说在第一节中所分析外在条理有两种含义,一为三种性质"原子性、连续性、创变性",二为"自然限点";那么在《思想与社会》中张东荪在解读理学思想时也同样把"理学"之"理"解读为"条理",这勉强可以看为张东荪"条理说"的第三种含义,但是我们需要明确的是,此时的"条理"与前两种条理不是同一层次上的，首先它不再是认识论范围内所探讨的外界对象，而是知识社会学背景下对中国思想特征（张称为"中国的道统"）的描述，这具有明显的区别，而且此时的"条理"不是外在者，而是将自然秩序与伦理秩序融合并偏向说明人伦秩序的"礼者理也"的条理。张东荪在《理性与民主》第四章"理智与条理"中说："中国讲理是指'条理'而言……中国人所谓理与'礼'字相通。礼字表示社会秩序，即所谓伦常。人事上的秩序是谓人伦，将此种秩序性使之普遍化，遂成所谓条理。故理学始终是指纹理分界条瓣而言。所以便是秩序之意。不过中国人始终不分外界的秩序与内界的秩序之不同，更不分道德界上的秩序与自然界上的秩序之不同。"① 从这些分析来看，张东荪对"理学"的理解是可以接受的，如果分清此处"条理"的意思是一种"人伦秩序"而不再是认识论语境下的"真的外界条理"，我们便可以很清楚地看出张东荪后期思想的转变。与此同时，他认为西方人的"理"则是物理，他说："可见中国人的'理'始终是伦理，即伦常之理。而与西方所谓'物理'（physical law）完全不同。西方人所谓物理是在于'物性'（the property of matter）。"②

此处的说明便更可以看出张东荪前后期思想的转变以及他对"条理"思想的不同定义，因为在1938年以前他所说的"外界条理"正是一种"物理"、"物性"、"秩序"、"方式"或"架构"，而这正是西方意义上的"条理"，但对中国"理学"的解读上，他是从不同文化系统特征的角度来看待中国"道统"，虽然他依然沿用了"条理"一词，但意思却明显转化到"伦理"上来，这已不再是知识论语境下的条理了。对于中西"条理"之不同，他又说："但中国人的理却是以体会而得。于此所谓体会是指身体力行而言。西方人则不然，凡讲理必与逻辑相

---

① 张汝伦选编：《理性与良知——张东荪文选》，上海：上海远东出版社，1995年，第467页。

② 张汝伦选编：《理性与良知——张东荪文选》，上海：上海远东出版社，1995年，第476页。

伴。于是理便完全为智识上之事了。知识是自身常在发展的时时增加，时时修正，便和行为在性质上不同。行为尤其是具有道德性的，必须恒常不变方有价值。因此我们乃知中国与西洋虽同是注重事物之分际，以事务之分际与关联为理，但所以得此理之途径则不同；即一是恃智慧，一则是恃实践。西方人中亦未尝没有人亦曾看到这样的情形的，即实践较智辩为重要。不过这只是关于理智界限之争论而已。须知实践便不需有特别的训练，即特别方法。所以方法学不会发达。至于恃智慧则必须有深密的训练，且必须发见有特别有效的方法。对于方法尤须时时加以改良。不仅是个人的心理倾向须受训练而得进步，并且一个整个民族亦可因其历史的堆积而形成一种所谓的民族心性。"① 此处，张东荪先生对中西文化的比较，我认为很有见地，所以不辞辛苦大段摘录，从中很可以看出中西之深层次差别在哪里，尤其是关于中国缺乏"方法学"的说明可谓一语中的，只是本书重点讨论知识论问题，对此文化比较暂且搁置。由以上分析，张东荪后期尽管依然用"条理"一词来解读中国文化，但是无论就其立场与问题域都发生了变化，就"条理"所赋予的新意而言，指的是"伦理"，这与前期认识论语境下的"条理"无关。

　　基于"伦理次序"意义上的"条理"以反驳冯友兰的新理学。在《思想与社会》一书中，张东荪先生认为中国理学之理指的是"伦理"之次序，而不能用共相论或新实在论的路子来解读，为此他坚决反对冯友兰先生的"新理学"。张说："宋儒只有形而上学而不置重于知识问题，所以他们说'形而上'一语决不可当作'抽象的'来解释。在此有一个很重要的分别，就是理之所以为形而上乃由于理即是体，而并不由于理是抽象的，以抽象的来解释理，便是以西洋哲学上新实在论派对所谓'共相'（universal）来解释理。这是冯友兰先生于其近著《新理学》上所尝试的企图。我则认为和宋儒原理相差太远。"② 冯友兰先生

---

① 张汝伦选编：《理性与良知——张东荪文选》，上海：上海远东出版社，1995年，第488页。

② 张东荪：《思想与社会》，沈阳：辽宁教育出版社，1998年，第139页。

的新理学确实有明显的"新实在论"痕迹,而且用"共相论"来解释中国"理学"也确实很牵强,谈到"新实在论",金岳霖也同坐此弊,无论是他的《知识论》还是《论道》一书都有浓厚的"新实在论"气息,所以尽管说冯和金都在为中国哲学转型作尝试性的努力,但就其"新理学体系"和"道论体系"而言,除却名词上的"中国味"外,其思想本身实在不属于中国传统学问的范围。张东荪进一步说:"我则以为如果他自己承认新理学不必与旧理学一致,则当然爱怎样主张就可以怎样说法。倘欲以为宋明理学本来可以作此解释(即本来可用柏氏说以解释之),则我敢言此说不能成立。"如此断言,牵涉两个问题,第一是他对冯友兰新理学的解读是否有误,第二是他对中国理学的解读是否妥当,就著者理解能力而言,我认为张东荪先生对冯先生的批评是可以接受的,自然谈到对冯先生的批评,贺麟、唐君毅、劳思光等都对其新理学表示过不满。

另外,张之所以反对用"共相"来解读"理"还因为宋儒所说的理"只是一个",他说:"朱子虽亦尝说一物有一太极,但这句话不足为多元论之证明。所以我说宋儒提出'太极'二字乃是注重于一元之征候。至于谓物物各有太极乃是由一元而显现为多元。这是所谓一元的多元论而不是多元的一元论。前者以一元为本而发现出来始见有多元;后者以多元为本而集合打通起来始成一体。新实在论就是后者中之一派。故与宋儒之精神根本不相通……可见在朱子把理之极致谓为太极。有人以为太极是众理之总汇这是不妥当的。因为我已在前面说过,理只是一个,所以太极亦只是这个发现为多元的一元(即理)之极致。决不是本有多元之众理而汇合起来成一个太极。"① 这里说的"有人以为太极是众理之总汇"很明显指的便是冯友兰先生。

其实共相论解释理学之不妥,只用看看张东荪先生前后期思想的转变即可,同是"条理"一词,前期指的是知识论语境下的"外在方

---

① 张东荪:《思想与社会》,沈阳:辽宁教育出版社,1998年,第150页。

式",而后期指的是"中国道统"意义上的"伦理次序",固然理学与新实在论有相似的地方,但二者分属不同的语境,任何的相似也只是语词或表达的相似而已,二者不可能打通,因为彼此属于不同的领域,用类似于方共相或圆共相来解释中国的"礼"是荒唐的,同样给"共相"打上"伦理次序"的道德痕迹也显得不伦不类,这便是二者之根本不同,这也是"理学"不同于"新实在论"的根本之所在。在此意义上说,张东荪对冯友兰先生的批评是可以成立的。但是若不区分张东荪先生对"条理"的前后期区别而认为他的知识论超越了冯友兰的新理学便是误读,这是张耀南先生所没有意识到的,下面我将澄清此问题以求教于张耀南先生。

张耀南先生笔下张东荪对冯友兰新理学的超越。在《张东荪知识论研究》中,分析完张东荪的"条理"说后,张耀南先生说:"张东荪力图用他的知识论来解决中国传统哲学中的某些问题,以其'条理'来诠释中国哲学之'理',尤其是宋明新儒学之'理',就是他的尝试之一种。"① 根据我上面对张东荪前后期思想转变以及"条理"同名不同意的分析,张耀南先生此种说法是错误的,因为后期思想中张东荪固然沿用了"条理"一名词,但他讨论问题的语境已不再是"知识论"范围了,用张东荪自己的话说是"知识社会学",考察的是知识与文化、社会间的影响以及不同文化系统间的比较,此时的"条理"意为"中国道统"意义上的"伦理次序",根本不是前期知识论范围中的"条理",所以张耀南先生认为东荪先生是用他的知识论来解决中国传统哲学中的某些问题是错误的,而且用"条理"来解释"理",在《朱子语类》里就有类似"条理界瓣"、"理是条瓣"的话,这都是与知识论没有任何关系的。

不过我们还是再看一下张耀南先生说张东荪对冯友兰新理学超越的论证,他说宋儒文本里有很多"条理"、"纹路"类的证据,但可以换

---

① 张耀南:《张东荪知识论研究》,台北:洪业文化事业有限公司,1995年,第58页。

个角度。"那就只问:是共相说或意典说能解释更多的现象呢,还是条理说能解释更多的现象?"① 他当然认为"条理说能够解释更多的现象",其一,条理说能解释"理"之普适性,共相说或意典说却不能;其二,条理说能很好地解释"理一分殊"与"月印万川"等说法,而意典说或共相说却不能;其三,条理说能恰当地解释理事关系问题,尤其是理在事先的问题,意典说或共相说却做不到这一点;其四,条理说能很好地说明"心"的作用以及"心"与"理"之关系,意典说或共相说却不能;其五,条理说能很好地说明中国人为什么没有彼岸世界的观念,意典说或共相说却不能。②

张耀南先生很喜欢用"充分"的论据来论证他的观点,但在他所列举的五个证据中,若是用张东荪知识论中的"条理说",无论是"自然条理"还是"自然限点"来解释同样是解释不通的,所以不区分张东荪"条理说"的不同语境下的不同含义便无法解决此困境。另外,即便是分清了张东荪先生前后语境与问题域的变化,说他"超越"了冯友兰的"新理学"也无从说起,因为在宋儒文本中"条理界瓣"、"理是条瓣"、"纹路"等说法是很多的,张东荪也只是在对传统文本的回归与忠实解读而已,就创新性上,他并没有提出什么新的说法,与冯友兰的新理学相比,只能说他更贴近理学的本义,但若说是"超越"并说他有自己的"新理学",我感觉未免言之太过。

本章小结

通过以上分析,本章讨论的问题可作以下小结:第一,"真的外界条理"是不可知的,在此问题上我们当回到康德的"物自体";第二,

---

① 张耀南:《张东荪知识论研究》,台北:洪业文化事业有限公司,1995 年,第 69 页。
② 张耀南:《张东荪知识论研究》,台北:洪业文化事业有限公司,1995 年,第 69—76 页。

张东荪笔下的"外界条理"是认识范围内的，他对条理特征的描述以及"性质"、"架构"、"关系"的种种说法都不是"物自体"所具有的，若说是一种对"物其自身"的推测的话，那么这种推测是无意义的也没有根据；但作为认识对象的"外界条理"是存在的，也正是认识的外在构成部分；第三，张东荪的"自然条理"和"自然限点"都具有独断论倾向，对于真正的外在者，只有回到"物自体"立场上方可避免此种独断；第四，张东荪先生对中国理学的解读是站在知识社会学的中西文化比较的立场上，此时的"条理"是指"伦理次序"，这已不再是他前期知识论语境中对"条理"的界定，因此张耀南先生认为他用知识论来解决中国传统哲学问题是一种误读，认可他对冯友兰新理学的批评，但说他以自己的"新理学""超越"了冯友兰先生则言之过当。

著者认为任何的认识论都将归为"三元"：外界之依据、交界之所与、内界之格式，在分析完了"外界"，下面我们将看认识论的第二元"交界之所与"，重点讨论"所与"能否沟通"内界"与"外界"又是在何种意义上沟通的，这将是第四章的主要内容。

第四章　交界之所与

关于"心"与"物"的问题，贝克莱有段很值得关注的讨论：

> 不过，你可以说：虽然观念本身并不离开心灵而存在，但仍是可以有与观念相似的东西，而观念只是它们的摹本或肖像；这些东西则是可以离开心灵而存在于一个不思维的实体之中的。我答复说：**观念只能与观念相似**，而不能与别的东西相似；一种颜色或形状只能与别的颜色或形状相似，而不能与别的东西相似。如果我们稍微考察一下我们自己的思想，我们就会发现，只有在我们的观念之间，才可能设想有一种相似关系。再者，我还可以问：所假设的那些为观念所描绘或代表的"原本"或外物，本身究竟是能被感知的呢，还是不能被感知的？如果是能被感知的，那么它们就仍然是些观念，这正表示我的主张胜利了；但是如果你说它们是不能被感知的，那么，我可以诉诸任何人，看看断言颜色与某种不可见的东西相似，硬或软与某种不可触知的东西相似，这种说法是有意义的吗？其余性质也是如此。①

"观念只能与观念相似"，那么我们要问"心"与"物"是如何沟

---

① 贝克莱：《人类知识原理》，转引自北京大学哲学系外国哲学史教研室编译：《西方哲学著作选读》上，北京：商务印书馆，1981年，第505页。

通的呢？如果通过"感知"的形式，那么作为"感觉材料"的所与只能是个体性的，如何保证作为普遍意义上的"认识形式"的成立？塞拉斯在其长篇论文《经验论与心灵哲学》中说，在思想的空间中，没有非概念性质的所与的任何地位，而能够起到认识论作用的都是具有概念性质的信念内容。在这个意义上，那种认为非概念性的所与可以具有实质性认识论基础作用的知识力量，不过是一个哲学神话。本章在梳理张东荪所与理论的基础上，主要讨论以下问题，作为感觉材料的所与有无潜在的"公共性"特征？换句话说，感觉材料是不是如塞拉斯所说是"非概念性质"的？另外，讨论作为"交界"的所与能否沟通内界与外界？又是在何种意义上说所与不是神话？下面我们先看张东荪对所与的解读。

第一节 什么是所与？

艾耶尔在1946年的《语言、真理和逻辑》一书中说："因为要说一个对象是直接'所与'不过是说它是感觉经验的内容。"一般学者也都将直接呈现给意识的东西，感觉经验的直接内容视为所与。对许多经验主义哲学家来说，感觉材料就是所与。它们提供了确定性的基础，知识的最终根据和我们由之推论出其他对象存在的材料，何为所与可以不靠推理知道，它提供了其他种类知识所预设的基础。它是一切关于世界的事实性论断的最终源泉。所与的存在及其认识论地位处于各种各样感觉材料理论的核心。[①] 就张东荪来说，他对"什么是所与？"这一问题虽没有系统的论述，但在文本中有着多处不同的表达，除却语言上的混乱外，我们看看他有没有提出什么新的解释。

[①] 尼古拉斯·布宁、余纪元编著：《西方哲学英汉对照辞典》，北京：人民出版社，2001年，第413页。

一、所与与感觉

张东荪对"所与"的多种解释。在较早的表述中张东荪认为"感相就是所与",他说:"在认识的多元论看来,感相虽是'所与',而却不表示外物。其本身并非在外界的'存在者'(the existent)。但亦非存在于心内。他是一个中间物,而不存在于世界上。这正和所谓'幻相'(illusion),在性质上差不多。我们常人看花是红的,而色盲的人看去是紫的。"[①] 这里需要说明的是,"所与不表示外物"意思为所与不等同于外物,张东荪将其视为一个中间物,所以不是外在存在者,自然在他看来"所与也不存在于心内",此意为"所与"并非仅仅为心所造,而是一个处于"内界、外界"之间的中间物,在此意义上他说"所与""不存在与世界上"。他举德莱克(D. Drake, *Mind and its Place in Nature*)一书中的例子,说一块红绿相间的格子布,你若稍远些看去,必见是一块紫色的布。这就是说红绿两色在相当的距离下可变为紫色。我们又安知其他种色不是这样变成的呢?所以,他说所有的其他亦和这个一样都不是真有这个东西;而都是由我们生出来的。须知既然产生于内地并不是外界所有的,则我们便可以说感觉既不是外物的写照,又不是外物的翻译,乃竟好像有几分无中生有的样子。这里张东荪触及了一个很典型的认识论问题,那就是既然所与是"无中生有"的、是造作出来的中间物,而且不同主体之间所造作的"中间物"又如何有共同性呢?金岳霖先生的"所与理论"对此问题的回答是通过"正觉中心说"来解决此困境的,但张东荪似乎并没有对此"所与"的公共性问题给予解答。

牵涉到感觉材料的公共性,另外一个更典型的例子是艾耶尔在《知识问题》一书中举麦克白的例子,他说在一种非常明显的意义上说麦克

---

① 张东荪:《认识论》,上海:世界书局,1934年,第47页。

白的确没有看见匕首，因为有充分的理由说明事实上根本就没有匕首在他眼前；然而，在另一种意义上，我们也可以说他确实看见了一把匕首是有道理的，因为他说看见了匕首是描述他的知觉经验的一种很自然的方式。作为幻觉，我们可以说，他看见的不是一个独立存在的物理客体，但作为他的个体经验来说，形似匕首的感觉材料是出现他的经验中了，这与有匕首在我们面前我们说看见了的方式并无两样。在这个例子中，感觉材料的公共性问题被明白地凸显出来了。张东荪对于"所与"的公共性问题，没有专门论述，但是他意识到"所与"的"个体性"则是无疑的。

与"感相就是所与"相比，张东荪又说："所与于我们的不是内容而是条理（即秩序）。再详言之，我们的感觉内容不是所与，而感觉所以变化之故却是所与。"① 这里张提出了"所与"的另种表达，所与不再是"感觉内容"而是"感觉所以变化之故"，所与究竟是"感觉内容"还是"感觉变化之故"，这个问题在张东荪文本里有着多种不同的表达。在《认识论》中他又说："从无如实的所与，凡是所与必是夹杂着我们的心理态度，于是最显明的是所谓'旧痕的所与'。"② 在此他说从无如实的所与，意思为所与不等同于"外在者"，因为任何的"所与"都伴随有"唤旧与预期"的心理因素，他说"从无如实的所与"，似乎他将"所与"看为感觉的外在刺激者而不是感觉内容本身，也正如以上所说"所与"是"感觉变化之故"。

在《多元认识论重述》一文中论及"感觉"时他说："我在前作上曾说明感觉是一种'不存在'的东西。这就是说感觉既不属于'心的'（mental）又不属于'物的'（physical）的东西。不属于心一层是因为其由外而授与，非心所能左右，对于心却有强迫力。即唯心论者的柏克莱（Berkeley）亦承认之。至于说不属于物并不是说感觉在外界无相应

---

① 张东荪：《认识论》，上海：世界书局，1934年，第49页。
② 张东荪：《认识论》，上海：世界书局，1934年，第109页。

者。乃只是说虽有外物 X 与之相应,然此物与感觉却非同一。所以感觉是个上不在天,下不在田的中间东西。这个中间东西其本身是没有'存在的'(existent)。因此名之曰'不存在者'(the non-existent)。"①从这段话我很可以看出对感觉到描述正是对"所与"的界定,在这里似乎张东荪将"所与"与"感觉"视为同义,但是在同一文本中,张东荪又说:"须知这个外在根由与感觉(可名为感相 sensa)都是'所与'(given)。不过种类不同罢了。因此我又名感相为'显现的所与'(apparent given),而名这个外在根由为'潜伏的所与'(subsistent given)。须知感相本身是不存在者,故可称之为显现的;而外在根由则是比较硬性的,不过是伏在背后罢了"②。

在这里张东荪所说的"外在根由"就是感觉变化之故,就是"外在者",与不存在的"感觉"相比它是"存在者",但伏在"感相"的背后,在这里我们可以看出,张东荪对"所与"定义的多义性,第一是"感觉材料"或"直接的感觉内容",他称之为"显现的所与",而另一种是"外在根由",是"感觉内容变化"的外在根据,他称之为"潜伏的所与"。就"所与"的传统定义来说,此种视"所与"的外在根据为"所与"本身,似乎是难以成立的。因为"所与"(given)本身就有"给予"、"显现"的意思,而由此可以区别"给予"的来源,也即"所与"变化之故。

二、所与为交界的造成者

"所与与造成者是对待名词"。在《知识与文化》一书中,张东荪对"所与"又有了更明确的说法,与《认识论》中他将"所与"定位

---

① 胡适、蔡元培、王云五编辑:《张菊生先生七十生日纪念论文集》,上海:商务印书馆,1937 年,第 117—118 页。
② 胡适、蔡元培、王云五编辑:《张菊生先生七十生日纪念论文集》,上海:商务印书馆,1937 年,第 122 页。

为"造成者"或"非存在者"相比，此时他将"所与"视为"造成者"的对待名词出现，他说："但知识虽是造成者，却不是凭空而造，必有所依据，有所取材。此即通常所谓'所与'。不过此字亦颇有歧义。有人以为感觉就是所与，其实就感觉本身讲，感觉不是所与。因为'所与'与'造成者'是对待名词。在感觉与外在的刺激之关系上，外在的刺激是所与，而感觉是造成者。在感觉与知觉之关系上，感觉是所与而知觉是造成者。在知觉与概念之关系上，知觉是所与而概念是造成者。现在我要唤起注意的是：没有一种知识，其背后是没有所与的。如没有所与即不能成为知识，乃变为'幻相'了。"① 这里我们可以看出，张东荪先生对"所与"的定义明显发生了变化，他融合了视"感觉是所与"与"感觉变化之故也是所与"的前期说法，并且将"所与"视为"造成者"的对待名词，此时"外界刺激"、"感觉"、"知觉"都可以作为"所与"但都不是单独作为"所与"，而是在相对于对应的"造成者"而是"所与"。

此处的问题是，第一，"外界刺激"与感觉能否分清，如上章我们所说，作为真的外在者，我们是无法得知的，但作为外界的刺激我们可以得知，因为那就是感觉，但张东荪将"外在刺激"与"感觉"分开认为是两个东西，是否合适？著者认为，此种区分是不合理的，因为离开"感觉"无所谓"刺激"，单独的"外在者"又无所谓"刺激"。第二，如果说"所与与造成者是对待名词"，那么我们可以看出"感觉"、"知觉"在张东荪文本中都是作为"造成者"出现的，但它们又是不同层次上的"所与"，这样"造成者"与"所与"便无法对待，所对待的只是"造成者"之间的关系。在《知识与文化》结论中，张又说："感觉本身只是混合，即由混合而成的单简化，且又投射于外，便就是客观化。而其背后的刺激便是'所与'，此所与足以决定感觉内容"②，这样

---

① 张东荪：《知识与文化》，上海：商务印书馆，1946年，第34页。
② 张东荪：《知识与文化》，上海：商务印书馆，1946年，第141页。

的说法，著者认为是错误的，感觉材料是所与而感觉材料之外在来源自身无法得知，也无所谓是不是所与。所以，本著者依然坚持"所与"的传统界定，认为"感觉材料"或"感觉内容"便是所与，但"感觉内容"不是简单对外界的"摹写"，而是"内界与外界"共同构造的产物，因此说："所与"是"造成者"，并且是沟通内界与外界的中介。

但问题是，"所与"作为"感觉材料"，而"感觉材料"又是个体性的，如何用一种不具有"公共性"的"感觉材料"来作为认识论的依据并沟通内界与外界而达成认识呢？换句话说，"所与"是不是如塞拉斯所认为的是"非概念性质"的？"所与"是神话吗？又在何种意义上说"所与"不是神话？这将是下节要讨论的主要问题。

第二节 所与是神话吗？

一、为何说所与是神话？

塞拉斯对"所与神话"的提出。所与是一种神话，这是塞拉斯在他闻名遐迩的长篇论文《经验论与心灵哲学》中提出来的。在他看来，在认识论中，具有非概念性质的所与完全没有存在的可能。那些诉诸所与作为心灵和外在事物之间的中介物的理论，不过是在创造一个认识论上的神话。在这个神话中，所与具有神秘的能力，既可以是外部实在给予感官感觉的准确表象，又可以是为心灵所能够直接认识的。然而在塞拉斯看来，思想的空间，也就是他所谓的"理由的逻辑空间"，是独特的，其中的信念之间构成相互支持从而得以证实的理性系统。这与纯粹自然的以因果律为特征的逻辑空间有显著的不同。在思想的空间中，没有非概念性质的所与的任何地位，而能够起到认识论作用的都是具有概念性质的信念内容。在这个意义上，那种认为非概念性的所与可以具有实质性的认识论的基础作用的知识理论,不过是一个哲学神话,即他所谓的"所与神话"。

在塞拉斯看来,在知识论上诉诸所与或感觉材料的帮助的那些哲学家,一般会认为感官感觉是直接得到知识的一种形式,即非推理地知道,而所感觉的又是殊相。但是这在他看来却会产生以下的二难困境:(a) 感觉到的是殊相。而感觉不是知道(认识论意义的)。(这样)感觉材料的存在从逻辑上并不蕴含知识的存在。或者,(b) 感觉是一种知道的形式。被感觉到的是事实而不是殊相。在第一种情况下,我们感觉到的只是个别的、特殊的东西,还不是关于这些东西的知识。即使得到了所与或感觉材料,还不能说可以形成知识,因为这是"非认识"的。在第二种情况下,如果我们认为感觉可以是形成知识的方式之一,那么我们感觉到的就不会是殊相,而是关于事物的事实,正是通过具有概念性的或有条理秩序的事实,我们有了关于外部事物的知识。但是这样一来就没有什么所与或感觉材料了。这两种情况不能兼有,并穷尽了感觉材料理论家所可能处于的境况。而他们不论在哪一种情况下,都对他们持有所与或感觉材料的观念不利。这是塞拉斯所刻画的所与的基本困境。①

塞拉斯提出两种逻辑空间的说法。他认为关于事物是怎样的,我们有两种不同的理解模式,其一是指一种有关事物本身的状态描述,如自然科学的定律所刻画的那种经验描述,或者叫做"自然的逻辑空间",其本质是自然科学的规律起作用的那种形式;另一种是知识概念,即对事物的状态进行断定或主张,从而形成命题内容和命题倾向,也叫做"理由的逻辑空间",其本质是规范性的。邵明博士在其博论《金岳霖所与理论研究》中认为,"塞拉斯对所与或感觉材料的锐利批判在这里开始露出了致命的缺陷。那就是,这两种逻辑空间的区分,完全是不恰

---

① 此处对塞拉斯"所与"困境的描述,我引用了邵明:《金岳霖所与理论研究》,博士论文,未刊稿,第141页。

当的"①。

邵明博士分析道，类似于笛卡儿认为心灵的内在世界具有根本不同于外部物质世界的特性，塞拉斯主张理由的逻辑空间是独特的，完全不同于外在的科学规律起作用的空间。正是在这样的逻辑空间中，理性起着主动性的"立法"作用，即意向性的命题倾向。这是套用康德的术语，不过这不是偶然的，因为塞拉斯的确在某种意义上继承了康德的相关思想。那就是，在理性的逻辑空间中，理性必然地对自然的事物作出命题性主张或断定。这样一来，所谓的感觉材料语言没有根本的认识论地位，不过是在理性的逻辑空间中，对自然事物状况如何这一点，作出感觉者的主张或断定而已，或者，在没有充分根据的情况下，抑止或保留这种主张或断定。因为只有在理由的逻辑空间当中，在感觉者对事物状况有所主张或断定的情况下，才可以说其所主张或断定的命题内容是有认识论意义的，否则，就是没有认识论意义的。在这个意义上，塞拉斯认为感觉材料语言必然地处于那样一种认识论二难困境，以至于我们完全可以抛弃这种语言，因为它们根本没有任何认识论价值，不过是一种"自然主义谬误"而已。

很明显，这是一种典型的柏拉图主义式的教条。笛卡儿的二元论也同样具有这种形式，那是在反对托马斯的亚里士多德主义中有相当作用的。我们这里不去评述柏拉图、亚里士多德、托马斯和笛卡儿的理论的是非曲直，我们仅仅看看塞拉斯的两个逻辑空间的区分有什么理论上的问题。在塞拉斯看来，这两个逻辑空间是截然不同的。由此，他又认为，感觉与思想当然也是不同的，因为从任何经验的证据都可以了解到，感觉不是思想。这在有感觉能力的任何动物或人类的婴儿时期的表现上都可以得到证明。而那些强调感觉内容的经验论者就是把感觉内容也看做进入了思想的范围，因而具有认识论性质和作用。这是他所称的自然主义谬误。而之所以有这样的谬误，在于这两个逻辑空间的根本不

---

① 邵明：《金岳霖所与理论研究》，博士论文，未刊稿，第148页。

同的性质，一个具有认识论性质，另一个不具有认识论性质。而在这两个空间之间的沟通，于是就成了问题。对自然事物的经验描述不具有认识论意义，因为它在那个科学规律起作用的自然的逻辑空间中。而只有当知识者有所主张或断定时，这样的命题内容才能成为有认识论意义的，因为它这时进入了理由的逻辑空间之中。我们可以看到，这样的划分是过于狭隘的。塞拉斯把理性或理由的逻辑空间限制到了演绎、归纳和证实的那种概念间的联结，即只有在概念联结的判断中才能提供理由，而这不包括单独的概念本身。在他看来，对概念间的联结当然是只有在理性的作用下才有可能，而单独的概念本身却可以不需要理性的作用。这样，当感觉活动发生时，感觉者对所感觉到的那种感知分类实际上就只是经验的描述，只能形成单独的概念本身，而没有进行任何概念的联结。因此，在这个意义上，塞拉斯是不认为它具有认识论意义的。但在邵明博士看来，单独概念本身的应用也算是理性能力的运用，而且他认为金岳霖的所与理论对此也是持肯定态度的。①

涉及金岳霖先生的所与理论，胡军教授在《道与真》一书中也谈到了"所与神话"问题。与邵明博士对金岳霖先生的辩护态度不同，胡军先生则下结论道："总之，我们认为，不管是金岳霖的所与理论，还是哲学史上的其他哲学家的所与理论，都是难以自圆其说的。所以，所与是神话这一结论应该是正确的。"② 同是研究金岳霖的所与理论，而邵明博士的结论则是："从以上的归纳我们可以看出，简单地来说，塞拉斯所批判的感觉材料理论，也是金岳霖所批判的唯主学说，即从主观者或此时此地的官觉现象出发的理论。而塞拉斯所主张的两个逻辑空间的区分，却不是金岳霖所主张的，甚至还是金岳霖所批判的。塞拉斯在两个逻辑空间的区分的基础上，还认为经验知识是一个推理的相互支持的理由之网。对此，金岳霖是可以同意的。但是，如果从其中得出

---

① 对塞拉斯"两个逻辑空间"的描述，限于自己学力，我引用了邵明兄的看法，在此致谢。

② 胡军：《道与真——金岳霖哲学思想研究》，北京：人民出版社，2002年，第227页。

经验知识本质上就是一个融贯的系统，而没有经验基础，那么，金岳霖当然是不会同意的。其理由我们后面再讨论。总之，金岳霖的所与理论不仅没有被塞拉斯所驳倒，不是塞拉斯所说的那种意义上的神话。反而恰恰相反，塞拉斯概念论的融贯理论似乎还在金岳霖的批判范围之内。"①

遗憾的是邵明博士没有对胡军教授的观点展开讨论。就其论证路径上来看，胡军教授对塞拉斯的理论并无多少论述，只是引证了"所与神话"一说，他的论证立足点是在"所与"或者说"感觉材料"的公共性上以及感觉材料与外物的关系上。金岳霖先生认为："客观的呈现即是所与"，而"所与又是外物的一部分"，这在胡军教授看来是不可接受的，他说"贝克莱、休谟、康德、罗素等人认为感觉内容和外物之间存在着一条不可逾越的鸿沟，人不能越出自己的感觉经验的范围而达到外物。金岳霖不同意上述诸人的哲学立场，他忽视了外物和感觉内容之间的种种差异，走向了另一极端，重犯了素朴实在主义者曾经犯过的错误。就此而论，金岳霖的知识论，尤其是他的感觉论，事实上并未达到康德、罗素等人的知识论的理论水平。"② 这样的评价应该说是很低的，与邵明博士那种高扬的维护态度恰形成了鲜明的对比。

简单就感觉与外物之分别来看，金岳霖先生说"所与即是外物的一部分"似乎显得是一种倒退，因为无论如何我们看到面前的桌子，不是将桌子放进眼睛或是脑子，而只是对桌子"感觉材料"的感知而已，再比如望天上的太阳，即便银河系出故障或是世界末日到了，太阳消失了，我们依然会在未来约八分钟内看到太阳的存在，这都可以明显地反驳"所与"是外物之一部分的说法，而且这还不牵涉"正觉"、"非正觉"的问题，如果说麦克白看见墙上本没有的匕首是一种幻觉的话，那么对任何正觉情形下的人来说，即便太阳消失了我们依然能短时间内看

---

① 邵明：《金岳霖所与理论研究》，博士论文，未刊稿，第153—154页。
② 胡军：《道与真——金岳霖哲学思想研究》，北京：人民出版社，2002年，第176页。

到太阳的存在。

但是，金岳霖先生的所与理论以及他对"外物"的界定是不是就如此浅薄与素朴呢？胡军教授认为是这样的，他对西方历史上的许多哲学家和科学家都认为感觉内容和外物并不是同一的进行了梳理，比如伽利略、洛克、牛顿、怀特海等对物质第一性质、第二性质等学说进行了评述。其中引述怀特海在其名著《科学与近代世界》一书中的说法道："物体被认为具有某种性质，其实这种性质并不属于它们自身，而纯粹是心灵的产物。在这种情况下，自然便有了一种功绩。其实这种功绩应当是属于我们自己的。如玫瑰花的香气、夜莺的歌声、太阳的光芒等，都是这样。诗人们都把事情看错了。他们的抒情诗应当不对着自然写，而要对着自己写。他们应当把这些诗变成对人类超绝心灵的歌颂。自然界是枯燥无味的，既没有声音，也没有香气，也没有颜色，只有质料在毫无意义地和永远不停地互相碰撞着。"① 其实，自然也无所谓"枯燥无味"也无所谓"永远"和"互相碰撞"，这些依然是人为的赋予，就认识论来说，离却人心是无所谓自然如何如何的，说外物和自然如何如何便是一种认识，我在上面说过作为"自然本身"是一种"物自体"，我们既不能说它是什么又不能说它不是什么，我们所能知道的就是不知道它是什么也不知道它不是什么。

回到胡军教授对金岳霖所与理论的批评上来，他说："以上的历史回顾表明，承认感觉内容和外物有差异，是历史上许多杰出的科学家和哲学家的一脉相承的思想传统，而现代的科学又有力地支持着这样的看法。金岳霖的感觉内容和外物的同一说，无论从哲学史还是从自然科学理论都是找不到根据的。所以，他的'正觉说'缺乏历史的和理论的基础，他没有能够真正地解决人类是究竟如何通过感觉经验去认识外在世界这一知识论的最重要的任务。"② 也正是在此意义上胡军承认"所

---

① 转引自胡军：《道与真——金岳霖哲学思想研究》，北京：人民出版社，2002年，第189—190页.

② 胡军：《道与真——金岳霖哲学思想研究》，北京：人民出版社，2002年，第190页。

与神话",他说:"以上全部分析过程,表明金岳霖的感觉内容和外物同一说否认了感觉内容和外物的区别是不正确的。因为同样的理由,金岳霖的所与理论也是不能自圆其说的"①。

其实胡军对金岳霖的总体评价是相当高的,认为他是中国现代哲学史上知识论体系的开拓者,认为他的《知识论》一书"真正能够填补中国现代哲学中知识论领域空白"②,但在对金岳霖先生的具体论述上则批评甚烈,而且评价是相当低,看完全书再看总体评价似乎二者显得有些迥异,但是此种批判式的研究方法却很值得借鉴,因为他的结论并不一定就代表金岳霖先生的原意,但此种对"所与理论"的过低评价,在胡军的《知识论》中依然保持着,在第六章《论所与》中胡军说:"上面的具体分析表明,金岳霖的正觉说难以自圆其说,充满着一定的困难。如果他的正觉理论站不住脚的话,那么这一理论当然也不能保证我们通过它们一定能够感觉内容与外物直接地结合在一起。"③ 并且胡军对现代哲学中石里克、奎顿、刘易斯等基础主义理论倡导者的所与理论,同样持批判态度,认为:"对他们理论的检查和批评表明,基本陈述、经验直观、基本信念、所与等都不能够用来证实其他的信念,而自身却不需要证实。所以,传统的基础主义理论在理论上似乎已经走入了一条死胡同。"④ 对于刘易斯等人的批评涉及证实理论中的"无限回溯"问题,对此问题本书暂不讨论,就所与理论来看,胡军认为它能直接沟通外物或说就是"外物的一部分",这无论如何也是难以"自圆其说"的。所以,他说"所与是神话这一结论应该是正确的"。

那么所与真就是神话吗?与胡军认为金岳霖先生的"所与"理论是一种倒退和邵明兄认为金先生的"所与"理论非但不是塞拉斯意义上的神话并高明于塞拉斯相比,我认为他们对金岳霖先生的"所与理

---

① 胡军:《道与真——金岳霖哲学思想研究》,北京:人民出版社,2002年,第198页。
② 胡军:《知识论》,北京:北京大学出版社,2006年,第355页。
③ 胡军:《知识论》,北京:北京大学出版社,2006年,第203页。
④ 胡军:《知识论》,北京:北京大学出版社,2006年,第203页。

论"都有程度不同的误解，误解的关键是他们没有意识到，金岳霖先生对"外物"的特殊界定上，金先生说"所与是外物的一部分"此处的外物并不是贝克莱、洛克、怀特海意义上的"外物"而是"官觉外物"，所以胡军用怀特海意义上的外物来反驳金岳霖的所与理论说他无视感觉材料与外物之间的鸿沟是文不对题的，同样邵明兄没有看到金先生对"官觉外物"的独特界定就认为"所与就是外物的一部分"二者之间不需要任何中介，那更是一种独断。我认为金先生的"官觉外物"一说对于解答感觉经验认识"外在世界"这一知识论之重要任务提供了一个很好的启示，在此意义上说所与不是神话，以下是详细分析。

二、何种意义上说所与不是神话？

英国哲学家 H. 普赖斯（H. Price）在其名著《论知觉》一书中提到当我看见一个西红柿时，我可以怀疑这一点。我可以怀疑我看到的是不是西红柿，而是经过精心描绘的蜡块。我甚至可以怀疑那里是否有任何物质性的东西。或许可能我认为是西红柿的东西事实上只是个投影，或者我所有的只是个幻觉。虽然如此，但是有一件事我是不能怀疑的，即有一片红色的圆的凸出的形状在其他的背景中反衬出来，它有一定的视觉深度。这一切都直接呈现在我的眼前。这一片红色是否是物理客体，或是否是实质性的东西，是令人怀疑的问题。在我意识到它之前或之后，它是否存在过片刻，其他的人是否也像我一样地意识到，也是颇值得怀疑的。但是，它现在存在着，而且我意识到它，这是不容置疑的。

在这个例子中，普赖斯给出了一个对"感觉材料"无可置疑性的很好的说明，我们往往看到"感觉"的多变性、灵活性，甚至将它视为一种幻觉的可能性，但是，却忽视了"感觉"的硬性和"不得不"性。比如我们看到"白雪"，对于正常人来说（注意认识论范围内对理性主体有一种默认是健全的成人并且有正常的官觉,这也是金岳霖提出"正觉说"作为认识论前提的缘由,我们研究知识论,对于认识主体我们不是指婴儿、不是盲人、不是精神不正常者,这是作为潜在前提而存在的),我们只能看到"白雪",换句话说,我们想看成"红"的或"黑"的都不可能,这便是我要说的"感觉材料"的硬性特征。但是,还有一个问题,即便说对于一个健全理性的认识主体来说,你无能力将白雪看成红雪,但也只是你个人的独自经验,感觉材料是属于个体的,那么如何又能进入认识论领域呢?其实就"感觉材料"或"所与"的硬性特征来说就意味着对一个官觉类而言,存在着某种共同性的东西存在了,此问题下面再谈。我们先看一下胡军教授谈及感觉材料公共性特征时的解决办法。

胡军分析:

> 感觉内容或感觉材料是私人的、不能共享的,我的就是我的,你的就是你的。如水在口,冷暖自知。而认识要达到的知识却是共同的。所以,似乎很难用感觉材料来构成科学的知识。但是,我们能否从某一方面找到感觉材料的公共性特征呢?显然,感觉材料本身不是公共的。但是一类感觉者的社会心理结构及感觉到生理机制却是大致相同的,因此同类的感觉者一般说来具有相似的感知结构或共同的感觉规律。而对这种共同的感知结构或感觉规律的描述可以构成共同的、科学的知识。根据这一原理,我们可以推断,同类的感觉者在同一对象面前可能做出在多大程度上是共同的感知反应。所以,尽管感觉内容是私人的、特殊的,但我们却可以凭借共同的感知结构和共同的感觉规律去对它们进行科学的描述。把这种描述中的共同的东西保存下来,不同的东西则暂时搁置一旁,因为它们很可能是私人的。由于同类的感觉者的感知结构和感觉规律如此相同,以至于我们有很充分的理由,借此构造出同类感觉者的感性认识的共同模式。一旦这种共同的模式构造完毕,我们就有把握

确认在同一对象刺激下，同类的感觉者对之会产生大致相似的反应。这种大致相似的反应是形成知识的感性基础。①

此种从看似"特殊感觉材料"的所与中通过类的相同来寻求其中共同结构的方法很可以看出胡军的见地，表面上看来属于私人的"感觉材料"，其实在认识时（不是仅仅个人体会）除却胡军说的共同的感知结构和共同的感知规律外，还有语言、逻辑、范畴运用其中，而这些都不是"私人"的、"特殊"的，而是共同的、具有公共性的，即便是个人的体会，如水在口，冷暖自知，其中的"冷暖"也有语言夹杂其中，除非是如"印度狼孩"的特殊例子，对于任何有过语言训练的人来说，即便是个人的感觉也是通过语言来表达的（有声或无声），而语言正是具有"交通性"和化特殊为一般的主要人类认识工具。所以说"感觉材料"或"所与"是私人的、特殊的，本身就不能成立，因为没有看到"所与"显现中暗含的语言、逻辑、范畴的共性因素，还有作为同一官觉类共同的感知结构。除却认识主体自身生理的或文化的共同因素外，我们面对的"外物"也具有共同性，这便是金岳霖先生所说的"官觉外物"。

金岳霖先生在他那部饱经沧桑的《知识论》一书中说"客观的呈现为所与"，"所与就是外物或外物的一部分"，② 由于金先生认为通过所与可以认识外物，这还引来张耀南先生的耻笑，认为这只是在玩文字游戏或绕圈子而已，而胡军则认为，作为感觉内容的所与如何能就是"外物"的一部分呢？从表面上看，或从传统对"外物"的界定上，认为是与认识主体相对的"外在者"，如同牛顿所说光线无所谓颜色，如同怀特海所说外在自然界无所谓香气、声音或颜色，诗人的抒情诗应对着自己写，那都是人类心灵的造作，但是我说过金岳霖先生的"外物"

---

① 胡军：《道与真——金岳霖哲学思想研究》，北京：人民出版社，2002年，第197页。
② 金岳霖：《知识论》，北京：中国人民大学出版社，2010年，第90页。

不是怀特海意义上的"外物"，而是与"官觉类"相对的"官觉外物"。而且他所说的"客观"是针对"官觉类"来说的，金在"我们现在可以说明何谓客观"一节中说道，"如果甲觉中的甲 m 对于 X 所得的呈现是类型的呈现，则此呈现为客观的"，"所谓客观就是类观"，① 而且他认为同种中不同的官能个体对于一外物常常得不同的呈现，呈现可以不同而仍一致。

另外，金岳霖先生的"正觉"说也饱受争议，因为他说"正常的官能者在官能活动中正常地官能到外物或外物底一部分即为正觉"②，其中"正常"一词便被认为无法判定，因为你说一个人不正常或许有明显的证据，但你说一个人"正常"反而更难证明，不过金岳霖对正常的定义也是针对"类型说的"，他说："所谓正常就是具有类型。正常的官能者，就是具有所属类底类型的官能者。"③ 在理清"客观"、"正常"等含义后，我们看金岳霖对所与的界定，他说："我们称正觉底呈现为'所与'，以别于其他官能活动底呈现。所与就是外物或外物底一部分。所与有两方面的位置，它是内容，同时也是对象；就内容说，它是呈现，就对象说，它是具有对象性的外物或外物底一部分。内容和对象在正觉底所与上合一；在别的活动上这二者不必能够合一。例如我想象在伦敦底朋友时，内容是一件事，对象是另一件事。就所与是内容说，它是随官能活动而来，随官能活动而去的；就所与是外物说，它是独立于官能活动而存在的。大致说来，所与不是一整个外物而只是一外物底一部分。这一点前此已经提及。但是我们要注意所与虽然只是外物底部分，然而它仍是独立存在的外物。"④ 这里便明确提出了胡军教授所认为所与不可能是外物的一部分的表述，但是我们要弄清金岳霖先生对"外物"的特殊界定，方会明白，他所说的"所与是外物或外

---

① 金岳霖：《知识论》，北京：中国人民大学出版社，2010 年，第 108 页。
② 金岳霖：《知识论》，北京：中国人民大学出版社，2010 年，第 92 页。
③ 金岳霖：《知识论》，北京：中国人民大学出版社，2010 年，第 94 页。
④ 金岳霖：《知识论》，北京：中国人民大学出版社，2010 年，第 96 页。

物底一部分"是在何种意义上说的。

在"外物这一概念所发生的困难"一节中，金岳霖将外物分为三类："科学的外物"、"本质的外物"与"官觉的外物"。他说：

> 我们在这里要提出三个不同的用法。一是科学的外物。这样的外物颇不易表示。假如我们说"这张桌子只是一大堆的电子、波子而已，看起来这本书是摆在桌子上，其实它们是一堆电子、原子往下压，另一堆电子、原子往上迎……"这样的话，我们所谓"实"也许就是所谓科学的外物。我们可引用科学所发现的原理或自然律，把普通所谓东西或事体分析到构成它们底因素，这因素就是科学底外物。有些人也许在电子、原子上打住，有些也许还要分析下去。如果我们引用后一办法，则科学的外物就是不再分析下去的成分。二是本质的外物。这是把外物当做一种本质看待。这看法一方面非常之自然，另一方面非常之奇怪。它认为外物可以单独地存在，单独地有某某属性。这里所谈的单独不是前此所谈的独立。前此所谓独立是就知识者或官觉者而说的，这里所谓单独是就整个的环境而说的。说外物单独地存在是说它不靠环境而存在，说它单独地有某某属性是说它不靠背景而有某某属性。三是官觉的外物。这是官觉所显示的外物。这样的外物虽独立于知识者或官觉者，然而不独立于前此所谓关系网。以后要提出内在和外在关系底分别，现在不讨论。所谓不独立于关系网就是说如果一外物有某某性质，它一定有某某内在关系网以为背景，无此内在关系网以为背景，它不至于有某某性质。如此说法的外物没有单独地如何如何底问题。说它如何如何是一句省事而求简单的话；要详细地说就得把背景表示出来。外物也许还有别的大同小异的说法，但是我们提出这三个说法已经可以表示我们底主要思想。如果我们所谓外物是第一第二两用法的外物，则错觉和野觉给实在主义的困难似乎无法克服。如果所谓外物是第三用法的外物，错觉和野觉底困难一定还有，但是或

许不至于无法应付。①

这段话如金岳霖所说很可以代表他的"主要思想",所以著者将整个段落引出。我们可以看出,上面所说怀特海意义上的"外物"其实指的是金岳霖所分类中的第二类"本质的外物",金岳霖也看到说它有某某性质而不靠背景不相对于官觉者是"非常之奇怪"的,这种说法正如同怀特海说诗人的抒情诗不应对着自然写而应对着人类自己写是一个道理,但金岳霖所说"所与是外物的一部分"其中的外物则不是"本质的外物"也不是"科学的外物",而正是相对于官觉者的"官觉外物"。金在"所与就是外物或外物底一部分"一节的解释中说:"所与既就是外物,这外物也是相对于官觉类的……外物既与官觉类相对,则单就与类相对说,这相对性是普遍的……如此说法的外物,当然是前此所说的官觉的外物……我们在这里不注重这些不同的外物底分别,只注重官觉中所呈现的外物是官觉的外物。"② 在"肯定正觉之有"一节中又说:"肯定有正觉也肯定有外物。这当然牵涉到外物是如何样的东西。前此已经提到本书所谓外物是官觉外物,是与官觉类相对的外物,不是本质的外物,或科学的外物,或本书以后所要谈到的本然的外物。"③

可以确定,金岳霖所与理论中的"外物"指的是"官觉外物",那么"官觉外物"有什么特征呢?

第一,"是官觉所显示的外物",这句话很值得注意,它不是科学视野下的原子、电子,也不是洛克、怀特海认可或反对其有性质的"本质的外物",而是"显示在官觉"中的,我们可以回顾一下本章首页所引用的贝克莱在的话"观念只能与观念相似",那么官觉内容只能与官觉外物相对,它所认识也只能是官觉外物;自然,科学外物借助先进之仪器也可以把电子、波子带入"官觉外物"的范围内,但是"本质的

---

① 金岳霖:《知识论》,北京:中国人民大学出版社,2010年,第87页。
② 金岳霖:《知识论》,北京:中国人民大学出版社,2010年,第91页。
③ 金岳霖:《知识论》,北京:中国人民大学出版社,2010年,第102页。

外物"永远无法与官觉相对,任何对他的描述都是想象式的、猜测式的,而且依据多来自对"官觉外物"的认知的移用,而不可能来自"本质的外物","本质的外物"正是康德意义上的"物自体"是不可知的。胡军教授看到说所与作为感觉内容与外物是有不可弥合的鸿沟的,正是在此种意义上说可以成立的,所与无法打通本质的外物,也不可能是"本质的外物"的一部分,但是他对金岳霖的批评则是错误的,因为金岳霖的"外物"是"官觉外物",这正是官觉所显示的,并且可以作为官觉内容的"外物",在此意义上才说"所与是外物或外物的一部分",所与作为客观的呈现与官觉所显示的外物并没有性质的不同,所以是贝克莱所说的"相似",二者是同质的,都具有观念性。

但是观念性的个体性或无公共性问题有无办法在"官觉外物"中得到解决呢?这便涉及"官觉外物"的第二个特征:"是与官觉类相对的外物","类"一概念是理解金岳霖知识论的核心词汇,注意金岳霖对"官觉类"和"官觉者"的区分,前者指的是"类"(需要说的是在金笔下官觉类不限于人类,人类只是其中之一之官觉类),而"官觉者"或"知识者"指的是认识个体,或者用金的话说便是正常的官觉个体,官觉外物是独立于"知识者或官觉者"但是却与"官觉类"相对。"独立于官觉者"便保证了认识的公共性,举个例子,中国人和英国人对兰花有不同的看法,同一兰花对他们有着不同的意味。此种意味就是认识的社会性,而对于知识来说,兰花是一样的,不同的只是认识的意味。在金看来,若说连兰花也是不同的,那么根本便无知识可言。不同的人,只要是正常的人都有"看",尽管可以有不同的"见",见是有社会性的,而"看"只是一种官能,在抛开所有的"见"的结果,我们正要分析"看"是如何产生的,这便是"知识"之理。

再比如上面所说的"白雪"一例,对于任何一个官觉者来说,或许对其命名不同、意味不同,但是在此类官觉者背景下,你无法随意将它看成"红"的或"黑"的,因为作为官觉外物的"白雪"独立于个体官觉者,个体官觉者没有左右或变更的能力,因为作为"官觉外物"

的"白雪"是相对于官觉类的，这样的呈现便是"客观"的，因为与官觉类相关的作为背景的"关系网"是客观的。说官觉外物独立于官觉者是可以的，但说它独立于官觉类则是错误的，或者说它独立于某一官觉类可以，说它独立于所有官觉类，那么此外物已不再是"官觉外物"而是"本质的外物"了，那已进入不可知领域，不是认识范围内的对象了。

由此再来看感觉与外物。谈感觉内容与外物的一致性也就意味着对"感觉内容"和"外物"的界定中二者是不同质的，在此语境下，贝克莱的说法"观念与观念才是相似的"便特别令人信服，与此同时，我们也人为地给认识者与认识对象之间立了一个难以填平的鸿沟。这就好比首先定义甲和乙是不同质的，然后我们再想尽一切办法去弥合此种先天难以弥合的裂缝。问题出在我们提问前对语词的界定上。当我们说感觉内容时我们确实是指的感觉内容，但是就感觉内容来说也不都是主观随意的，在感觉内容中也有"不得不"在，通常的哲学家只是看到了主观中随意的成分。就个人来说，我们可以想象、臆测甚至构造种种离奇的对象，或者是望梅止渴或者是画饼充饥，甚至为自己立个偶像出来，这都是可以的，别人也无法干涉。但是就作为人类认识范围下的人来说，又有着符合类型的、个人"不得不"的成分，比如，看到一个红苹果，颜色依照约定俗成可以叫大红或鲜红甚至是黑红，这些都不影响一个个体在看时所形成的"红"的感觉材料，在这里作为一个正常的官觉者（正常难以定义，但是从常识讲也不难区别）你只能看成"红"，在此种意义上，我说这里的官觉内容是主观的，同时也是不得不的，所以是"客观"的。

那么在说感觉内容与"外物"一致时，这里的"外物"便不是物理客体（本质的外物），而是作为认识对象的"官觉外物"。换言之，这里的官觉外物，就官觉类来说是一种客观呈现，它就是官觉内容，用贝克莱的话说它就是一种"观念"；但是此种"观念"是客观的，此官觉内容是类型化的，所以说它是独立的，也正由于此才说个体主观感觉时的"不得不";同样也只有在此意义上才可以说"感觉材料与外物是一致"的,否则的话,观念与物理客体永远也无法弥合,而认识不可能脱离经验或观念,而人对外物的处理方式也不可能物化为外物,将外物装入脑子,只能是用观念改造外物,使其成为观念性的。

自然金岳霖的所与理论也不是没有问题,比如他的假定"有正觉"和"有外物"就如同他知识论体系的两块基石,尤其是"有正觉"的假设饱受诟病,因为即便有此假设也难免将"正觉"与"非正觉"区别开来,自然对认识中的错误问题也难以说明;另外他对类的强调如同人类中心观知识论一样忽视了"个体"在认识中的具体性和地位。在人类中心观视野下,个体是不必要的,因为只用探讨此"类"的特性与限度就够了,至于个体如何暂时不用考虑,那已经进入了经验领域,是偶然的也不是普遍的。但是知识论是对人的知识之理的探求,知识只能是个人的,若不考虑个体似乎这样的知识论过于"虚化"了。在康德那里可以看出人类主体性的高扬,它可以为自然界立法,但是就个人来说是没有位置的,因为谈及人类就可以将作为人类特征的理性说清楚,若是谈到个人反而无法将理论演绎进行下去,而且一谈到个人似乎便与"普遍必然性"有悖了。其实不然,因为个人可以是抽象的个人,也就是说不是谈具体的某个人,而只是"某"个人。在金岳霖的《知识论》中他注意到了个体官觉者,这对康德来说或许是个进步,但却是微弱的一步,因为"个体"在金眼里只是为了突出个体的消极性和外物的独立和实在性,正因为个体是消极的不能用意志更改外物的,所以外物才是独立的、客观的。

当然,问题还在于为什么必要在知识论中为"个体"谋一个位置呢?即便是作为"某"个,他对知识论的普遍必然之理又有何种贡献呢?我之所以如此的强调个体,是因为无论何种出发方式都是最终落实到个体上才可以进行的,固然理性的作用可以从"类"出发,但只考虑"类"而忽视个体,我总感觉这样的知识论是死的、是缺乏活力的。而且一旦谈到知者对被知者的能动作用只能是认知个体而不能以类代替,尽管用"类"去代替暂时看不出其错误和危害,但那是不可能的,因为任何的主体建构作用只能是个人才能完成的,"类"只是一种抽象,它是消极的,无能动性的。

不过,无论如何,金岳霖先生对"官觉外物"的界定部分提供了"所与"的客观性,而且对于所与的公共性问题还有先验格式作用其中,这也同样保证了看似属于个体的所与暗含了某种普遍必然性,在此意义上说所与成了沟通内界与外界的中介,也不再是不可能的神话。

本章小结

本章在梳理张东荪先生所与理论的基础上,重点讨论了感觉材料的公共性问题,或者说"所与是不是神话"的问题,尽管张东荪先生对所与理论没有专文的论述,但他所强调的"感觉"是"造成者"、是"混合"、是"所与"、是"中间物"等思想很可以给我们提供研究所与可能性的启示,因为由此一来"所与"不再是对外物的简单摹写或反映,而是主体与外界交互作用共同构造的产物,这样我们便可以看出"所与"暗含的"内界格式"作用,这便为论证所与的"公共性"提供了可能,而塞拉斯所说的"所与"是"非概念性质"并以此认为所与是神话的说法便值得重新考虑。与张东荪同时期的金岳霖先生,则从"外物"的角度提出了他的"所与理论",金认为知识论背景下的"外物"是显示在官觉中的"官觉外物",因此所与是外物或外物的一部分,这样所与便与"外物"沟通起来,考虑到张东荪对主体先验格式的强调以及它在所与构造中的作用,并结合金岳霖对"外物"的特殊界定,"所与"便不再是传统所认为的"私人感觉材料"而具有某种公共性特征,而且自然而然充当了沟通内界与外界的角色,在此意义上,本书认为所与不是神话,也不可能是神话,因为离开了"所与",认识才是神话。

第五章　内界之格式

在讨论张东荪的"内界格式"前，我们先看一下康德关于经验知识与纯粹知识的区别：

在这里，关键是要有一种我们能用来可靠地将一个纯粹知识和经验性的知识区别开来的标志。经验虽然告诉我们某物是如此这般的状况，但并不告诉我们它不能是另外的状况。因此，首先，如果有一个命题与它的必然性一起同时被想到，那么它就是一个先天判断；如果它此外不再由任何别的命题引出，除非这命题本身也是作为一个必然命题而有效的，它就是一个完全先天的命题。其次，经验永远也不给自己的判断以真正的严格的普遍性，而只是（通过归纳）给它们以假定的、相比较的普遍性，以至于实际上我们只能说：就我们迄今所觉察到的而言，还没有发现这个或那个规则有什么例外。所以，如果在严格的普遍性上、亦即不能容许有任何例外地来设想一个判断，那么它就不是由经验中引出来的，而是完全先天有效的。而经验性的普遍性只是把大多数场合下适用的有效性任意提升到对一切场合都适用的有效性，例如在这样一个命题中：一切物体都有重量；相反，在严格的普遍性本质上属于一个判断的场合，这时这种普遍性就表明了该判断的一个特别的知识来源，也就

是一种先天知识的可靠标志，而两者也是不可分割地相互从属的。（康德：《纯粹理性批判》，B4）①

对"普遍必然性"的寻求应当是知识论之基本准则，要遵循此准则将必须区分纯粹知识与经验知识，这也是本文在《引论》中所关注的问题"为何中国缺乏知识论传统"的核心因素之一，不能脱离经验知识而上升到"纯粹知识"层面便无法达到对"必然性"的寻求，尽管有经验知识的丰富积累，但无论再多在性质上也是偶然的，那将意味着不是普遍的、也并非必然的可靠，这样便无法形成知识论传统。人类生活若没有普遍必然性知识的保证，便只能生活在迷信、动摇、猜测之中，因为我们无法对我们知道的东西自信，对于那些经验性的知识，我们只能说"可能"或"很可能"是那样，而无法说"必然"、"一定"是那样，由此一来，我们便生活在不确定的认知世界之中，这并不意味着，无法生活而且充满错误，但却意味着充满了不确定、不可知、莫名其妙、不可思议和不可测的未来。

固然，寻求普遍必然性与寻求到普遍必然性有着动机与结果的不同，但是若没有寻求"普遍必然性"的动机和方法，这固然与那没有"寻求到"普遍必然性的结果相同，但两者必然会产生不同的文化系统并过着不同的人类生活。从一定意义上，对"普遍必然性的寻求"就是"普遍必然性的达到"，达到在"过程中"，固然也有不断的猜测、反驳、证实、证伪，但是即便是假设被证伪了，无论其假设还是证伪都是出于对"普遍必然性寻求"中的。与此相对照，那种依靠经验知识生活的民族，也有证实、假设、错误、修正，但这一切都是处在"经验范围内"的修修补补，无论是证实还是证伪都是经验意义上的，因为它没有从经验知识上升到"纯粹知识"，所以即便是类似"天不变道亦不

---

① 康德：《纯粹理性批判》，邓晓芒译，杨祖陶校，北京：人民出版社，2004年，第3页。对于康德《纯粹理性批判》的引用，依照惯例以 A 表示第一版，B 表示第二版，后附页码，下同。

变"的信条也是基于经验上的不必然,这便意味着这样的文化系统无法将知识建立在"寻求普遍必然性"的牢靠基石上。换句话说,经验知识碰巧会对,但我们无法知道它为何对了,这样的对也是偶然的,无法给人可信感;而纯粹知识也会错,但却可以推导出为何错了,所以即便是错也是可以知道其所以然的,这样的错依然能够给人以可信之感。一句话,若是人类想摆脱因无知而产生的恐惧感,那只有走上"纯粹知识"也即对"普遍必然性"知识的寻求之路。

我说过对普遍必然性的寻求,动机、方法与结果不是等同的,如康德所说在西方文明史演进中的形而上学,也不断地陷入困境、不断地走回头路,如果连形而上学都不能走上一条可靠的道路,如果历代人的努力只是在原地徘徊,如果人类求知欲最重要的一部分都抛开我们,"我们又有什么理由来信任我们的理性!"那么,普遍必然性又如何求得呢?在前面我说过人类的认识最终都将归为"三元":内界、外界与交界之所与,我们能从对外界的经验得到普遍必然性吗?历代的探索者们向我们诉说着"不可能",而能否从理性自身得到呢?在《康德:生平、著作与影响》一书中,奥特弗里德·赫费教授谈到康德对理性的犹豫态度时说,"康德体会到那个时代最重要的科学家们对一个精确的问题不能达成一致意见,对此他感到很不满。以此他看到有关人的普遍理性的观念成了问题。对理性产生怀疑同时又相信理性,这种矛盾一直伴随康德进入批判性先验哲学的创作"[1],但是就在此种对理性的怀疑与犹豫中,通过对理性的批判而肯定了理性的普遍性。

在《纯粹理性批判》第二版序言中康德说:"向来人们都认为,我们的一切知识都必须依照对象;但是在这个假定下,想要通过概念先天地构成有关这些对象的东西以扩展我们的知识的一切尝试,都失败了。因此我们不妨试试,当我们假定对象必须依照我们的知识时,我们在形而上学的任务中是否会有更好的进展……我就假定诸对象,或者这是一

---

[1] 奥特弗里德·赫费:《康德:生平、著作与影响》,郑伊倩译,北京:人民出版社,2007年,第15页。

样的，诸对象（作为被给予的对象）唯一在其中得到认识的经验，是依照这些概念的，这样我马上就看到了一条更为简易的出路，因为经验本身就是知性所要求的一种认识方式。知性的规则则必须是我还在对象被给予我之前因而先天地就在我心中作为前提了，这个规则被表达在先天的概念中，所以一切经验对象都必然依照这些概念且必须与它们相一致。"（《纯粹理性批判》第二版序 BXVII）这便是康德的贡献，不是认识依照对象，而是对象依照先天格式而被认识，这样普遍必然性便得到了"先天"的保证，因为它不来自经验，虽然也不能超越经验，但一旦与经验结合，人的先天格式便同时赋予了认识"普遍必然性"，我说过答案的提出并不就是问题的终结，但此种提问方式和回答方式都是处于对"普遍必然性"的寻求中的，这就可称为"纯粹知识"。

从内界之"先验格式"角度来解答"知识"的普遍必然性问题，可以说是康德对人类文明的巨大贡献，而张东荪先生正是看到了这一点，所以试图融会康德并创建自己的知识论，他名之曰"多元认识论"，最能体现"多元认识论"特色的便在于对康德"先验格式"的引进，也正是在此意义上说张东荪为中国"新康德主义"的代表，但是又不得不承认，张东荪对康德的先验理论又有着种种修正，他因此称自己的认识论为"修正的康德主义"，而且在张的后期思想中，依照他的知识社会学立场，对他早期所推崇的"先验"学说又放在了多元文化系统中来重新解读，给那些提供"普遍必然性"的先验格式都涂上了"经验论"色彩，在本章中我们将讨论以下几个问题：张东荪对先验格式是如何界定的？与康德相比二者又有何种异同？为何张东荪后期会有"先验格式经验化"现象？

第一节 对"内界之格式"的界定

在 20 世纪前半期对西方哲学的引进中，张东荪发挥了重要的角色，这不仅仅在于他对西方哲学的广泛介绍上，还在于他对西方哲学家的选择上；这不仅仅在于他对当时西方哲学家的同步关注上，还在于他对西方哲学家的理解深度上，若说较早时期，他以翻译柏格森作品出名的话，20 年代以后，他则重点关注西方的"理性主义"传统，其中对他影响最大的便是康德，据说他曾翻译了《纯粹理性批判》一书（也有学者称是他与好友蓝公武合译）①，无论如何他的"多元认识论"体系的尝试性初建，依照他的话来说便是"循康德之路"而走的，中国大陆学者中另外可称为知识论专家的便是金岳霖先生，而张东荪与他相比，最大的不同便是对康德"先验格式"的引进上。

在较早的论文《一个雏形的哲学》中，张东荪便说："在他的《纯粹理性批判》上第一句即说认识虽是与经验俱始但又不是经验所产生的；我以为这句话是通贯康德学说全体。照上面的叙述便证明专拿经验是不能说明真伪的判分与条理的公同。康德所谓'又不是经验所产生的'这句话确有道理。他于是乃发见纯粹理性；所谓纯粹理性就是知识的先验方式。康德的学说遂为方式主义（formalism）而以为物的本体是不可知的。但我以为若把这些先验的纯粹方式列为固定的若干种，是必归于失败"②。由此段引文可以看出，张东荪对康德的理解大致是合理的（不过把理性等同于先验方式不太妥，理性一词在康德《纯粹理性批判》中有多种含义），而且可以看出他继承了康德的同时便有较大的分歧。

一、"认知上的先验格式"：时间、空间、主客

张东荪认为："康德把这种先验的格式分为二，以为一种是在感性

---

① 关于张东荪先生翻译《纯粹理性批判》的手稿，张耀南先生告诉我他亲眼见过，而左玉河先生新版《张东荪传》也有草稿插图，但与蓝公武翻译的《纯粹理性批判》是何种关系，目前无定论。

② 张汝伦选编：《理性与良知——张东荪文选》，上海：上海远东出版社，1995 年，第 12 页。

上的；另一种是因为判断的格式而成的。我的意思亦大体上与此正同"①，谈及先验格式时又说"一个是认知上的先验格式（the cognitive a priori）；一个是名理上的先验格式（the logical a priori）。"② 可见，张基本认定康德对先验格式二分的立场，而对于认知上的先验格式张东荪也称为与直观有关的，具体是什么呢？他说："我可以列举出来的只有三个。第一是空间，第二是时间，第三是能所的关系（subject-object relation 或称主客关系）。"③ 这里我们可以看出与康德的感性纯直观相比张东荪又加入了"主客关系"或"能所关系"作为直观格式。这里需要说明的是，即便对于时空，张东荪在《认识论》一书中也与康德的理解不同，他说，"可见空时不是有直观得来的，不过直观却必具有空时二格式罢了。因此我修正康德，以为空时是与直观有关的格式，而不是由直观得来的格式"④。

详细与康德时空观的比较当在下节，但就张东荪对时空的界定而言，他自始就给时空带上了"经验"色彩，只是在前期不明显，他说："我今根据这个理由，愿意把空时限于知觉上的，经验上的。至于这种连续体我亦承认确是有的，但其详我们却不甚知道。上文所说，原子性连续性与创变性亦正是关于这个连续体的。就连续性而言，似可说与空间相类似。就创变性而言，可以说与时间相类似。但在我的意思则以为空间与时间虽只是主观格式，然其背后却又必与外界所有的有些相应。在认识上的空间是与在外界的连续性相应。在认识上的时间是与在外界的创变性相应。"⑤ 这些对时空的界定似乎与康德是不同的，在主观格式之外，康德并不承认时空有外界的相应者，康德对空时的界定我们放在下节详谈。

对于主客关系，这是张东荪为感性直观格式另加的内容。对于主客

---

① 张东荪：《认识论》，上海：世界书局，1934 年，第 68 页。
② 张东荪：《认识论》，上海：世界书局，1934 年，第 83 页。
③ 张东荪：《认识论》，上海：世界书局，1934 年，第 71 页。
④ 张东荪：《认识论》，上海：世界书局，1934 年，第 69 页。
⑤ 张东荪：《认识论》，上海：世界书局，1934 年，第 76 页。

关系的论证，张东荪首先区分了心理学上的"自我"与认识论上的"主观"，他以詹姆士为例，詹姆士说人类于最初认识时是不分主客的，比如小儿于最初时不分我与外物，所以认为主客之分是后起的。而张东荪则认为："我相信没有一个认识而不是把能知与所知含括成为一个存在。所以凡是一个认识就自然而然具有主客在其中。心理学家对此有一个误解。上述詹姆士之说即代表此派。我以为须知认识上的主观并不是心理上的自我。"① 他认为在心理学家看来，一个小孩在初不认识火时会用手去碰，此时是不分主客的，但张东荪认为从认识上看，当他发出伸手动作的时候，便于极不明显中有个主客的分别，"所以我以为主客的分别反而是根本的"②。与心理学家的误解相比，他又提出新实在论的误解，那是基于他们的"关系外在说"而产生的，张东荪认为关系可以分为内外两种，但认知关系是"内在"的。

对于"内在关系"、"外在关系"，金岳霖先生也有讨论，他的观点正与张相反，承认内在关系但认为知识关系是外在关系，具体如何我对此没有研究不便多言，据研究"关系"的臧勇博士说，金岳霖所说内在关系、外在关系与布拉德雷的"内在关系"和罗素的"外在关系"并不是一个论说范围，前两者无论声称是内在关系还是外在关系都不是"认识论"意义上的，换句话说，关系不是发生在认知主体与对象之间。而就张东荪而言，他对于"内在关系"论述很少，只是提及时认为，"我们或许可以说一个弓与一个箭的关系是在外的。但我们决不可以说我知道这个东西是一种在外的关系。所以我暂时不欲主张完全没有在外的关系，而只以为唯有认知不是在外关系"③，而张耀南先生据此在他的《张东荪知识论研究》一书中便认为"内在关系说"是张东荪知识论三大贡献之一，我认为是过于牵强了。

再回到主客关系上来，张东荪的主张可以这句话总结，"我们不自

---

① 张东荪：《认识论》，上海：世界书局，1934年，第79页。
② 张东荪：《认识论》，上海：世界书局，1934年，第80页。
③ 张东荪：《认识论》，上海：世界书局，1934年，第80页。

觉有我，而依然有我。所以我之自觉为一事，主观之存在又为一事。千万不可因为我们有时不自觉自我而遂谓没有主观。可见只有客观而未生主观的时代在经验上可以说是没有的"①。这里的问题是与时空格式相比，主客关系能否作为另一个"感性纯直观"呢？在谈到纯粹知识时，康德问到："是否真有这样一种独立于经验、甚至独立于一切感官印象的知识。人们把这样的一种知识称之为先天的（a priori），并将它们与那些具有后天的（a posteriori）来源、即在经验（Erfahrung）中有其来源的经验性的（empirische）知识区别开来。"② 而在《先验感性论》中康德说，"我把一切在其中找不到任何属于感觉到东西的表象称之为纯粹的（在先验的理解中）。因此，一般感性直观的纯粹形式将会先天地在内心中被找到，在这种纯粹形式中，现象的一切杂多通过某种关系而得到直观。感性的这种纯形式本身也叫作纯直观。这样假如我从一个物体的表象里把知性所想到的东西如实体、力、可分性等等除开，同时又把属于感觉到东西如不可入性、硬度、颜色等等也除开，那么我从这个经验性的直观中还余留下某种东西，即广延和形状。这些东西属于纯粹直观，它是即算没有某种现实的感官对象或感觉对象，也先天地作为一个单纯的感性形式存在于内心中的"③。

我之所以引用康德对"先天"的界定以及对"感性纯直观"的层层剥离寻找，是试图通过此种方法是否也可以将张东荪所说的"主客"剥离出来，换句话说用康德寻求空间与时间的方法是否也可以再得出其他的直观形式来。康德对方法具体可概括为："在先验感性论中我们首先要通过排除知性在此凭它的概念所想到的一起来孤立感性，以便只留下经验性的直观。其次，我们从这直观中再把一切属于感觉的东西分开，以便只留下纯直观和现象的单纯形式，这就是感性所能先天地提供出来的唯一的东西了。在这一研究中将会发现，作为先天知识的原则，

---

① 张东荪：《认识论》，上海：世界书局，1934年，第82页。
② 康德：《纯粹理性批判》，B2。
③ 康德：《纯粹理性批判》，A21，B35。

有两种感性直观的纯形式,即空间和时间。"① 而通过此种方法,我们是否也可以在得到一种感性直观的纯形式"主客"呢?从表面上看,主客只是一种关系,是一种认识得以产生的关系,但是它是否也是一种感性直观的纯形式呢?

在对"空间的概念的形而上学阐明"中康德说:"空间是一个作为一切外部直观之基础的必然的先天表象。对于空间不存在,我们永远不能形成一个表象,虽然我们完全可以设想在空间中找不到任何对象。因此,空间被看作是现象的可能性条件,而不是一个附属于现象的规定,而且它是一个先天的表现,必然成为一个外部现象的基础。"② 我之所以没有直接否定"主客"关系,不是在为张东荪寻找证据,就他的所说"只有客观而未生主观的时代在经验上可以说没有的",很明显并没有偏重于"主客"的先验说明,他只是说在经验发生时,必然会分主客出来,但是这样的说法并不是康德对"感性纯直观"的时间或空间的界定。但是主客关系的特别又在于,若是没有主客关系的产生,同样认识是不可能的,在此种意义上我们能否说"主客"也是一种先天形式?

固然依照康德的方法,要孤立感性并且将一切属于感觉的东西分开,以便只留下纯直观和现象的单纯形式,而且他对"先天"的定义是独立于一切经验,这便意味着独立于一切客观,但是作为一种先天形式,能否说感性直观也先天地具有与经验客体发生关系的"主客性"?这里可以剥离一切经验现象,可以分开一切属于感觉到东西,我们能否说认识主体的感性先天地潜在有此种"主客性"呢?很明显,仅从主客形式上看,它可以先于一切经验,但却不是超验的东西,因为若不与经验联系,主客形式没有任何意义。在此种意义上,本文谨慎地认为如果"主客形式"此说法可以成立的话,它也可以作为一种感性的先天

---

① 康德:《纯粹理性批判》,A22,B36。
② 康德:《纯粹理性批判》,A24,B39。

形式而存在，虽然此种直观形式与时间和空间可能并不在同一层次上。

二、"名理上的先验格式"

在探讨完认知上的先验格式后张东荪说："我们应知上述的先验格式只等于康德的先验感性，所以还是不够。康德既必须另外添上先验的悟性，则认识的多元论于此不能不承认另有一种先验格式是名学上的，换言之，即在思维上与分别上，而不仅是在直观上的。若问二者的区别在什么地方呢？我敢回答说，其不同却甚大。不仅因为思维与直观是不同的。并且这两种先验的格式在性质上就有不同。一个是认知上的先验格式（the cognitive a priori）；一个是名理上的先验格式（the logical a priori）。"① 而对于"名理上的先验格式"，他将其分为两方面，一为动的，一为静的，静的是一组一组的"设准"（postulates）或称为"范畴"（categories），动的则是"相涵关系"（implicative relation）。

我们先看一下张东荪先生自己所列的设准（范畴）表：

图表四：设准（范畴）表

第一组	同—异众（Identity-diversity），类同—差异（Similarity-dissimilarity, likeness-unlikeness），——多（Unity-multiplicity, oneness-manyness），单纯—杂驳（Simplicity-complicacy, homogeneity-heterogeneity）
第二组	部分—全体（Part-whole），普遍—特殊（Universality-particularity），绝对—相对（Absolute-relativity），完全—有限（Perfect-finite）
第三组	正—负（Positivity-negativity），有—无（Being-nonbeing），主—客（activity-passivity），现实—潜能（Actuality-potentiality or possibility），超出—内在（Transcendence-immanence）

---

① 张东荪：《认识论》，上海：世界书局，1934年，第83页。

（续表）

第四组	性质—数量（Quality-quantity），本体—现相（Reality-appearance），方式—实质（Form-matter），本质—属性（Substance-attribute），构造—作用（Structure-function），质料—组织（Stuff-structure or construction），精要—偶征（Essentials-accidentals）
第五组	关系—无关（Relation-independence），因果—相互（Causality-reciprocity），必定—偶然（Necessity-contingence），大概—必然（Probability-certainty），变化—永恒（Change-eternality），因—果（Cause-effect），机括—目的（Mechanism-teleology），有定—自由（Determination-freedom）
第六组	主观—客观（the subjective-the objective），分析—综合（Analysis-synthesis），一致—矛盾（Consistency-contradiction），抽象—具体（Abstraction-concreteness）
第七组	自然—价值（Nature-value），真—伪（Truth-falsehood），善—恶（Good-evil），美—丑（Beauty-ugliness）

据张东荪所说："这个表仍是随意列举的：第一，分组是完全随意的，并无严格的分别，并无十分坚强的根据；第二，亦并不限于这数个，或尚有其他。我的目的不过略示一斑，以便于说明而已。读者于此至少可以看见设准的性质是什么了。在实际上并没有一而不能同时是多；并没有同而同时不能为异；并没有正而同时不能为负。可见所谓同异一多正负纯是我们为了解释那个对象起见而立的规范。"① 从这里很可以看出张东荪先生的范畴表与康德的不同，无论从得出方式还是对范畴的功能定位都可以看出两者的巨大差异。

对于"设准的特性"，张东荪说第一是"对偶"，就是每一个设准都可以寻得一个相反者。第二是可以替换，根据解释的便利于否可以替换不同的设准。他说："我以为这个对偶性与这个可以更替性便是设准

---

① 张东荪：《认识论》，上海：世界书局，1934年，第88—89页。

所以属于名理范围的缘故。因为对偶乃是名学上的特征。可以更换即证明其为工具与方法，这些都是人造的。总之设准所以有对偶，就是表示可以替换，可以变更。在这一点上，确是外界的条理以及直观上的格式都不相同。就是因为他们都没有交替性。因为他们是普遍的与必然的。并且是都在一起的。决不能有了空间而无时间，换言之，决不能以时间而代替空间。亦决不能只有原子性而无其他二者，换言之，即不能以连续性替换原子性。所以他们在性质上不能属于名理"①。

这里涉及一个词"名理"（logic），张东荪对它又有着自己的理解，他说："近来我研究各派的名学，乃恍然大悟，知道实在论派对符号名学亦错了；观念论派对玄理名学亦错了；唯用论派的工具名学亦错了。原来他们先不明白名学是甚么。我研究的结果乃知道名理并不是'事理'（natural-structure），亦不是思想的活动。乃是等于下棋时所用的一种规则。不过这个规则和下棋打球的规则稍有不同。就是他并非随意定的。乃有'不得不然'存在其中。至于若问为什么要定这个规则呢？我则答曰：乃是为了要把心内的思想变为表出的思想。详言之，即要把不能告人的思想变为可以告人的思想；要把只有自己知道的思想变成可以当作他人看待的思想；要把不清楚的思想变成清楚的思想；要把含凝在心内的思想变成铺在纸上的思想……物理学的坐标系有各种，所以我们在名学上亦可有各种系统。要之，这都是人造的。但这样定造却正是闭门造车出门合辙。因为所造者不是具体的东西，乃是一种方法。方法是抽象的，所以倘能应用，便不失其价值。因此我主张于自然界（在外的）与心理界（在内的）以外另有一个名理界（realm of logic or discourse）。这个名理界自有其'本有的规则'（intrinsic structure）。所有研究名学的人都是研究这个本有的规则"②。

早在《一个雏形的哲学》里张东荪便提出了"新式名学"一说，

---

① 张东荪：《认识论》，上海：世界书局，1934年，第89—90页。
② 张东荪：《认识论》，上海：世界书局，1934年，第83—84页。

他认为逻辑可以有多元系统,不同的系统有不同的规则,不同的系统又处于不同的文化类型中,这样确实可以看出文化间差异的某些特征,但问题是逻辑的普遍必然性却被消解了,在这个意义上说张东荪与康德对范畴的理解便有着根本的不同。另外谈及范畴或设准便涉及与概念的关系问题,在《认识论》中张东荪是坚持二者的分别的,他认为二者之区别有三,第一,概念是经验的而设准不是经验的,第二,概念必是有概括作用,而设准却不然,第三,设准是名理上的预设而概念则是推论的结果。① 以上是关于设准的,下面我们再看他"名理上的先验格式"的动的方面:"相涵关系"。

对于涵义,张东荪认为它是一切判断的基础,亦是一切推论的基础,没有了涵义则任何命题都不能成立,因为凡命题都是涵义的形式表示,凡判断、凡推论都是基于涵义。他说:"没有了涵义则逻辑便为不可能了,但不是涵义由逻辑而出,乃是逻辑由涵义而成。我们可以说涵义是逻辑之先在的基础。"② 对于涵义究竟有哪些种,张东荪先生大致认为:

图表五:相涵关系表

一	直接的涵义:如甲是乙
二	相齐的涵义:如甲是乙,则乙是甲
三	传递的涵义:如甲是乙,乙是丙,则甲是丙
四	自返的涵义:如甲是甲
五	交替的涵义:如甲是乙或丙
六	不联的涵义:如甲不是乙
七	不相齐的涵义:如甲是乙,而乙不是甲
八	不传递的涵义:如甲为乙,乙为丙,而甲不是丙

从这个"相涵关系表"中可以看出除了第七和第八两种外,前六

---

① 张东荪:《认识论》,上海:世界书局,1934年,第97页。
② 张东荪:《认识论》,上海:世界书局,1934年,第91页。

种都是思想三律"同一律"、"矛盾律"、"排中律"的变形。但张东荪先生关注的是它们的先验性,他说:"单就涵义而言,我们实在无法发现他是从哪里出来的。不得已我们只好把他看为最根本的,换言之,即是认识时,下判断,有分别,成思想,就非先有他不可。他不是后起的,不是假定的,不是制成的。而乃是先验的,基础。"① 这里张东荪所说的"先验"的,只是独立于经验之义,与康德所说"我把一切与其说是关注于对象,不如说是一般地关注于我们有关对象的、就其应当为先天可能的而言的认识方式的知识,称之为先验的"② 的"先验"是不同的,本章所用的"先验"一词也多是就独立于经验层面而说,这更像康德意义上的"先天",而对于先天何以可能的问题,并未多作讨论。

这里还有个问题,同是作为先验格式的直观格式与名理格式有无分别呢?张东荪对此是有明确回答的,他说:"直观上的格式亦可勉强说是'生物的'。至于设准则不能不说是'文化的'或'社会的'。因为他和直观上的格式(即空时主客)所以不同,即在于空时主客是任何知者所不可缺的;而设准则视各种民族的文化而有增加或变化。所以设准是文化的,不能归之于生物的。"③ 在这里将"空时"等直观格式归于"生物的"似乎就与康德不同,而将"设准"或"范畴"视为"文化的"视各民族文化而定的,更与康德不同了。至于张东荪说他"循康德之路"并称自己的学说为"修正的康德主义"二者究竟有何异同,他又是如何修正了康德,我们可以看下面的第二节。

第二节 与康德先验格式之比较

在《多元认识论重述》一文中张东荪说:"本篇叙述的方法是以比

---

① 张东荪:《认识论》,上海:世界书局,1934年,第93页。
② 康德:《纯粹理性批判》,A11,B25。
③ 张东荪:《认识论》,上海:世界书局,1934年,第128页。

较为骨干。就中尤以与康德相比为主要部分。有时因康德而兼及其他。"① 所以本节主要依据《多元认识论重述》一文展开。张东荪说:"我此说大体上可以说是'修正的康德主义'(revised Kantianism)。所以大部分与康德相同,尤其是在趋势上是采统一的方向。"那么张东荪是如何采取了同一趋向,又是如何修正康德的呢?

一、与康德之同

认识由于经验而不成于经验。康德在《纯粹理性批判》第二版导言中说:"但尽管我们的一切知识都是以经验开始的,它们却并不因此就都是从经验中发源的。因为很可能,甚至我们的经验知识,也是由我们通过印象所接受的东西和我们固有的知识能力(感官印象只是诱因)从自己本身中拿来当东西的一个复合物,对于我们的这个增添,直到长期的训练使我们注意到它并熟练地将它分离出来以前,我们是不会把它与那些基本材料区分开来的"②。张东荪对此评述道。"康德所谓'有不是经验所产生的'这句话确有道理"③。并说:"所以我的意思以为我对于知识应采取一种见地。我名此见地曰生物中心说(biocentric view)。就是我们的知识不是神的知识,更不是超人的知识,亦不似照相机那样的物与物的关系。我们因为我们是生物,所以我们对于认知外物,先有若干根本的格式。这些格式的性质是根据于生物的性质的。但我们却不专靠这些原始的格式,必须拿这些格式来加以混合与锻炼,这便是主观的方式与客观的交互作用……因此我主张我们对于外界的认识不是写照,乃是先以自己的格式吸取外界的材料,然后再变化自己的格式以应

---

① 胡适、蔡元培、王云五编辑:《张菊生先生七十生日纪念论文集》,上海:商务印书馆,1937年,第96页。
② 康德:《纯粹理性批判》,B1。
③ 张汝伦选编:《理性与良知——张东荪文选》,上海:上海远东出版社,1995年,第12页。

付客观的实际,于是格式愈变化而愈复杂,其与客观相交织乃亦愈密切。"①

这里需要说明的是张东荪固然承认康德承认有先天"知识能力"的存在并对经验材料的加工作用,但是张东荪将此种性质归为生物的性质,如果说感性纯直观有些生物性质的话,那么知性范畴便更多属于逻辑意义上的,而不能归为"生物性质"。康德说:"赋予一个判断中的各种不同表象以统一性的那同一个机能也赋予一个直观中各种不同表象的单纯的综合以统一性,这种统一性用普遍的方式来表达,就叫做纯粹知性概念。"② 很明显此种纯粹知性概念是从逻辑判断中而来,与生物性质无关。另外一方面,我们看到张东荪先生固然承认"先有若干根本的格式",但是它的作用不仅仅是先天的规范、加工经验材料,与此同时也受经验材料的改造,它名此为"交互作用","然后再变化自己的格式以应付客观的实际",这是个颇为难解的说法,既然说"先有若干根本格式",这些格式怎么又会接受后天经验材料的改造呢?由此可见张东荪对康德的继承,实在有着他自己的发挥,所以我不得不在"同"中指出张东荪自己的"异"来,但是承认"先验格式"固然他与康德的理解有出入,但"知识由于经验却不成于经验"这一点是张东荪自始至终所坚信的,也仅在此意义上说他是"循康德之路"而行的。

认识论居先的观点。张东荪说:"我于此处是跟着康德的方向来走,就是把认识论来'居首'(primacy)。因为传统的哲学是以形而上学居首,必先有形而上学然后方有知识论,道德论以及宇宙论等。自英国的洛克把知识问题提出了以后,康德乃把旧的形而上学(即所谓独断的形而上学)打死了,却又从新由他的认识论另指示一个新的形而上学之可能的途径。可以说由洛克到康德把这个'居首'问题确定了。所谓居首就是'在先'的意义。详言之,就是以研究知识论为第一步工作。

---

① 张汝伦选编:《理性与良知——张东荪文选》,上海:上海远东出版社,1995年,第23页。

② 康德:《纯粹理性批判》,A79,B105。

这个工作不必有所等待。其他工作却必须等待这个工作作完。可以说这是预备工作。不经过这个预备工作决不能贸然进入于哲学本部的研究。凡读过康德的书的人们都知此义，故不再细谈。"① 就"认识论居首"而言，张东荪与康德的路子便不同，固然他认为他与康德是同一个趋向的，康德要解决的是"独断论的形而上学"问题，他并不是要建立一个知识论，而是要建立科学的形而上学，为理性的普遍必然性寻找依据，并避免那种形而上学作为"战场"在原地徘徊无进步的局面，固然他对人的认识能力的理性有着严谨的论述，但是毋宁说他是在为"重建形而上学做准备"而不就是知识论。

如同前面所说，同是回答"认识何以可能的问题"，康德所做的是对理性能力的批判与限制，并作出先验演绎的说明，而张东荪所做的则是回答认识过程是如何形成的，内界之格式与外界之条理是如何通过所与而沟通的，前者可以说仍是西方传统意义上的形而上学或本体论，而张东荪的路子确是明显的认识论。这是二者典型的不同，自然张东荪也知道康德与他的不同，他说："不过康德虽以认识论代替了形而上学，然而后来却在认识论上开了一个后门，于是形而上学便又可以在一个新的领域中成立了。只须看他后来又作两个批判便可证明。所以苟把康德的三个批判合观起来，我们可以说他并不完全是把认识论来代替形而上学，乃只是把认识论作为形而上学的'序论'或'前奏曲'。"② 这与我的解读还不同，我认为康德的《纯粹理性批判》不是作为认识论而为形而上学的"序论"，而其本身就是"形而上学"。

区分范畴与概念。张东荪说："康德把范畴与普通概念置有分别。他以为普通概念是由事物的属性抽出来而成的，至于范畴则是对于事物

---

① 胡适、蔡元培、王云五编辑：《张菊生先生七十生日纪念论文集》，上海：商务印书馆，1937年，第97页。
② 胡适、蔡元培、王云五编辑：《张菊生先生七十生日纪念论文集》，上海：商务印书馆，1937年，第97页。

作解释时所用的条件。这一层我亦是如此主张。"① 关于范畴与概念的区别，张东荪以桌子为例，说："桌子决不能拿来作为假定与工具之用。正由于桌子是把各种性质总括而成的一个东西，不是一些东西的条件。由此可见：概念与设准的不同在于设准本身虽亦是概念，但却另有'工具的'（instrumental）与方法上的（methodological）之性质。于是便变为'条件'（condition）而不复是'东西'（entity）了。"② 固然这样说张东荪对范畴的理解却与康德不同，他说，"我们于此便可见康德是因为有了二十个范畴，然后再配以十二个判断的格式。这实在是十分的牵强"。③ 这里关于范畴与判断格式的次序，似乎是张东荪的言语之误，因为在列康德的范畴表之前，他还认为这些范畴是来自判断格式。即便如此，他对康德这样整齐的十二类范畴也是不满的，他认为这只是德国人欢喜整齐的表现。我们回顾一下张东荪自己上面所给定"范畴表"便可知道他是如何的随意了。

另外，对于范畴的理解他便与康德不同，他将范畴称为"设准"，他说："即于此所谓设准是我自己的定名。普通对于这一类概念则向来名之为'范畴'。乃是继承亚里士多德的遗绪。康德亦然。我则以为范畴一语不及设准（是英文的 postulate）来的轻松。且容易把'假定'（presumption）之意含蓄在内。所以我把他们凡称为'范畴'的却一律改为'设准'。"④ 张东荪通过对范畴名词置换成"设准"便可看出，他要凸显"设准"作为"假设"、"臆说"的性质，而这与康德对"纯粹知性概念"的界定根本不同，而且既然是"假设"那么便不具有"普遍必然性"，仅此一点便可看出张东荪"设准"的经验性。

---

① 胡适、蔡元培、王云五编辑：《张菊生先生七十生日纪念论文集》，上海：商务印书馆，1937年，第104页。
② 胡适、蔡元培、王云五编辑：《张菊生先生七十生日纪念论文集》，上海：商务印书馆，1937年，第106页。
③ 胡适、蔡元培、王云五编辑：《张菊生先生七十生日纪念论文集》，上海：商务印书馆，1937年，第104页。
④ 胡适、蔡元培、王云五编辑：《张菊生先生七十生日纪念论文集》，上海：商务印书馆，1937年，第107页。

另外，对于时间与空间他也认为是"康德的真贡献"① 并为康德辩护，而且于时空之外张东荪又增添了"主客"，这在上节中已有讨论，此处不赘。虽然张东荪自称是"循康德之路"，但通过上面分析，很可以看出他在继承康德的同时所作的修正，此种真正的不同便表现在对"在先的"不同理解上，下面我们便看张东荪"与康德之异"：

二、与康德之异

早在《一个雏形的哲学》中张东荪便认为康德将先验的纯粹方式列为固定的几种便必归于失败，这一点主要是针对康德的范畴表而说的。而张东荪对康德的不同，就他自己在《认识论》中所说是："我的认识论多元论大体上可说仍是循康德的这条轨道。但重要之点却有不同。就是我把方式不纯归于主观的立法作用。我不像康德那样以为外界是无条理的。我不像康德那样把'感觉所与'为知识的质料。我主张感觉不能给我们以条理的知识，这虽和康德相同，但条理却不能完全是心的综合能力所产，这又和康德不同了。"② 可见张东荪固然循康德之路，但二者之分歧还是很明显的。下面逐一分析：

批判康德的两橛论。至于上面所说"方式不归于主观"，张东荪的意思是方式不全归于主观，外界也有，那便是我们在第三章所分析的"外界条理"，因此他认为"感觉材料"不是散漫的，也有条理存于其中，而认识中条理的显现是内外交互作用的结果。而对于康德将"综合"能力与"材料"对立起来，张东荪则认为这是受了洛克的影响，他说，"这个能力与材料的对立便是洛克以来的传统说法。于是又不能不首先假定这个材料是无条理的，是杂乱无章的。因为把'综合'完全归于能力一方面了。则在材料一方面本身上便不能再有综合与统一"，

---

① 胡适、蔡元培、王云五编辑：《张菊生先生七十生日纪念论文集》，上海：商务印书馆，1937年，第111页。
② 张东荪：《认识论》，上海：世界书局，1934年，第46页。

此种对立"又可再转成为'外与'(given)与'内赋'(innate)的对立。凡此都可以说是在不知不觉中承受了洛克的传统。我们现在若借用怀特海的话，便可说这是一种'两橛论'(Bifurcation theory)"。①

这里张东荪主张外物不是散漫的材料，内界与外界都有方式或条理存在，我们在"外界之条理"一章已经分析过对于"外界之条理"的描述是一种独断，对于真的外界条理我们是无法得知的，对于对象性存在的外界，我们的描述也是知识能力编目过的，所以张东荪此种说法难以成立。而由此对材料与能力对立的反对也牵涉到"统觉"。他说："康德对于认识的能力虽亦有多元论的痕迹，而其多元是层次的。我之所谓多元却是平列的，因为我只是分析这个所谓认识的根本事实。在这个事实中发现其各个不同的成分，因为不是层次级升到的所以即用不着主张有个统觉。"② 而"统觉"、"综合"是康德思想体系中极为重要的概念，关于综合，他说："但我所理解的综合在最广泛的含义上是指把各种表象相互加在一起并将它们的杂多性在一个认识中加以把握的行动。如果杂多不是经验性地、而是先天地被给予的（如空间和时间中的杂多），这样的综合就是纯粹的……于是纯粹的综合，从普遍的方面来看，就提供出纯粹的概念。"③

由此可见，康德所说的综合主要是"纯粹综合"，而他的统觉也是"纯粹统觉"。康德说："我把它称之为纯粹统觉，以便将它与经验性的统觉区别开来，或者也称之为本源的统觉，因为它就是那个自我意识，这个自我意识由于产生出'我思'表象，而这表象必然能够伴随所有其他的表象、并且在一切意识中都是同一个表象，所以决不能被任何其他表象所伴随。我也把这中统一叫作自我意识到先验统一，以表明从中

---

① 胡适、蔡元培、王云五编辑：《张菊生先生七十生日纪念论文集》，上海：商务印书馆，1937年，第99页。
② 胡适、蔡元培、王云五编辑：《张菊生先生七十生日纪念论文集》，上海：商务印书馆，1937年，第101页。
③ 康德：《纯粹理性批判》，A78，B104。

产生出先天知识来的可能性。"① 可见，张东荪若是否定康德的"综合"与"统觉"，那将是多么要命的东西，所以我说二者不是同一路向的，张东荪先生只是借用了康德先验格式的说法，认为人认识外界时不是摹写外界，而是先天有内界之根本格式作用其上，但张东荪的认识论更多关注认识论的过程问题，这属于经验领域的，远远不同于康德的先验哲学系统，就综合与统觉而言，我们可以看出张东荪所说多是经验性的，而康德所关注的是"纯粹"的、"先验"的，此为二者之根本不同。若是结合他后期思想，在《知识与文化》中他对康德的"综合"能力以及"统觉"之说则认为是康德之贡献与不可动摇的，但张东荪的理解仍是限于经验上的肯定，而没有达到康德的先验领域。

对"在先的"（a priori）的不同理解。在不以认识论为形而上学序论、范畴数量、直观格式上与康德的不同，上面有所论述，本节重点讨论他与康德最重要的不同，那便是对"在先的"理解之不同。张东荪说，"不过我以为此类范畴之有先验性似乎与在直观上的不尽相同。所以于此所谓'先验的'必与在空间时间之直观上的'先验的'其意义总须有些不同。我于是把'在先的'（a priori）一语分为多种。有些是在直观上的；有些是在名学上的；有些是在方法上的。决不可把这些混为一谈。康德的缺点即在于对此未分别清楚。须知直观上必须有先验的，而这个先验的乃是一种格式。名学上亦必须有先在的，而这个先在的乃是一种基本原则。方法上自亦须有先在的，而这个先在的则只是些假定的标准。各个内容既不相同如此，则其为'在先的'之性质自亦不会绝对相同。倘我们用'先验性'（priority）一语来表明之，则必见方法上的先在的不是真正有何先验性。乃依然是经验的"②

这里"先验的"与"在先的"、"先在的"应是同义的，但张东荪的区分在于他认为时间、空间还有他所说的主客此种"直观上"的先

---

① 康德：《纯粹理性批判》，B132。
② 胡适、蔡元培、王云五编辑：《张菊生先生七十生日纪念论文集》，上海：商务印书馆，1937年，第105页。

验格式与作为基本原则的名学（逻辑）上的先验格式以及作为方法上假设的设准的先验格式是不同的。早在《认识论》一书中，张东荪就认为"直观上的格式亦可勉强说是'生物的'。至于设准则不能不说是'文化的'或'社会的'。因为他和直观上的格式（即空时主客）所以不同，即在于空时主客是任何知者所不可缺的；而设准则视各种民族的文化而有增加或变化。所以设准是文化的，不能归之于生物的"①，在这里就明确区分了"直观上的先验格式"与设准。而且此时，张东荪竟然说"设准"或"范畴""不是真正有何先验性。乃依然是经验的"，这在康德看来应是不可思议的，因为在康德那里作为知性的先验形式，纯粹概念即范畴正是其先验体系的核心，而且康德对感性直观的先验性与范畴的先验性并未区分，先验是就其先天形式或能力而言的，不可能再有什么不同。但张东荪坚定地认为，"我们不能不把康德所说加以改正，因为他把这些设准即认为'名学方式'（logical forms），实是一个大错误"②。

与上面所说将"设准"定位为"经验性的"相比，张东荪又说："根据上述的话，我们便可知道人类心理中在对事物的认识上却有一种半经验半先验的设准，因为设准是不见得完全不藉助于经验。"③ 这里又视设准为"半经验半先验"，其实就"先验"而言只能是纯粹的，任何含有"经验的"成分便属于经验的了，不可能说"半经验半先验"。在康德意义上，先验的不是超验的，那只是说这些先验形式必然要作用于经验，离开经验它们是无意义的，但并不意味着于先天形式中便含有经验的因素，换句话说这些先验形式的获得，比如感性纯直观是剥离一切经验因素之后而得的结果，所以不可能有经验因素夹杂其中。

与将设准视为"半经验半先验"的相比，张东荪认为名学基本律

---

① 张东荪：《认识论》，上海：世界书局，1934年，第128页。
② 胡适、蔡元培、王云五编辑：《张菊生先生七十生日纪念论文集》，上海：商务印书馆，1937年，第107页。
③ 胡适、蔡元培、王云五编辑：《张菊生先生七十生日纪念论文集》，上海：商务印书馆，1937年，第108页。

是完全先验的。他说:"我们于设准以外,似乎尚可主张另有真正不藉助于经验的。这就是所谓'名学之基本律令'(Basic law of logic)。"① 这里张东荪主要说的仍是"思想律"及其变形,与《认识论》中的"相涵关系"说法相似。在这里虽然张东荪视名学上的基本律为先验的,但他所界定的"先验的"似乎仍与康德意义上的不同,他说:"我们须知名学所涉的范围只是限于所谓'符号的思想'(symbolic thinking),即以符号(即言语)来表示的思想。此外能思想的生物如人类,却另有所谓'前逻辑的思想'(pre-logical thinking)。我曾采用柏格森(Bergson)的说明,以为这个有符号的思想就是在空间上的思想,即所谓'空间化的思想'(spatialized thought)。既是名学只限于此,则可见名学的范围并不如以前一般哲学家想到那样广大。自从符号逻辑盛行以后,这个情形更明白了。"② 这里的"符号逻辑盛行"估计应为"数理逻辑盛行",我推测是衍文,但是张东荪对逻辑的看法似乎是可以明白的,即便如思想律的东西,他也认为不是普遍的,而是限于符号范围,他所说的"先验的"意思并不具有普遍必然性,而要视使用的范围而定,而这与康德也是不同的。

关于"先验格式",张东荪总结道,"须知这些名学的基本法则只可名之为'名理上的在先者'(The logical a priori)便和上述的设准是'方法上的在先者'(The methodological a priori)却不相同。康德不但忽略了这些基本原则,同时却把我所谓的设准当作了名学上的基本原则。这实在是一个大误。不但二者之为物不相同,且二者性质亦不相同。详言之,即这些原则之所以为先验的乃只因为在名学的意义上是在先的。却并不是说直接得之于直观,而不加思考。所以这种先验的是和

---

① 胡适、蔡元培、王云五编辑:《张菊生先生七十生日纪念论文集》,上海:商务印书馆,1937年,第108页。
② 胡适、蔡元培、王云五编辑:《张菊生先生七十生日纪念论文集》,上海:商务印书馆,1937年,第110页。

直观上的先验的又不相同"①。在这里我们可以看出，张东荪对三种先验形式的区分，就对"先验的"理解而言他与康德是不同的，就张东荪自己的区分而言，他认为直观上的在先是"先验的"、方法上的在先（设准）是"半先验的"、名学上的在先是"先验的"但却有一定的范围，从张东荪先生对"先验"的界定与区分可以看出，他所说的"先验"暗含有"经验的"因素，而不具有"普遍必然性"，这一点在他的后期思想中更加明显地表现出来。

第三节 先验格式之经验化

一、时空之经验化

对于时空的理解，康德所用的比较典型的词汇是"经验性的实在性"与"先验的观念性"，康德在对空间的阐明中说："我们的这些阐明说明了一切能从外部作为对象呈现给我们的东西的空间的实在性（即客观有效性），但同时也说明了在那些凭借理性就它们自身来考虑、即没有顾及到我们感性之性状的事物方面的空间的观念性。所以我们主张空间（就一切可能的外部经验而言）的经验性的实在性，虽然同时又主张空间的先验的观念性，也就是只要我们抽调一切经验的可能性这个条件，并把空间假定为某种自在之物提供基础的东西，空间便就什么也不是了。"② "经验的实在性"是针对"先验的实在性"而言，而"先验的观念性"又是对"经验的观念性"而说，后者正是康德所反对的。

对这两个核心词汇邓晓芒先生解释道："经验的实在性是说，凡是在经验中被给予的对象（即现象），时空都对之有实实在在的（客观

---

① 胡适、蔡元培、王云五编辑：《张菊生先生七十生日纪念论文集》，上海：商务印书馆，1937年，第111页。
② 康德：《纯粹理性批判》，A28，B44。

的作用和效力；先验的观念性是说，时空既不是客观存在的事物或其属性，也不是经验事物'本身'的属性的抽象，而纯粹是主体的认识能力本身具有的先天直观形式，这就是说，如果抽调感性直观的各种条件，时空就什么都不是了，就是无了。换言之，时空是实在的，但只是对经验现象而言，因此又不是绝对实在的（不是对物自体而言）；时空是主观的，但并不是像来自后天的感觉质料（色、声、香、味等）那样纯属主观的、偶然的、因人而异的，而是来自先天的直观形式，是对经验对象具有普遍必然的效力（因而具有'客观性'）的。"① 此处邓晓芒先生的解释是清楚明白的，此种先天的直观形式具有普遍必然性。

但是如上面所说，张东荪对"先验"的理解本就不同于康德，他对"时空"之先验形式之界定也只是限于认识论上的。在《认识论》中他说："我今根据这个理由，愿意把空时限于知觉上的，经验上的。至于这种连续体我亦承认确是有的，但其详我们却不甚知道。上文所说，原子性连续性与创变性亦正是关于这个连续体的。就连续性而言，似可说与空间相类似。就创变性而言，可以说与时间相类似。但在我的意思则以为空间与时间虽只是主观格式，然其背后却又必与外界所有的有些相应。在认识上的空间是与在外界的连续性相应。在认识上的时间是与在外界的创变性相应。"② 这里所说的空间、时间在其背后"又必与外界所有的有些相应"表面上看来他与康德所说的"经验的实在性"相似，但却是有着根本的不同。康德的"经验的实在性"是就先验的直观形式必将与作用于经验对象而言的客观实在性而言的，它并不意味着"空间"、"时间"先天的与外在的任何东西相应，若是那样的话，"先验的观念性"便根本不能成立了。但是张东荪却认为时空有外在的相应者。

在《多元认识论重述》中张东荪又说："须知把空间时间当作格式

---

① 杨祖陶、邓晓芒：《康德〈纯粹理性批判〉指要》，北京：人民出版社，2001年，第86—87页。
② 张东荪：《认识论》，上海：世界书局，1934年，第76页。

并不含有不许空间时间亦同时是架构之意在内。亦许你从另一方面来看，而说空间时间同时又是架构这并无十分大冲突。不过在宇宙架构上的空间时间却不能和在认识论上的主观格式的空间时间即为同一物。"①尽管张东荪将作为架构的空时与认识论上主观格式的空时区分开来，但是他承认于外界存在空时的架构，这便与康德的空时根本不同，对康德来说似乎空时只能是具有"先验观念性"和"经验实在性"的，除此外不可能还有另外的空时存在。而在《知识与文化》一书中，张东荪对空时的定位更加明显，他说："康特把空时认为主观的格式，而所谓'主观的'即指其属于知者一方面而言。这显然是说不属于外界。换言之，即外界并无空时了。其实我们亦必须承认至少有些根据在于外界。我名此为'在外界的根据'。但须知这止仅仅是根据而已。并不是说外界有空间时间那样的东西。于是我对于空间时间分三方面来讲，第一是就'其根据'（their ground）而言，以为其根据是在外在者本身上。第二是就'其形态'（their form）而言，以为只是知觉上所现呈的。第三是就'其性质'（their nature）而言，以为只是由概念所下的解释。"②由此三方面来看，那种把空时作为先天的直观形式几乎是不见了，时空成了有外在者依据的解释，在此意义上，我说他将先天直观形式的时空经验化了。

二、范畴之经验化

在上面我们已经看到，张东荪出于他对"范畴"的理解，他认为用"设准"更能体现"范畴"的真实含义，并认为"设准"其实不具有先验性，是经验性的，或者说是"半经验办先验的"。他又引用路易斯的话认为设准是"社会的、文化的、与民族精神的，而与文化思想的

---

① 胡适、蔡元培、王云五编辑：《张菊生先生七十生日纪念论文集》，上海：商务印书馆，1937年，第112页。
② 张东荪：《知识与文化》，上海：商务印书馆，1946年，第28页。

进步相俱以变化,却不是人类普遍的。"① 其实,在《认识论》一书中他就认为"直观上的格式亦可勉强说是'生物的'。至于设准则不能不说是'文化的'或'社会的'。因为他和直观上的格式(即空时主客)所以不同,即在于空时主客是任何知者所不可缺的;而设准则视各种民族的文化而有增加或变化。所以设准是文化的,不能归之于生物的"②。而在《知识与文化》一书中更是将范畴与经验性的概念混同,原先认为范畴与概念不同的,如今便认为二者不存在鸿沟,概念可以变为范畴,范畴也没有定数。他说:"故我们论到概念之造成不能不说大体是由于经验。至于我说大体由于经验,而不说完全出于经验,乃是概念有种类的不同。"③ 此时他说种类的不同,意思是比如"善"、"恶"等于来自经验外尚有人类的态度夹杂其中。对于范畴他认为"于此所谓范畴在实际上与'假设'(postulate)是同义的。但须知由概念而变为范畴,正和由知觉而发为概念作用一样,并没有鸿沟可分"④。

在这里已看不出"范畴"的任何具有先天规定性的影子,固然张东荪还承认范畴的"规范"作用,但也只是作为"假设"而言的规范性,视便利于否而定,可以替换。后来张东荪在谈及范畴时更说:"不过我们须知范畴与概念在文字上并不是完全两个,乃只是在用法上有不同罢了。所以同一个名词有时是代表思想内容的概念,有时则变为代表格局的范畴……凡概念都可以变为范畴……可见本来是概念的无不可以变为范畴而使用之,这只在于用法如何。并非概念与范畴是个不相干的两类。"⑤ "且我们须知范畴在最初只是由知识上的态度与理论上的格式抽出来的。依然不是在于最先。故康氏'先验'之说是很难讲的。"⑥

---

① 胡适、蔡元培、王云五编辑:《张菊生先生七十生日纪念论文集》,上海:商务印书馆,1937年,第107页。
② 张东荪:《认识论》,上海:世界书局,1934年,第128页。
③ 张东荪:《知识与文化》,上海:商务印书馆,1946年,第22页。
④ 张东荪:《知识与文化》,上海:商务印书馆,1946年,第24页。
⑤ 张东荪:《知识与文化》,上海:商务印书馆,1946年,第124页。
⑥ 张东荪:《知识与文化》,上海:商务印书馆,1946年,第130页。

就此可以看出张东荪先生将他原先所认为方法上在先的"设准"完全经验化了。但是需要说明的是，张东荪的后期思想已不再是纯粹的知识论路子，而是知识社会学的立场，他研究的是知识与社会文化、历史背景间的交互影响，在此语境中他提出了中西范畴的不同，尽管如此，他对范畴的界定已是出于文化系统中的、经验的、不具有普遍必然性的。

除此外，他所认为是先验的名学也是跟着文化走的，我们可以看他是如何使"名学经验化"的：

三、名学之经验化

在《认识论》一书中张东荪先生便说："近来我研究各派的名学，乃恍然大悟，知道实在论派对符号名学亦错了；观念论派对玄理名学亦错了；唯用论派的工具名学亦错了。原来他们先不明白名学是甚么。我研究的结果乃知道名理并不是'事理'（natural-structure），亦不是思想的活动。乃是等于下棋时所用的一种规则。不过这个规则和下棋打球的规则稍有不同。就是他并非随意定的。乃有'不得不然'存在其中。至于若问为什么要定这个规则呢？我则答曰：乃是为了要把心内的思想变为表出的思想。详言之，即要把不能告人的思想变为可以告人的思想；要把只有自己知道的思想变成可以当作他人看待的思想；要把不清楚的思想变成清楚的思想；要把含凝在心内的思想变成铺在纸上的思想……物理学的坐标系有各种，所以我们在名学上亦可有各种系统。要之，这都是人造的。但这样定造却正是闭门造车出门合辙。因为所造者不是具体的东西，乃是一种方法。方法是抽象的，所以倘能应用，便不失其价值。因此我主张于自然界（在外的）与心理界（在内的）以外另有一个名理界（realm of logic or discourse）。这个名理界自有其'本有的规则'（intrinsic structure）。所有研究名学的人都是研究这个本有的规则。"① 早在《一个雏形的哲学》里张东荪便提出了"新式名学"一说,如前面我分析的,他认为逻辑可以有多元系统,不同的系统有不同的规则,不同的系统又处于不同的文化类型中,这样确实可以看出文化间差异的某些特征,但问题是逻辑的普遍必然性却被消解了。

关于逻辑是多元的还是唯一的,金岳霖先生还专门撰文《论不同的逻辑》(1941年)与张东荪讨论,金岳霖认为张东荪是没有区分"对象与内容",金岳霖认为"逻辑是逻辑学的对象,逻辑学是研究此对象而有所得到内容"②,研究的内容可以有变化,但研究的对象是唯一的,就逻辑学来说都是在求"必然的理",固然现代以来与传统的形式逻辑系统不同,罗素、怀特海建立了数理逻辑系统,但在金岳霖看来那只是对形式逻辑的完善并不是另创立了新的逻辑,只是研究内容细化和深化了,变的只是研究内容和方式,面对的对象仍是唯一的"逻辑"(必然之理);但在张东荪看来便不同,认为不同的文化系统便有不同的逻辑系统,而且这些逻辑都是有一定使用范围的,并不是普遍必然的。

张东荪先生认为逻辑是跟着文化走的,并依照所对付的对象而变,为此他将逻辑分为四种:传统逻辑、梳理逻辑、形而上学的逻辑、辩证法的逻辑。他说,"总之,逻辑是依所对付的对象而变。传统逻辑对付的是言语,而数理逻辑却不是言语。形而上学的辩证法所对付的是绝对,而社会运动的辩证法却不是绝对。逻辑是因其背后的原理而变。传统逻辑所基的原理是主体与属性;而符号逻辑却不是如此。形而上学的辩证法所基的原理是'自身超越';而社会运动的辩证法所基的却不是如此。逻辑是应乎文化上某种需要而生的。用言语以辩论,遂有揭发言语中本有的结构之必要,于是乃有传统逻辑。而数理逻辑却不能应乎这个需要。形而上学的辩证法是要为了想在理论上说明'绝对'而生的。

---

① 张东荪:《认识论》,上海:世界书局,1934年,第83—84页。
② 刘培育选编:《金岳霖学术论文选》,北京:中国社会科学出版社,1990年,第533页。

但社会运动的辩证法不但不能应此需要,并且否认此需要。且单简来说,传统逻辑所用的原则仍是'同一'。符号逻辑所用的原则可说是'关系',以实际相涵证之,便知此种关系较同一为广。形而上学的逻辑所用的原则是'自身超越'。而辩证法的逻辑所用的原则是'相反'。四者各不相同,自不可并为一谈。总之,严格来说,我们没有所谓逻辑之先在性(priority)与逻辑之普遍性(universality)。因为不是逻辑对于思想从外面加以规范,乃只是逻辑就混在思想,同时受其影响而与之共同变化。"[1]

这里张东荪对逻辑的看法是很清晰并且大胆的,他打破了传统所认为的逻辑的普遍有效性,将逻辑或"逻辑系统"分为多种,认为各自有自己的对象、文化需要与依据的原则,由此而认为逻辑不具有在先性和普遍性便是题中应有之义了。若是与康德的逻辑思想相比的话,我们可以清楚地看出康德所关注的逻辑正是与应用逻辑相对的"普遍而又纯粹的""先验逻辑",康德说,"所以一种普遍而又纯粹的逻辑只与先天原则打交道,它是知性的法规,也是理性的法规,但只是就其运用的形式而言,而不管内容是什么(经验性的还是先验的)"[2],"这样一门规定这些知识的来源、范围和客观有效性的科学,我们也许必须称之为先验逻辑,因为它只与知性和理性的法则打交道,但只是在这些法则与对象先天地发生关系的范围内,而不是像普遍逻辑那样,无区别地既和经验性的知识、又和纯粹理性知识发生关系"[3]。著者对逻辑素无研究,不便多评,但就上述康德对先验逻辑的界定而言,我感觉张东荪所说的逻辑以及对逻辑的多元化分都不是康德所说的"先验逻辑"而更类似于他所说的普遍逻辑,那是一种应用逻辑。

以上对于时空、范畴、名理,就张东荪消解其"普遍必然性"而言,我说他将"先验格式经验化"了。但是需要注意到是,第一,他

---

[1] 张东荪:《知识与文化》,上海:商务印书馆,1946 年,第 63 页。
[2] 康德:《纯粹理性批判》,A53,B77。
[3] 康德:《纯粹理性批判》,A57,B81。

所说的"先验格式"与康德的理解不同；第二，我所说的"先验格式经验化"需要结合张东荪后期的知识社会学立场，此时他已不再是在纯粹的认识论范围内讨论问题了，所以说法的变化与他问题域的变化有很大关系。单就知识论来说，他对康德的"主观格式"始终是坚持的，在《思想与社会》里也认为"须知这样把主观上内部结构的若干性质竟投射到客观的外界上混入所见中，乃是康德的一个大贡献。我今天依然是顺着这条路线而进"①。但是，就文化类型比较而言，著者也认为或许我们可以没有那种逻辑系统，但是一旦我们了解了，比如形式逻辑，我们依然也要遵循此种规则；而且，或许我们没有对形式逻辑系统的论述，但在隐隐中我们也是遵循的，没有逻辑学并不意味着我们是反逻辑的，这是需要澄清的，在此意义上，本著者依然认为逻辑的"普遍必然性"无法消解，而对于康德的"先验逻辑"，出于自己理解的限度，暂不多言。第三，张东荪在谈到概念之产生时，说："我则以为就起源而论，大部分都是起源于经验；但就使用而言，又大部分都是先验的。即经验的概念亦都是非经验的使用之。"②此处先验与经验的说法很可以代表他的看法，我认为此说法很值得留意，固然与康德所说的不同，但区分起源与使用上的经验与先验是很值得深思的。我的意思是康德意义上"先验的"东西我们是否也是"先验的"获得的？就如同非理性主义也需要理性的表达一样，我谨慎地认为"先验的"获得（为主体所意识到）不能是先验的而是经验的，在此层面上我说张东荪区分起源与使用上的先验与经验是有意义的。

本章小结

向来人们都认为，我们的一切知识都必须依照对象，康德仿照哥

---

① 张东荪：《思想与社会》，沈阳：辽宁教育出版社，1998年，第13页。
② 张东荪：《知识与文化》，上海：商务印书馆，1946年，第20页。

白尼的天体学而尝试假定对象必须依照我们的知识，这样理性的主体地位与尊严便被极大地提高了，在对象给予之前，便有先天的认知能力形式存在，康德说如果没有感性，则对象不会被给予；如果没有知性，则对象不能被思考。没有内容的思想是空洞的；没有概念的直观是盲目的。

通过上面的分析我们可以看出，无论是先天直观形式还是先天的知性规则，张东荪在继承康德的同时，都有不同程度的修正，最为显著的不同是，他对先验性质的区分，认为有直观上的在先、方法上的在先、名学上的在先，三者虽然都具有"在先性"，但张东荪先生认为方法上的在先是设准，是作为一种假设而存在的，这便与直观上先验形式不同，他甚至认为设准或范畴是经验性的，后来他逐渐将范畴彻底经验化，认为与一般的经验概念没有什么鸿沟存在；而对于早先他认为是先验的空间和时间，他也认为有外界的对应着存在，而在先天直观形式中他所增加的主客，也多是在经验意义上使用的；对于名学他也一改他在知识论中认为是先验的立场，认为逻辑是随着文化走的，只是一种人造的规则，不具有普遍性，对于这些我将其称为"先验的经验化"。张东荪知识论最引人注目的便在于他对康德先验格式的继承，但是遗憾的是在张东荪后期思想中，给这些前期他认为具有"在先性"的格式都涂上了经验的色彩，只是我们需要注意此种立场的转变与后期张东荪之知识社会学研究视角有很大关系，他不再重点关注知识论内的多元因素及其作用，而是重点思考知识与社会文化间的交互影响。只是此种由先验到经验的转变是否与我在《引论》中所说的中国传统的"实"的思维方式有关呢？张东荪在《知识与文化》结论中说："我的主张固然大部分是出于西方哲学，但我主张哲学就是政治思想。同时根本上不讲唯心唯物，这些地方却又与中国的传统态度相合。"① 在后期的重要转变中，张东荪思想的特征便在于将生命、知识、文化、

---

① 张东荪：《知识与文化》，上海：商务印书馆，1946年，第145页。

社会综合在一起，同时认为哲学、政治、文化不分，固然张东荪说这是他知识社会学立场上的综合知识论，但与中国传统上的文史哲不分的情形是何等的相似！

第六章 多元真理观

在讨论张东荪真理观以前，我们可以先参考一下金岳霖先生对"真"的界定：

> 真理得不到。请注意这里所谓真理和真命题不一样。真命题是一条一条的，或一丝一丝的，它是分开来说的，它不是真命题底总结构，它和真理不一样。真命题是可以得到的，有知识就是得到了真命题，同时当然也是得到了意念图案，可是有知识不是已经得到了真理。真理是概念或真命题底总结构。总结构底得到，要各方面的意念图案都要成结构，而且这无量数的结构联合起来成一总结构。这样的总结构总是得不到的。虽然如此，它不一定是我们所说不得或思议不得的。习哲学的人对于一条一条的真命题不见得有多大的兴趣，可是他们对真理或真命题底总结构底兴趣非常之大。习哲学就是求对于这真理有所见，而一个人底哲学就是他对于这真理的所见。上条论真理底性质已经是对于真理有所陈述，有所思议，若是一个人对于真理得到了一意念图案，该意念图案就是他底哲学。该意念图案决不会形成结构，所以哲学既不会终止，也不会至当不移。哲学总是继续地尝试，继续地探讨，不过它和别的学问不同，它是对于此总结构有所尝试，有所探讨而已。就真理之得不到

说，它和别的学问底命运同样。"①

　　一个哲学家对真的界定决定了他的真理观，若说金岳霖先生受新实在论影响较大的话，那么张东荪的真理观明显受到了实用主义的影响，效用即真理，这样的话真理便是无限的、主观的，那么真理的尊严何在？张东荪徘徊在真理的绝对性与相对性之间。另外，对于传统的符合说、融洽说张东荪也都有不同程度的批评与继承，但带有明显"唯用论"倾向；而在后期思想中，他则区分了对物的知识与文化知识，由此便产生了"对不对"与"真不真"的标准，进而言之他将知识分为三种系统，分别为常识系统、科学系统和形而上学系统，对应三种知识系统便有三种真："便"、"实"、"好"，由此也形成了他的多元真理观。本章节围绕三个问题展开讨论，第一，张东荪先生对真理的绝对性与相对性的解读；第二，张东荪先生具有唯用论倾向的真理综合说能否成立；第三，他的多元真理观有何新的意义。

第一节　真理之绝对性与相对性

一、对真的界定

　　一个人对知识的看法决定了他对外界以及对真的理解，张东荪先生在《一个雏形的哲学》中说："我的意思以为我对于知识应采取一种见地。我名此见地曰生物中心说（biocentric view）。就是我们的知识不是神的知识，更不是超人的知识，亦不似照相机那样的物与物的关系。我

---

①　金岳霖：《知识论》，第十七章"真假"，北京：中国人民大学出版社，2010年，第697页。

们因为我们是生物,所以我们对于认知外物,先有若干根本的格式。这些格式的性质是根据于生物的性质的。但我们却不专靠这些原始的格式,必须拿这些格式来加以混合与锻炼,这便是主观的方式与客观的交互作用……因此我主张我们对于外界的认识不是写照,乃是先以自己的格式吸取外界的材料,然后再变化自己的格式以应付客观的实际,于是格式愈变化而愈复杂,其与客观相交织乃亦愈密切。"[1] 由此承认在认识外物之前有内界之根本格式的存在,而且此根本格式对于感觉材料有先天的加工作用,所以对外物的认识便不可能是"写真",而是主客交互作用的结果,由此一来这样的知识论便决定了"真"不是摹写性的符合,而是有人为解释后的创造。

在《共理与殊事》一文中更说:"绝对的真是没有的:内界的尺度当然有充分的根据,固不能全认为幻,然亦不可即认为唯一的标准;至于外界的经验结果不能认为镜中的花或水中的月。所以我们有两条路:一是逆进,以探内界固有尺度的根据;一是顺趋,就经验上归纳的结果以窥外界的根本大体。前者是哲学所有事;后者即各科学所从事的。我们不能说科学所得的都非真理,须知科学固不待哲学证明理性是真而后其所得结果方为有效。哲学自逆窥知识的本性,科学自安排知识的所得,二者都可接近真际而不相抵触。"[2] 而且,张东荪先生对真的界定还带有很明显的"唯用论"色彩,在《知识与文化》中他说:"因此真理总须有几分理想的性质,故可以勉强说真理就是'文化的满足'(cultural satisfaction)……换言之,一切知识之所以为真,其标准只在看其作用给于文化上为何"[3]。需要说明的是将真定位为对"文化的作用"便暗含有真理相对性的危险,因为对"作用"或"效用"的理解本就具有很大的相对性,在《思想与社会》一书中,张东荪先生依然

---

[1] 张汝伦选编:《理性与良知——张东荪文选》,上海:上海远东出版社,1995年,第23页。
[2] 张汝伦选编:《理性与良知——张东荪文选》,上海:上海远东出版社,1995年,第107页。
[3] 张东荪:《知识与文化》,上海:商务印书馆,1946年,第96页。

坚持了此种对真的看法,他说,"我们的知识是因为有苦痛而始逼迫出来去求解决的。所以唯有真正解决痛苦(不论是一部分抑是全部)的方足为真知识。至于那说的连篇累牍,天花乱坠的,而于实际毫不起任何作用,则决不是可宝贵的知识"①。

将真与"效用"联系起来,便无法承认有绝对的"真",一来效用是有针对性的,二来张东荪承认内界格式存在的知识论也不赞成知识是对外在的写真,那么真理的共同性如何解决呢?所以"真"在张的理解中便存在着绝对性与相对性的张力。

二、真理之绝对与相对

在早期张东荪先生的文本中,可以看出他是倾向于真理之绝对性的。他说:"既然认识是这样的开化,则我们的真理便不能是相对的。例如牛顿力学定律在同一坐标系中是正确的。从另外一个坐标系来观察,却就不对了。这并不是牛顿的真理是相对的。而只是比爱因斯坦的真理范围比较小罢了。换言之,即不是各不相关互相独立的两个真理,却是两层相套合的一个真理。照这样说,我们的真理观虽是有层次(degree)的,但却不是直线的层次,乃是无穷的统系为无数的互相套合"②。其实在此处就可以看出张东荪先生在真理绝对性上的犹豫,固然他认为真理不是相对的,但又谨慎地认为真理是有层次的,就此而言与认为真理是绝对的金岳霖先生相比,此说法便是不可思议的。若认为真是绝对的,那么真便是真,无论是直线的层次或套合都是不可能的。

而在《唯用论》一文中,张先生依然认为唯用论的相对主义真理观是"非修正不可"的,他说:"唯用论既主张真伪以效用为标准,则效用必系对于一个人格者而言。所谓意谓(meaning)就是价值(val-

---

① 张东荪:《思想与社会》,沈阳:辽宁教育出版社,1998年,第244页。
② 张汝伦选编:《理性与良知——张东荪文选》,上海:上海远东出版社,1995年,第14页。

ue),而价值则依靠于一个人格。照这样说,岂非所有意谓,所有价值,都是相对的么?就是一个东西,一件事情,在我认为有价值,很注意,而在你则认为无价值,不注意。价值既是各人私有的而不是公共的,唯用论者主张真理是'论理的价值',则岂亦是各人私有的么?所以照唯用论推论的结果,势必把公共的一个大真理变为各别的无数小真理。这便是真理的相对说,主张只有个人所具有的相对真理,而没有超人的唯一真理。此说与真理的绝对说正相反。"[1] 这里张东荪先生对真理的相对性的批评是很明确的,但是他将真理的绝对性视为"超人的唯一真理"似乎是一种误解,这便意味着他固然批评真理相对说,但并没有彻底放弃。

在《知识与文化》一书对真理的专章讨论中,关于真理的绝对性与相对性便被明显地表露出来,张东荪先生称:

> 我们在一方面固然知道相对主义(以为此一是非彼一是非)绝对说不下去;但他方面却又必须承认只有一个绝对真理存在于天地间的主张乃系出于误会。凡是一种知识而可称为真,这种知识决不是毫无关系的,必须是在某一境况下对于某一个问题而言。但一个问题因为可有从好几个境况来看他,所以当然不限于只有一个答案是真的。因为一个问题只能有几个可能的看法,即上文所谓面观。故亦决不会有无穷数的答案。以例言之,如讨论太阳与地球的关系,便有天动说与地动说各种。又如讨论社会与个人的关系,便有社会决定个人,与个人支配社会,以及社会个人互相影响各说。如有新事实发现但助甲说而反乙说。将来发展或许乙说复活。这就是由境况来决定那一个面观必然出现。亦可以说这是真理之"动的性质"。至于所谓绝对真理乃是把真理离了一切境况而犹以为真,

---

[1] 张汝伦选编:《理性与良知——张东荪文选》,上海:上海远东出版社,1995年,第160页。

这乃是一种误会。须知天下绝无在任何境况下皆为真的道理。有之只是在于某一境况下的。故就其在一个境况而言，某种境况必然把若干可能的变化中之某一种使其觉得非如此不可。①

境况决定论可谓张东荪先生对真理之绝对性与相对性间张力的一种解答，在这里他试图调和真理的绝对性与相对性，他认为那种放之四海而皆准的真理是脱离背景的、是超人的，因此也是不可能的，因为在他看来真理只能是一定背景下的；另外对于那种认为此一是非彼一是非的相对真理说，他也认为绝对说不下去，正如上面他对效用论的批评一样，如果那样便很容易陷入真理观上的唯我论，那么其实是消解了真理论，也无法谈真理的是非问题。对于这两种表现极端的立场，张东荪都予以抛弃，在这里依然显示了他作为一个温和论者的折中立场，他认为真理是在一定境况下的，境况有多种，因此真理不是绝对的；但在某一个境况而言，固然可以有不同的解答，但就此具体的境况来说，却有某一个答案让人有"不得不信"之感，此种不得不信之感，便排除了那种此一是非彼一是非的相对性。

张东荪先生解决真理之绝对性与相对性之间张力的另外途径便是由区分理论知识与官觉知识（对物知识）而区分不同的真。他说："理论知识上所谓真和官觉知识上所谓真乃完全是两种。理论知识上的真是对于文化而言的。官觉知识上的真是对于外在者而言的。一个向内一个向外。有时官觉知识足以矫正理论知识，则理论知识因此得有不真。有时理论知识足以指导官觉知识，则理论知识反得有证明。不过二者仍然各有其特性。我们普通人的大错误在于把二者并为一谈，以理论的真与知觉的真只是一件事。在我看来知觉的真可名之曰'对应'，在理论的真只可名之曰'满足'"②而在《思想与社会》一书中更区分出三种知

---

① 张东荪：《知识与文化》，上海：商务印书馆，1946 年，第 93 页。
② 张东荪：《知识与文化》，上海：商务印书馆，1946 年，第 97 页。

识系统，以为对应三种知识系统而有三种真，这样真便有相对性的特征，而在本知识系统内，又有着绝对性的特征。无论如何张东荪先生的真理观都处在此种绝对与相对的张力之中。下面我们便看一下他的真理综合说，以明显地看出他的此种困境：

第二节　真理综合说

一、对符合说、融洽说的批判

符合说的困境在于如何使内在之认识与外在之对象一致，就张东荪的认识论对外界的界定来说，他根本否认认识就是对外物的写真，所以符合一说在他的知识论系统来看是不相容的。在其《一个雏形的哲学》中他是这样批评符合说的困境的："就是只看你我的认识是谁与原物相合。此即原物符合说。就是以与原物相合与否为标准，合此标准为真，不合便为伪。如原物是马，你的认识是认为鹿，则你的认识便是伪。然而这个标准不能成立。这个道理实在是一语可以道破的。假定世界上只有你一个人，而你又只为这个东西看过一回，你的认识是伪便无从发现。因为你认这个东西为鹿是伪只有两种证明：一种是他人都认这个东西为马，而你独认为鹿，所以你认识是伪；一种是你后来再认识时觉得不是鹿，所以前回的认识是伪。但这都是由他人的认识或第二回的认识用比较法来证明的。若专就这一回答认识，从其自身讲，仍是绝对辨不出真伪来。"[①] 这里张东荪先生用浅显的例子来证明符合说所存在的困境还是很鲜明的，而且我们稍微引申一下的话便会发现，既然说认识不

---

① 张汝伦选编：《理性与良知——张东荪文选》，上海：上海远东出版社，1995年，第6页。

是一造的官司需要自己"第二回"认识或他人的认识来证明第一次的认识，那么第二次的认识同样也需要第三次的认识，如此以来第四次、第五次……正好陷入了纠缠不清的证实上的无穷回溯问题，这样其实便宣告了符合说标准的破产。

在谈及符合说作为一个历史难题时，胡军教授通过对西方哲学史上不同符合说的考察，他认为存在以下几个理论难题：第一，必须要与真理符合说的理论中的照相式的符合说或真理的摹本说划清界限，对之进行批判。因为他说真理摹本说在历史上已屡遭驳难，漏洞百出，要坚持真理符合说就必须超越摹本说。第二，必须对真理符合说中的"符合"的意义作出新的、更为清楚明白的阐述。这主要避免将符合解释成洛克所说的"模拟"与詹姆士的实用主义解读而说的。第三，认识内容与之符合的"实在"的含义是什么，这是真理符合说中的一个很重要的理论问题。第四，真理符合说的最主要的理论难题是认识内容与客观实在的关系问题。第五，真理符合说的标准问题。这个问题的实质是问，我们究竟能够凭借什么而知道观念与实在是符合还是不符合的。此五个问题很难彼此分清，但确实很能体现真理符合说的内在困境。

胡军继续分析道："真理符合说还有如下的一些历史难题：第一，有一些科学，它们的某些真命题并不必涉及存在着的事物，如几何学、数学、逻辑学等等。但是，如果根本没有与之相符合的实在，那么说这个命题的真就在于与之相符合，那就是毫无意义的。第二，有些表达悖论的命题，它们的真绝然不能以它们是否与相关的实在的符合为标准。"① 应该说胡军教授对符合说困境的见解比张东荪的见解要深刻得多，其实如上面所说张东荪先生对认识的界定就不可能接受"符合"的标准，因为有内界格式的构造作用在内，此种认识无所谓与外物的符合问题；而金岳霖先生的知识论则是典型的符合问题，而且他对外物的界定也为符合提供了可能，所以他的真理观以符合说为主综合其他标准

---

① 胡军：《道与真——金岳霖哲学思想研究》，北京：人民出版社，2002年，第353页。

便不足为奇了。在谈过符合说的困境之后，张东荪又提到真理一致说和融洽说。

他说："既然不能以对象的质证为标准，而以旁观的一致与否为标准，则我们便不能不再研究旁观的一致是否可靠。但我敢说在实际上大家认识绝对一致是没有的：认识只有大概的相同，而没有绝对的一致。最浅的例如看月亮，各人看去必是大小不一样，有人看像大盘，有人看像小球。感觉既不人人一致则观念当然亦不能人人一致。所以大家一致与否以定真伪，这个方法只是概率的而不是严格正确的。常人可以取概率的即认为满足，而讲到学问，便不能满足。于是继此则有统系调和说。此说以为一观念若与其他相调和而组织成一统系则此观念为真，若与他观念不能调和以组成统系，则此观念便是伪"①。此处所谓"统系调和说"便是金岳霖所说的"融洽说"，但"融洽说"的困境在于无法解决"伪观念"的问题，也即就伪命题不断地构造也完全可以造成融洽的统系，但是这样的统系我们却不能说就是真理体系；另外既然是统系调和要不断地向更广处推演，那么，"照这样累进的推演，势必使全宇宙真理只有一个唯一的大统系。但我们这弱小的人类，贫乏的知识，却尚未做到这个顶点。不但未做到，并且是相距太远。我们现在既无法说明这个全宇宙唯一的真理大统系是甚么，则我们于这种统系调和说以外不能不另求一个标准"②。这里张东荪先生虽然没有就真理观专门研究，但就其对融洽说的困境还是看得比较清楚的，他所说的需要另一标准便是效用论。

关于效用论，本著者认为张东荪的真理观带有明显的"唯用论"色彩，所以对他具有唯用论倾向的真理综合说专门讨论如下。

---

① 张汝伦选编：《理性与良知——张东荪文选》，上海：上海远东出版社，1995年，第7页。

② 张汝伦选编：《理性与良知——张东荪文选》，上海：上海远东出版社，1995年，第7页。

二、唯用论倾向的真理综合说

张东荪先生受"唯用论"（即实用主义）的影响由来已久，他说："我于宣统年间曾撰有一文，名曰《真理篇》，载友人冯世德蓝公武合办的《教育杂志》，现早已散失无存了。我自撰那篇文章后，我即自命为一个唯用论者。我十余年来时时咀嚼，觉其滋味正是如橄榄一样，愈嚼愈有味了。不过近年来我觉得其中亦有非修正不可的地方。"① 此段话基本可以反映张东荪对唯用论的态度，受其影响很大，但也非完全照搬全用，而是有自己的批评和融会在内，但无论如何，他的真理观都带有明显的唯用论色彩。

他说"新标准是什么？就是效用"，但是他对效用的理解与"证实"相连，比如医生看病与乡间迷信者的信神，若烧香磕头不好而服了医生的药好了便是结果的效用证实了医生的正确。他说："认识既不是静的外观，当然是动的体验。于是真伪的标准即建立在此：就是能由动的体验而实现的便是真，否则是伪。所以真伪的标准就是效用；效用就是价值的实现。所谓认识亦只是一种实现（realization）罢了。照这样讲来，效用说不是通俗浮浅的乃是另有一种高深精妙的玄学意味含于其中。"② 对实用主义的真理观张东荪确实有着较深入的研究，顾宏亮先生就此称胡适先生引进的是实用主义的方法论，而张东荪则是侧重在真理观上，当时对胡适和张东荪都有批判的叶青先生则认为虽然张东荪没去过西方但与胡适相比在介绍实用主义方面实在比他强多了。

但是就实用主义真理观来说，也依然存在困境。我们还拿上面张东荪所举的例子来说，信医生与信鬼神相比我们多认为信医生更可靠，但

---

① 张汝伦选编：《理性与良知——张东荪文选》，上海：上海远东出版社，1995年，第160页。

② 张汝伦选编：《理性与良知——张东荪文选》，上海：上海远东出版社，1995年，第8页。

是医生也有开错方或治不好病的，求神拜佛也有痊愈的，如果依照休谟严格的怀疑论思路来思考的话，我们只是看到了求神拜佛后病的痊愈，而看不到二者之间的本质关系以及彼此的本质性质为何，在这一点上吃药与病愈也是同样的道理。我们只是看见二者前后的相连关系，至于其彼此的本质就如同两个小球相碰一样，碰的性质与另一球动的性质是不同的，二者也没有什么必然联系，我们看到的只是二者前后的"恒常会合"，即便有现在较为先进的医疗检查手段，说是药杀死了病菌然后痊愈了，但仔细分析的话药与病菌以及痊愈都属于不同的性质，所以无法将它们必然联系起来，休谟的怀疑方式依然奏效，这还不用说吃药而病不好的情况，此时自然医生会说没有杀完病菌，好吧，那么如何杀完？为何对有些人就杀完了病菌而对我偏要留几个呢？此种必然性的缺失便凸现出来了。好，我们再依照效用论的逻辑，如果病好了便是有效，那么求神拜佛之后，病真的好了（或许你会说是"碰巧"），那么是不是求神拜佛便是"真理"呢？效用就是价值，如今我病好了，那是否就应承认求神拜佛的价值呢？

　　这里我想说明的是效用论的内在困境，认识与效果并不等同，通过效果来判断认识是否为真，二者之间存在很多障碍，比如对效果的认定上，医生说好了，可病人说没好还是不舒服，那么谁说的效果可靠呢？或者病人说好了，医生说不行病毒还没有排完不能出院，那么又如何判断呢？这里又存在认识问题，那么对效果的认识，是否需要另一个效果来判断呢？这样"另一个"或"第三者"的问题便出现了。效用论并不像张东荪所说的那样有"高深精妙的玄学意味在含于其中"，而其内在的困境也是明确的。金岳霖先生在谈到效用论时（他称为"有效说"）说，"把真和用联系起来，真总的受用底影响。也许真的命题都有用，但是有用的不必都真"①，这句话一针见血地点出了效用论的弊端。就知识论体系来说，"有效说"是最不能与金岳霖的"真理观"相

---

① 金岳霖：《知识论》，北京：中国人民大学出版社，2010年，第652页。

容的,但他并没有完全抛弃,而是认为"有效说依然有可取的地方",但对张东荪先生来说,他的真理观则主要是依据效用论建立的。

在《认识论》一书中,张东荪对符合说、融洽说、效用说是采取综合的态度。他说:"对于知识标准的问题,认识的多元论以为相应说与符合说效用说三者可以调和。须知相应说只限于知觉的知识(Perceptual knowledge)。倘使抽象一些而涉及概念与概念之关系,他便失了功用。符合说虽可以吸收相应说,但关于知觉方面却不能把'相应'一点来抹煞。所以符合说虽较相应说为广大,然仍不能完全取而代之。因此我们有保留相应说的余地。至于效用说,亦只限于行为方面,尤其对于未来。这一点和符合说并无冲突。所以我主张把这三个标准合并起来。即详言之,凡一个真理必是在所对上是相应的;在系统上是符合的;在未来上是有用的。倘使只有一个标准适用,则这个真理便不完全。"① 而在以后,对真理的界定是越来越偏向于"效用论"了,在《多元认识论重述》中说,"所以宗教的用处在于使人安然活下去(此迭更生语)其实不宗教为然,一切常识与文化乃至科学哲学莫不如此。都是其作用在于自己欺骗自己须知这个骗乃是真骗。不但被骗者实际上生效力,并且亦可以说即是'不骗'"②。

此处说知识"生效力"即是"不骗",这便是"真"了,在《知识与文化》中此种效用论更加明显,他认为感觉、知觉、概念的形成都是为了便利和单简化。他说:"感觉是为了把细微的刺激变为一整片而起的,这样便较为便利。(即适应起来便利些)知觉是为了把感觉上的单纯性质配成意义而起的,这种便可使我们轻视感觉而特别注重于其配合中的意义。概念作用是为了把知觉上所现的意义使之固定化而起的,这样便可使我们把意义移用于大体相同的其他地方。这样便与他人的心打通了。可见知识完全是为了便利与交通。便利就是价值。至于交通亦

---

① 张东荪:《认识论》,上海:世界书局,1934年,第126页。
② 胡适、蔡元培、王云五编辑:《张菊生先生七十生日纪念论文集》,上海:商务印书馆,1937年,第129页。

是由便利而方得办到。"① 知识是为了便利，而便利就是价值，这很可以体现张东荪真理观中的唯用论倾向，此种唯用论倾向伴随着他后期的整个知识社会学视野，在《知识与文化》一书"真理"一章，张东荪先生说："现在再回过头来对于旧来决定真理标准的三种学说加以分析与讨论。所谓三说，即是三个标准。第一是以对不对为标准。第二是以合不合为标准。第三是以成不成为标准……就消极方面言，三个标准都不可缺，但就积极方面说，无论有哪一个却总是不够的。这便是我在上文说真理是一个复杂的观念的缘故了。"② 以上可以看出张东荪对三个知识标准的坚持，由于其明显的唯用论倾向，所以我将此名为"唯用论倾向的真理综合说"。

下面我们再看一下他后期的真理观，除却唯用论倾向外，还有什么独特之处。

第三节 多元真理观

一、三类知识系统与三种真

在《思想与社会》中将知识分为三大系统以前，张东荪在《知识与文化》中便将知识区分为"对物的知识"和"非对物的知识"，他说："对物的知识由外而投入；而非对物的知识是由内而投之于外。虽则二者本来夹杂在一起，互相影响，但我们为了便于说明起见，把前者归至于经验，后者归至于文化。于是我们只有两种知识，一个个人经验上对物的知识；一是由概念有固定性可以入于他人心中，遂致成为'非

---

① 张东荪：《知识与文化》，上海：商务印书馆，1946年，第39页。
② 张东荪：《知识与文化》，上海：商务印书馆，1946年，第92页。

个人的',即因此大家交互造成的文化知识。"① 而在张东荪看来对物的知识是为了控制外界,而非对物的知识则是为了扩充或改变我们已成的文化,两者功能即不同,对于"真"的判定也就有"对不对"与"真不真"的区别,"因此我们决不能把'对'与'真'并为一谈。因为真与对在性质上甚为不同。真只是在解释上,决不在官觉上"②。

固然非对物的知识或称文化知识主要是解释问题,正像张先生所说愈解释便愈向内,愈向外求有所见,而结果乃只是反而愈为存于我们人类内部。但是对物的知识,即便用"对不对"来判断,也仍是一种解释,"物"是不会判断的,只要涉及人类的判断,都难免是一种解释。可见此种区分的勉强。不过张东荪先生依然总结道:"理论知识上所谓真和官觉知识上所谓真乃完全是两种。理论知识上的真是对于文化而言的。官觉知识上的真是对于外在者而言的。一个向内一个向外。有时官觉知识足以矫正理论知识,则理论知识因此得有不真。有时理论知识足以指导官觉知识,则理论知识反得有证明。不过二者仍然各有其特性。我们普通人的大错误在于把二者并为一谈,以理论的真与知觉的真只是一件事。在我看来知觉的真可名之曰'对应',在理论的真只可名之曰'满足'"③。区分理论知识与官觉知识或许有助于人们理解知识的性质,但就两种知识之共性来说,依然可以看出区分的勉强,那么两种"真"的说法同时便难以成立了。下面我们看他对知识的三种区分:

对概念的重视是张东荪写作的一个特点,即便是最后一本小册子《民主主义与社会主义》也主要是对几个核心概念分析入手,他认为把握了最能体现一个学说的核心概念便可以了解一种思想的本质,此种思路应该说是正确的,由此出发他对西方的民主、平等、自由等都能有着比新文化运动时期诸君较为深刻的认识,虽然是关注核心概念,但并没有停留在口号上,而是深刻解读核心概念的本质含义以及诸概念的关

---

① 张东荪:《知识与文化》,上海:商务印书馆,1946 年,第 40 页。
② 张东荪:《知识与文化》,上海:商务印书馆,1946 年,第 88 页。
③ 张东荪:《知识与文化》,上海:商务印书馆,1946 年,第 97 页。

系。回到他对知识系统的划分上来，他说，"概念因为与其他概念的关系，遂致互相通连而成为一个网形的东西"①，而此种网形或称为概念系统便可组成不同的知识系统，他将此大致分为三类（不限于三类）大的系统：（1）常识系统，（2）科学系统，（3）形而上学系统，我们为了明晰起见，还用图表表示三个知识系统之特征：

图表六：三种知识系统

	常识系统	科学系统	形而上学系统
核心概念	"物""我""要"	关系	有或体（being）
英文表示	T-group of concepts	R-group of concepts	B-group of concepts
依据材料	相同	相同	相同
三个界域	方便界 (realm of convenience)	事实界 (realm of facts)	理想界 (realm of ideals)
所得结果	个人的责任 (personal reality)	事实的责任 (factual reality)	理想的实在 (ideal reality)
所恃工具	知觉的辨别（perceptual discrimination）	理智的分析 (intellectual analysis)	透智 (insight)
方法	比附法	测度与实验	对演法 (dialectics)
应付文化需要	常识的实在 (common sense reality)	文化之一方面	S-e-p （社会、伦理、政治）
三种倾向	求"便"	求"确"	求"定"
三种真	便	实	好

从此表我们应可以比较清楚地看出三种知识系统之区别，这里需要说明的是张东荪先生并不认为知识系统仅此三种，只是在他看来较为明

---

① 张东荪：《思想与社会》，沈阳：辽宁教育出版社，1998年，第28页。

显的可以区分出此三大类；另外并非三个知识系统只有上述之区别，而是有着共同的因素在内的，比如表上所列所依据的材料是相同的，另外在张东荪看来，三个知识系统都是基于知觉的，并且都与言语有关系。现在我们可以回到"真理观"上来。张东荪说"真"是具有"问题性的"，一个孤立的经验不发生真伪问题，而且"因为真是一个具体的概念不完全是属于形式的。换言之，即是一个知识上的问题而不完全是属于逻辑的。所以专从逻辑方面讲真理，在一方面是把这个概念缩小了，同时在他方面又把这个概念放大了"①。此处像是针对金岳霖先生的，他们两个在文本中不时便会有点名或不点名的批评，这很正常，因为两者对"真"的理解实在是不同的，对金岳霖先生来说"真理"是不可得到但却需要不断去寻求尝试的，对张东荪来说"真"是有境况与背景的，这样"真"便是在不断的得到与订正中前行的，在一定境域下那种不得不信之感便是真理，但有新的情况出现便需要订正过去的真理而与新的境况相符合。而对于三种知识系统来说，"真是随着知识系统而定的，这并不是说由知识而始创出真来乃是说知识系统既各有界域，界域不同则真亦必有多种"②。而具体到形而上学系统来说，他说："我不承认形而上学是解决宇宙真相之学，乃只是与社会政治道德诸思想同其性质，不过专为道德社会政治立一个超越的理论之根据而已。所以这样限于在文化方面的理想无所谓真乃只有好，换言之，即形而上学的知识系统上真就是好，愈好就是愈真。"③

而这段话基本上可以代表张东荪的多元真理观，他说："真的性质是随知识系统而不同，在常识上真就是便（truth as convenience）。未有便（便利）而不真者，亦无法发见有真而不便者，有真而不便者必待科学而后发见。在科学上真就是实（truth as fact），未有实（事实）而不真者，亦未有真而不实者。有真而不实者必待形而上学乃可窥见。在

---

① 张东荪：《思想与社会》，沈阳：辽宁教育出版社，1998年，第47页。
② 张东荪：《思想与社会》，沈阳：辽宁教育出版社，1998年，第51页。
③ 张东荪：《思想与社会》，沈阳：辽宁教育出版社，1998年，第53页。

形而上学上真就是好（truth as good）。未有好而不真者，亦未有真而不好者。有真而不好者必自他中知识系统以观之而后成。"① 此种多元真理观，既有对前期真理综合说的保留又有对真的新解说，此种看似整齐的通过对真的种类加以区分的办法，其实并没有解决潜藏在传统真理学说中的种种困难，并且在张东荪先生对知识论体系区分的同时也给此种真理观带来了新的困境。

二、多元真理观的内在困境

传统真理观的困境依然存在。张东荪先生本其知识社会学的立场，在上个世纪40年代前后多能提出一些令人耳目一新的独创性的观点，比如说对中西文化根本异点的比较、比如说对逻辑系统的四种划分，牵涉到知识论便是将知识系统划分为三种，这些都很能体现一个学者的独立见解，比如将形而上学独列为一个知识系统便以独特的路径反驳了卡尔纳普对形而上学命题的批判而隐藏着他重建形而上学的努力，另外他对西学涉猎之广、理解之深在当时即便现在也罕有其匹者，但是就真理观而言，他的"多元真理观"或对真的"三种区分"似乎可以给人无限启示的同时，依然无法解决传统真理观的潜在困境。比如说用"便"和"好"来判断"真不真"便带有很强的唯用论色彩，"好"的标准还含有"融洽说"的成分，而对于科学知识系统的标准定为"实"这便难免与符合论有某种暗合，三种真理标准与他前期的"真理综合说"可谓异名同实，而且那种唯用论倾向是明显地被保留下来了。但问题在于，对问题的区分并不意味着对问题的回答，这样区分三种"真"之后，依然要面临传统真理观"符合说"、"融洽说"、"效用论"各自面对的难题，对于"符合说"便是符合如何可能的问题，对于"融洽说"便是伪命题融洽系统的问题，而"效用论"便要面对对效用的解释问

---

① 张东荪：《思想与社会》，沈阳：辽宁教育出版社，1998年，第53页。

题,这些在后期张东荪先生的"多元真理观"中似乎都难以得到回答,他只是提出了我们看待此问题的另一个角度,但并没有因此推进对问题的回答。

多元真理观的自身困境。在将知识系统分为三个大的系统之后,张东荪及时澄清说:

> 须知现在所列的三种只是就其纯粹型式(pure type)而言,在实际上却没有纯粹的。并且须知在历史上亦不是常识系统发生最早而其他两系统在后。我们从科学史上必见科学思想的种子早在古代就有了,并且从人类学上研究人类对于外界事物的操纵例如火之发明是原始人类已早有的。所以科学知识系统亦不能算是最后起的,不过在最初决分辨不出来,因为这几个知识系统在实际上总是混杂在一起的。不仅科学的萌芽是藏在常识中,形而上学的思想态度在最初的宗教中已见之;并且即在现代科学不能不算发达了,然而除了物理化学等等以外其他仍不能脱离常识的影响。至于形而上学亦何尝能完全与常识离开呢!所以这三个知识系统在实际上并不能完全分开独立。现在我为了讲述明白起见,暂认定其为各自存在的东西。这完全是为了论述的便利,切不可误会以为实际早就是如此。①

这里张东荪已很自觉地作了交待,认为三种知识系统是混在一起难以分离的,自然作为一种研究,我们往往要作理论上的区分,这也未尝不可。但是就知识体系来说,三者混杂在一起,那么三种真还能区分和成立吗?对于此种混杂的知识体系,又当用"便"、"实"、"好"中的哪一种作为真理标准呢?其次,既然将常识也纳入知识体系,那么就知识之为知识来说,常识、科学、形而上学是没有分别的,知识论中的真

---

① 张东荪:《思想与社会》,沈阳:辽宁教育出版社,1998年,第29页。

理观要讨论的便是知识本身的真理性，而不是谈由知识分化而来不同学科间的"真"，那么就知识本身来说，又当以何种作为真理的标准呢？这是张东荪先生所忽略的，也是他真理观中较为薄弱的环节。

在行文论述上，张东荪先生并没有金岳霖先生那样严谨，但是张东荪先生总能给出某种较为确定的解释，比如三种"真"的提出，或许还存在种种问题，但是他毕竟形成了自己的看法，并且认为真理是可以得到的，尽管有不同性质的真；但对于金岳霖先生来说，固然步步分析得严谨，但他却说"真理得不到"，我感觉就此点而言很可以看出二人的风格。再回到本章首页上金先生那段话：

> 真理得不到。请注意这里所谓真理和真命题不一样。真命题是一条一条的，或一丝一丝的，它是分开来说的，它不是真命题底总结构，它和真理不一样。真命题是可以得到的，有知识就是得到了真命题，同时当然也是得到了意念图案，可是有知识不是已经得到了真理。真理是概念或真命题底总结构。总结构底得到，要各方面的意念图案都要成结构，而且这无量数的结构联合起来成一总结构。这样的总结构总是得不到的。虽然如此，它不一定是我们所说不得或思议不得的。习哲学的人对于一条一条的真命题不见得有多大的兴趣，可是他们对真理或真命题底总结构底兴趣非常之大。习哲学就是求对于这真理有所见，而一个人底哲学就是他对于这真理的所见。上条论真理底性质已经是对于真理有所陈述，有所思议，若是一个人对于真理得到了一意念图案，该意念图案就是他底哲学。该意念图案决不会形成结构，所以哲学既不会终止，也不会至当不移。哲学总是继续地尝试，继续地探讨，不过它和别的学问不同，它是对于此总结构有所尝试，有所探讨而已。就真理之得不到说，它和别的学问底命运同样。①

---

① 金岳霖：《知识论》，北京：中国人民大学出版社，2010年，第697页。

就真理观上我接受金岳霖先生的此种立场，我认为无论是符合说、融洽说或效用论其内在困境要得到完全解决几乎是不可能的，但它们彼此又确实有自己的部分道理，正因为此，争论必将持续下去，因为反对和接受他们的学者都会层出不穷，这便是哲学问题的性质，不可能完全解决却也无法完全抛弃，一切都在不断的尝试、不断的回答中进行。就知识论来说，真理是得不到的，如果说能够得到也只是在尝试回答的过程中得到，而此过程便是不断修正、不断疑问、又不断回答……

本章小结

真理观并不是张东荪先生多元认识论讨论的重点，但是他的真理观却很有值得关注的地方，除却他前期受唯用论影响较大外，他对对物知识与理论知识的区分便值得关注，承接此种思路他又进而把知识分为三大系统：常识、科学与形而上学，通过对知识本身的分类提出真也具有不同的性质。在这里张东荪先生试图在回答真理观中一个历史性的难题，那便是真理的绝对性与相对性问题，他无法认可那种此一是非彼亦是非的极端相对主义的观点，因为那样其实也便无所谓真不真了。与此同时，他也不认可有绝对真理的存在，那种放之四海而皆准的真理，在他看来同样是不可能的，因为真理都是有背景性的、问题性的。由此，张东荪先生提出自己的境况决定论的真理观，那便是境况是变化的，因此真理并不绝对，但是就某一境况下虽有不同的选择，但却有某种较好的令人不得不信的解释存在，这便是真理，因此来说真理又不是相对的。具体到三种知识系统来说，真的性质便随真理系统而变，因此有常识系统中的"便"、科学系统中的"实"与形而上学系统中的"好"三种真存在。这些都能给人以新的启示，但无论是张东荪先生的真理综合说还是其后期的多元真理观，对于真理学说中的传统难题，虽然提供了新的问题视角，但对于问题本身并没有多少推进，而且对于知识系统的划分也有悖于知识作为知识本身的一致性,而这些便是张东荪真理观中的困境之所在。无论如何,张东荪先生在真理观的探讨中都给出了他自己较为独特的回答,或许有人会不同意下面这句话,不过也可以代表张东荪后期的对"真"的看法,并且将对知识的探讨最终回到人的生存本身,无论如何是学问之正宗,附于此以结束本章:

> 我们的知识是因为有苦痛而始逼迫出来去求解决的。所以唯有真正解决痛苦(不论是一部分抑是全部)的方足为真知识。至于那说得连篇累牍,天花乱坠的,而于实际毫不起任何作用,则决不是可宝贵的知识。①

最后一章我们则要讨论"多元认识论"的评价问题,并回到《引论》中所提出的"中国知识论传统重建"问题。

---

① 张东荪:《思想与社会》,上海:商务印书馆,1946年,第244页。

第七章　对"多元认识论"的再评价

本章涉及对张东荪先生的评价，我们不妨先看一下他自己的相关描述：

> 近来中国学者有一个大毛病就是不肯向难的地方去进攻。他们总是想向容易的地方去尝试。所以他们易于成功。至于我则最喜欢向难处研求。愈难愈要追求。（《新哲学论丛》序言，上海商务印书馆1929年版）

> 我于此不想多说，只留一点必得提出，即我所说的全是从我心坎中流出的，这便是我在上文所说的言论之真诚性。原来古人有思想，著之于文字，无不是出于本心，从来没有以言论为他人作工具的。这乃是近来（或后来）的现象。我以为出卖理智的良心比任何都可耻。现在报纸的言论都是代人说话，固不必论；而最奇怪者，是学者们亦专作他人的啦啦队。我今天乃是完全说自己的话，在未说以前，先以口问心，是否所说即为真正所信，必须真信之不摇不动方敢说出。因为我以为唯有人能说自己的话方能有学问。不然只有宣传而无学问，无学问即无文化。我们所以主张必有思想自由，亦就是不欲文化为之停滞而已。所谓说自己的话就是自己觉得非如此说不可。这是由于自己对于真理有其实感，因对于真理愈切实，则对于言论便愈尊严。于是觉得污蔑言论即等于自坠人格。所

以读书人之人格就看其对于本人的言论自己有无尊严的保持。凡甘为人作啦啦队的都是自己愿意把他的言论作物品（即商品）来出卖，我以为非矫正此风不会有学问，不会使文化有进步。(《思想与社会·结论》，上海商务印书馆1946年版，第203页)

张东荪先生的道德文章之所以吸引一个又一个研究者，归根结底便在于此两点：

1. 他肯向理论之难处用力，虽败犹荣；
2. 视言论之真诚性如生命，至死不渝。

就其"多元认识论"来讲，作为一个在缺乏知识论传统的国度里尝试性的初创体系，虽然过誉之词不绝于耳，但若放入认识论问题研究领域来看，其中草创的粗糙、论证之不严谨、问题深度之有限便在所难免了，这些我倒感觉本不必讳言，张东荪先生曾在《不同的逻辑与文化并论中国理学》一文结尾引龚定庵诗云"但开风气不为师"，他也声称自己只是想开一个方面而言。就学术研究而言，我们应区分开那种初创者的筚路蓝缕之功与理论本身的建树，不可用创立者意义的伟大来增加理论建树的分量，也不可以初创者理论本身的限度来抹灭开创者辟路的辛苦与奠基性意义。本着此种态度，在梳理前人评价的基础上，本文提出自己的再评价，认为张东荪"多元认识论"的主要贡献，毋宁说是在方法上而不在理论本身，毋宁说是在哲学探索上而不在理论建树上。他具有哲学家的素养，思想家的敏锐，但是由于时代的原因并没有给他充分发挥的空间，尤其是晚年的不幸，他的整个理论体系都没能升华到一个新的高度，包含后期四书在内，我都认为那是创造中的作品，而且成文之草率一受困于日寇，二受时限于国内和谈，所以行文之草率便在所难免。另外，就认识论研究来说，他没有继续向深度研究，而是过于关注西方学说之新动向，这样使他与国际思想界同步的同时，也使自己常换研究领域，比如对于新起的知识社会学，他也只是初期的引介，并未有深入或忠实的介绍与研究，他涉猎很广，但深度有限，对于当时来说，相比是理解较深了，但是终因不能在一个领域持续用力，而无法有独立的、影响深远的建树。本章在对令人敬重的张东荪先生之"多元认识论"重评的同时，想借此回到本文《引论》中的问题，若说《引论》是在指明中国缺乏认识论传统的话，那么在结论中则将引向"认识论传统重建之必要"，我将此视为中国哲学现代转型的必由之路。

一、前人对"多元认识论"的评价

对于"多元认识论"，张东荪自己说："我在五年以前，作了一篇文章，题目是《条理范畴与设准》。在这篇文章中，我提出一个认识论上的主张。我自信这个主张是前人所未言。因为中国哲学向来不注重知识问题。在中国，以前自是没有像我这样的主张本不待言。然即在外国，以我所知，亦没有和我一样的议论。我虽不敢说是创见，然至少我可以自白确有些是我自己想出来的。不过我所创造的地方不在于其中哪一点是由我作古，而在于把那些相关的各点综合在一起便成了一个从前未有过的整个儿东西。换言之，即我此说之所以为新不在其中的任何一部分而只在于各部分间的配置综合。因为综合是新的，所以其所得的结果亦可说是新的。"① 无论是在《认识论》中还是在《多元认识论重述》中，张东荪对此学说的自信与自豪是不言而喻的，后来又承友人张中楹译为英文，随而有多人注意并有批评文章出现，经过张东荪先生门人王光祥先生收集结合"多元认识论"一文成书《张东荪的多元认识论及其批评》，文中批评之声亦有，但赞扬之声也是不断的。比如谢幼伟教授便称："愚认张先生此书是一部极有价值之著作，研究哲学者，不论赞成之或反对之，均有细读之必要也。"② 并称《多元的认识论》虽不是成熟之作品，但在我国也是绝无仅有，并称张东荪先生为"实我

---

① 胡适、蔡元培、王云五编辑：《张菊生先生七十生日纪念论文集》，上海：商务印书馆，1937年，第95—96页。
② 詹文浒编：《张东荪的多元认识论及其批评》，上海：世界书局，1936年，第187页。

国最有希望之哲学家"。

除谢幼伟教授外,尚有江振声、傅统先、孙道昇三位先生文章列入其中,当时对多元认识论的评价还有牟宗三先生,他将熊十力、张东荪、金岳霖视为中国哲学界的"三枝栋梁",除却谢、江、傅、孙三位先生的批评外,还有张东荪先生不太在意的来自自称为"新物质论"者叶青先生的批判,在第一章文献综述里略有提及,此处不赘。这里想说明的是,孙道昇提出了张东荪先生"知识之多元说"的三大贡献:"条理的部分认识论、名理的绝对独立论、形式上的普泛架构论(Pan-Structuralism)"①,其中第三项是张东荪自称,而第二项是我在第五章"内界之格式"中所说的"名理上的先验格式",第一项"条理的部分认识论"不太明确,因为"条理"是理解张东荪先生知识论的关键,但他对此名词有着多种的界定,有认识上显现的,有外界自存的,在这里很可能指的是"外界的条理",因为张东荪先生所较得意与坚持的便是否认"物质"而认为"条理",这是他对近代自然科学的吸收。

不过张耀南先生在其《张东荪知识论研究》中对此评论道:"我则以为欲明'知识之多元说'在中国哲学史上的地位,可以不必列举此'三大贡献',因为实际上,前二大'贡献'张东荪不久就放弃了,至少是弱化了。若用一个人放弃了或者弱化了的东西作为其贡献,是不妥当的。'三大贡献'的说法没有抓住'知识之多元说'的实质,更没有抓住张东荪之整个知识论的实质。"② 此处张耀南先生说前两项弱化了意为对于外界存有之条理,张东荪认为只可承认有"外在根由"或"外在相关者"为限,若说是"条理"便偏离了严格的知识论立场,并且他又提出了"自然限点"说来代替"自然条理",其实他始终承认外在根据的存在,这在本文第三章"外界之条理"中有详细论述;而对于"名理的绝对独立论",张东荪先生后期确实将"名理"之普遍性弱

---

① 詹文浒编:《张东荪的多元认识论及其批评》,上海:世界书局,1936年,第165页。
② 张耀南:《张东荪知识论研究》,台北:洪业文化事业有限公司,1995年,第136页。

化了并提出了多元的逻辑观，认为名理是跟着文化走的。

由此，张耀南先生提出了他自己的"三大贡献说"，他说，"我以为'知识之多元说'的真贡献，也是张东荪之整个知识论的真贡献是如下三项：内在关系说、间接呈现说以及非写真说。"① 对于"内在关系说"张耀南先生说道："张东荪第一个将'内在关系说'引进到中国哲学中，让它成为中国哲学的一部分，这是贡献；张东荪第一个用内在关系解释知识关系，确系哲学史上从来未有之壮举，这是贡献。"② 就张东荪而言，他对于"内在关系"论述很少，并没有专文论述，而且对布拉德雷的介绍也只是在哲学史中提及，在提及内在关系时只是说："我们或许可以说一个弓与一个箭的关系是在外的。但我们决不可以说我知道这个东西是一种在外的关系。所以我暂时不欲主张完全没有在外的关系，而只以为唯有认知不是在外关系"③。所以张耀南先生据此便认为是张东荪的"哲学史上从来未有之壮举"我感觉未免太过，他对张东荪先生的研究学界有目共睹，对张东荪在学界地位的重新确立功不可没，但有些论断我感觉可以更谨慎一点，而至于"间接呈现说"与"非写真说"，理解了张东荪先生对康德"先验格式"之继承便可明白此两点其实指的是一件事，包括"内在关系说"，因为有先天直观形式和知性能力对经验材料的作用和加工，所以在此框架下的认识论不可能再认为对外界的认识是直接的、是写真的，因为有内界格式的改造加工作用，张东荪先生将此比喻为"帘幕"或"眼镜"由此便是"内在的"，所以明白了"先验格式"便可知道张耀南先生所说的"内在关系、间接呈现、非写真"只是一件事而已，他将此列为张东荪先生的贡献，确实很能看出张先生知识论的核心特征，尤其是与金岳霖先生知识论之根本区别亦在此处，但是对此的过于颂扬，我感觉还是未免言之太过了。

---

① 张耀南：《张东荪知识论研究》，台北：洪业文化事业有限公司，1995年，第136页。
② 张耀南：《张东荪知识论研究》，台北：洪业文化事业有限公司，1995年，第296页。
③ 张东荪：《认识论》，上海：世界书局，1934年，第80页。

二、对"多元认识论"的再评价

复旦大学张汝伦教授对张东荪研究文章不多但却很有深度,他对张东荪先生的认识论评价不高,他说,"现在看来,虽然张东荪认为他在认识论上有自己独到的见解,但基本上没有脱离西哲的窠臼。还必须指出的是,张东荪接受的那些西方认识论观点,大部分正是被西方哲学发展的逻辑在本世纪逐渐加以扬弃的东西。因此,这一时期张东荪的著作的理论价值不是很大。"① 但是,他认为张东荪的"后期三书"《知识与文化》、《思想与社会》、《理性与民主》是他"真正有创见的时期"而且"至今仍不仅有思想史的价值,更有思想的价值,它们为继续发展现代中国哲学提供了丰富的养料与资源"②。面对同一对象,论者有不同的评价本无可厚非,在此我引证张汝伦教授不同于张耀南先生的评价倒不是为了翻案,因为我对张东荪先生的"后期三书"也认为是"创造中的作品",可以给人种种启示,但如前面所说仍是出于草创中的。此处引用张汝伦教授的评价,是因为他在同一篇文章中为我们提供了一个评价的视角,那便是对"他者"概念的引入。

他说:

> 本来,在不同文化交流的条件下,从一个他者来认识自己就像在日常生活中从他人来认识自己一样,是深入认识自己的一个好办法,但条件是这个他者必须是真正的他者,而不是自己凭空想象,或根据自己的需要虚构的他者。因此,要有一个真正的他者而不是虚构的他者作为认识自己的参照系,必须自己首先成为一个他者。

---

① 张汝伦选编:《理性与良知——张东荪文选》,上海:上海远东出版社,1995年,第24页。
② 张汝伦选编:《理性与良知——张东荪文选》,上海:上海远东出版社,1995年,第24页。

"成为他者"在此有双重意义。第一种意义的"成为他者"是指不是从自己的功利需要或眼前目的去了解别人,而纯粹是从求知求真的态度出发去了解别人,进入别人的世界,相对于在这以前的自己成为一个他者。第二种意义的"成为他者"是指真正成为与自己不同的那个他者的他者,即不是以那个他者的形象来重新塑造自己,而是能真正认识到相对于自己的他者自己也是一个有价值的他者,从而有新的自我认同。①

这是一段很值得仔细揣摩的话,虽然张汝伦先生是在比较中西文化语境中提出的,但是"成为他者"此种立场正是张东荪先生在融会引进西学并创立自己认识论体系时所采取的方法。

"成为他者"不是消解自己将自己化为"他者",那样便没有"自己"同时也没有"他者";"成为他者"也不是将他者化为己有,以自己原有之理解来使他者附会于自己,那么此时便没有"他者"。萨特说"我看见自己是因为有人看见我",通过"他者"我们可以更好地认识自我,但前提是不因他者而消解自己也不因自己而取消对方。张东荪先生对西方哲学的介绍"有理解,有批评与融会,称得上是真正的学术论文"②。就其多元认识论来讲,通过本文三、四、五章之分析可以看出,他受康德学说影响很大,但他自认为是"修正的康德主义",对于康德他也是批评式地吸收的,固然有些对康德的扬弃有不妥之处,但依照张东荪自己的理论体系而言,他是忠实于自己的理解的,并不因为康德在哲学史上的地位就盲从,而是对其颇有影响的"先验哲学"提出了自己的批评与修正;在外界条理上他能不断地修正自己并积极吸收新实在论、批判实在论、观念论的合理之处试图折中调和二者,此种态度很类

---

① 张汝伦选编:《理性与良知——张东荪文选》,上海:上海远东出版社,1995年,第14页。
② 张汝伦选编:《理性与良知——张东荪文选》,上海:上海远东出版社,1995年,第9页。

似于康德对唯理论和经验论的调和。固然就体系的创建上张东荪与康德难以相比,但是他这种肯向难处努力的态度实在是一个哲学家必备的素养。

在《新哲学论丛》序言中他说:"近来中国学者有一个大毛病就是不肯向难的地方去进攻。他们总是想向容易的地方去尝试。所以他们易于成功。至于我则最喜欢向难处研求。愈难愈要追求。"他并不认为自己是成功的,但却认为自己"虽败犹荣"。在真理观上,他受实用主义影响既早且深,但是他的真理观却是对几种传统真理学说的调和,虽然带有明显的唯用论倾向,但他对效用论的批评也是昭然纸上的。而且他对知识系统的区分,以及对三种"真"的提出都是与效用论不同的。对张东荪先生的理论本身或者褒贬不一,但是他这种作为哲学家的独特思想则令人敬重,谈到他思想的独特上我们还可以看到他对民主、自由、平等等思想的理解上,还可以看到他对中西文化的比较上,还可以看到他对哲学与科学关系的解读上,还可以看到他对中国政治的预测及其努力上,这些广泛的领域中都可以看到张东荪先生作为当时一个一流的哲学家、思想家独特、敏锐与不乏深刻的见解。就多元认识论体系的创建与引介融会批评西学来说,我认为张东荪先生就研究哲学的方法给出了后人一个典范,因此说他的主要贡献不在具体之理论建构上,而在于这种对一个缺乏知识论传统国度的学者来尝试建构一个崭新体系的方法上。①

据张东荪先生的学生康奉回忆:"他为了及时了解海内外在哲学和其他有关学科(如心理学、社会学、人类学等)方面的新的研究成果以及有关自然科学方面的重大进展,对有关的出版动态很留意,总是'跟踪'不懈……他很强调下苦工夫读一些重要的(特别是'经典性'

---

① 胡军教授对此提出质疑,认为体系与方法是不可分的,张东荪的方法又是什么呢?此种批评本文接受,而且就严谨的方法论来说,张东荪确实没有;本文所说的方法也只是限于经验层面的"爱智之忱",这与严谨的"方法论"还是有别的,也正是中国学者所缺乏的,包括民国年间的学者,我们可能高估他们的学术地位了。

的）原著，尽可能不依靠译本。每悉有重要的新作问世，他总要设法尽快购（或借）到手，经他研读后，即分发给学生研读。他事先只作扼要的提示，以免束缚学生的思想。"①（康奉：《春风绛帐溯当年》，《中国文哲研究通讯》第9卷2期）我们常常会疑问为何民国年间的学者能够引来中国学问的高峰，并且在不同的领域几乎达到了与当时的国际学界对等的地位，并且有些地方尚处在最前沿，康奉先生对张东荪的此种回忆，我们或许可见一斑，那种在贺麟先生笔下所谓的人人表现出一种"求知欲"，正所谓的"爱智之忱"于此是可以窥见了，做学问没有此种"欲"与"忱"，恐怕有再优厚的条件也无多大用处。由此，左玉河先生的如下评价可谓公允："张东荪是一个极具探索精神的哲学家，他并不满足于自己已经取得的成绩，而是在不断地进行思考和研究，在哲学领域中不断开拓，从而使自己的哲学观点更加深刻。敢于自己否定自己，是他的长处；敢于选择艰难的研究方向，是他治学的一个特点。"②此种不断探索的"爱智之忱"可谓张东荪先生以及他们那一代学者之学问态度，我们往往看不到此种"贡献"其实比任何的"贡献"都大。

此种学问态度与上述的学问方法，我认为是张东荪先生留给我们极为宝贵的贡献，有此种为学的态度与方法，那么他的文字便是有价值的，虽然完整的体系并没有顺利地继续创建下去，但就其已有的文章著述来说，处处潜藏着金子般的智慧。或许他的种种观点我们并不同意，但是，即便如此，他的文章也是值得一读的。正如谢幼伟教授所说，"不论赞成之或反对之，均有细读之必要也。"能完整评价一个人似乎很难，但如下这段文字，我以为可以作为张东荪的自我总结：

> 我于此不想多说，只留一点必得提出，即我所说的全是从我心坎中流出的，这便是我在上文所说的言论之真诚性。原来古人有思

---

① 转引自张汝伦编著：《诗的哲学史——张东荪咏西诗本事注》，桂林：广西师范大学出版社，2002年，序第4页。

② 左玉河：《张东荪学术思想评传》，北京：北京图书馆出版社，1999年，第42页。

想,著之于文字,无不是出于本心,从来没有以言论为他人作工具的。这乃是近来(或后来)的现象。我以为出卖理智的良心比任何都可耻。现在报纸的言论都是代人说话,固不必论;而最奇怪者,是学者们亦专作他人的啦啦队。我今天乃是完全说自己的话,在未说以前,先以口问心,是否所说即为真正所信,必须真信之不摇不动方敢说出。因为我以为唯有人能说自己的话方能有学问。不然只有宣传而无学问,无学问即无文化。我们所以主张必有思想自由,亦就是不欲文化为之停滞而已。所谓说自己的话就是自己觉得非如此说不可。这是由于自己对于真理有其实感,因对于真理愈切实,则对于言论便愈尊严。于是觉得污蔑言论即等于自坠人格。所以读书人之人格就看其对于本人的言论自己有无尊严的保持。凡甘为人作啦啦队的都是自己愿意把他的言论作物品(即商品)了出卖,我以为非矫正此风不会有学问,不会使文化有进步。(《思想与社会·结论》)[①]

下面我谈一下"中国认识论传统重建之必要",这算是对《引论》中问题的回应。

三、由"多元认识论"到中国认识论传统之重建

上世纪三四十年代的中国学界向我们证明了中国学人在不同的学问领域的原创性与前沿性,那是一个中国学术史上群星璀璨的年代,虽如昙花一现,但却留给后人无限的眷恋与回忆。那是一个足以证明"我们能"的时代,由此来看,在近百年后的今日,仿佛又到了学界可以安静并需要接受世人检阅的时候,如果我们只是找出种种借口来为自己的失职推脱,那么说明我们不但失职、无能而且虚伪!我提出"认识论传统

[①] 张东荪:《思想与社会》,沈阳:辽宁教育出版社,1998年,第250页。

重建"的问题,并不是要模仿西方而东施效颦,而是出于一种人类自觉对自己的反省与完善,许多智慧类型是"人类"的而不是"西方"的,当我们给它贴上"西方的"标签,只能说明我们自己的狭隘与无知,并且因为此种标签我们还要受到种种之阻力,不同地域的人是有不同的文明系统,在近代以前,各自安分守己,即便有动荡也多是地区性的,如今之不同文明体系是难以各自独立了,因此想"关上家门自己过"的日子是不可能的了,若是想开放,那么首要的开放便是思想上的、学术上的,一个肌体健全的人也要去选择优良、卫生、营养的食物,而不管他是什么方向出产的;作为一个文明体系,更应该有吐故纳新的胸怀与自觉。

贺麟先生在《知行合一新论》中说:

> 而知行问题,无论在中国的新理学或新心学中,在西洋的心理学或知识论中,均有重新提出讨论,重新加以批评研究的必要。我甚且以为,不批评地研究思有问题,而直谈本体,所得必为武断的玄学(dogmatic metaphysics);不批评地研究知行问题,而直谈道德,所得必为武断的伦理学(dogmatic ethics)。因为道德学研究行为的准则,善的概念,若不研究与行为相关的知识,与善相关的真,当然会陷于无本的独断。至于不理会知行的根本关系,一味只知下"汝应如此"、"汝应知彼",使由不使知的道德命令的人,当然就是狭义的、武断的道德家。而那不审问他人行为背后的知识基础,只知从表面去判断别人行为的是非善恶的人,则他们所下的道德判断也就是武断的道德判断。因为反对道德判断、道德命令和道德学上的武断主义,所以我们要提出知行问题。因为要超出常识的浅薄与矛盾,所以我们要重新提出表面上好像与常识违反的知行合一说。①

---

① 贺麟:《五十年来的中国哲学》,北京:商务印书馆,2002年,第130—131页。

我之所以提出"重建知识论传统之必要"便在于我们传统的学问形态在今日的理智面前已经不再充分,现代自然科学的发达给今人带来了种种便利的同时也将原有的"神道设教"式的"精神信仰"击得粉碎。许多精神层面对人类限制的东西,我们都粗鲁而武断地给他们戴上"封建糟粕"的帽子,可是我们摘掉旧帽子并将其踩在脚下,却没有新的合适的帽子可戴,当人们无法安身立命的时候,任何衣食住行的便利都不能给我们安全感,在《马太福音》第四章耶稣受试探的时候,他引用经文道:"人活着不是单靠食物,乃是靠神口里所出的一切话",对于一个不信奉一神教的民族来说,我们并不是说人活着单靠食物即可,而是我们需要"理"——人类自己的智慧,来作为自己安身立命的所在。

在《思想与社会》中张东荪先生举了一个有趣的例子,他说:"譬如一个教授数学的先生,对于多数学生演算,我们不能说在未教授以前学生已早会算出。这又并不是先生一个人代替大家来算,先生只是指点而已。因为人同此心,心同此理,所以学生们一经指点即会明白。民主主义下领袖只是所谓先觉,一班人之跟着他并不是盲目的亦不是感情的。数学教授亦不免有时算错。学生可以为之改正。在此可见学生所服从的只是数学的道理,而不是先生的说话。民主主义下的人民跟着领袖走,亦不是跟着他这个人,乃是跟着他所揭出的那个理。所以民主主义同时必是理性主义。换言之,在民主主义之下只有讲理。从反面来说,则亦唯有在讲理的人群生活中乃能建立民主制度。"[①] 信仰是一种依靠也是一种限制,当我们感觉它是安身立命之所在的时候,也意味着我们敬畏此种无限者并愿意接受对自己作为一个有限者的限制,而任何信仰形态都不信的人是危险的,一方面表现为他自己身心的无处安顿,另一方面他可以为所欲为让其他人的身心也不得安顿。但是,对于一个不信神的民族来说,我们只有讲"理",如上面张东荪先生所说服从"理"

[①] 张东荪:《思想与社会》,沈阳:辽宁教育出版社,1998年,第205—206页。

不是服从某一个人，承认数学教授的正确也不是因为他是数学教授而是他服从了"理"，不是因为某"人"才信"理"，而是因为"理"才信"人"。"理"是人类智慧的积淀，它不超越于人类，但却独立于"个人"，就此而言，对于有限之"个体"来说，"理"是"无限"的，因此只能讲理、只能敬畏"理"。但是，此理不是超人类的，所以我们又需有时时研究与修正的必要，对"理"的研究便主要是知识论的任务。就对其研究而言，"理"是经验的，但就其"理"可上升为"无限"者而言，"理"是先验的，此种由"经验变先验"之奥妙所在，而且也正是有此种"经验变先验"现象的存在，人类之智慧的积淀方成为可能，我们无法相信耶稣的种种神迹，但是我们却为《圣经》中的智慧所吸引；佛教亦有种种传说，对一个理性的民族来说也是无法相信的，但是释迦牟尼的慈悲精神与作为"觉悟者"的智慧我们却无法抛弃。这些都是因为我们要讲"理"，敬畏"理"，对于任何合乎理性的智慧，我们愿意接受，不是因为他来自东方之佛陀，也不是因为他来自西方的上帝，而是来自我们人类的智慧，来自我们敬畏的人类之"理"。

而知识论正是研究"理"的学问，如贺麟所说："不理会知行的根本关系，一味只知下'汝应如此'、'汝应知彼'，使由不使知的道德命令的人，当然就是狭义的、武断的道德家。而那不审问他人行为背后的知识基础，只知从表面去判断别人行为的是非善恶的人，则他们所下的道德判断也就是武断的道德判断。"此种"武断"态度，无论是武断的道德还是武断的玄学，都是根本与"理"相反的，我们无法接受此种武断正是因为我们只敬畏"理"，那么什么是"理"？如何研究"理"？我们要服从的"理"又有哪些？这便是知识论的主要任务，与传统的认识自然相比，知识论面临新的任务便是"认识人类自己"，认识人自身的"理"。我说过，"理"是人安身立命的所在，它不仅为我们提供存在的理由，而且也限制我们的存在，尤其是后者更能体现人作为人的尊严。近二百年来，人类都在解放自己的道路上前进，解放的结果便是所受的束缚比任何时代都要广且深，原因便在于方向错了，人类试图通过控制自然来解放自己,其实人类最大的束缚是人自身,当我们控制了自然时,我们以为我们自由了,其实,当束缚我们的自然母亲或"天"也被我们嘲弄时,又有什么可以控制我们自身呢?在此种意义上说,我们的束缚更严重了,真正的解放是心灵的解放,是人类自身的反省和对自己自觉的限制,在自觉的限制与束缚中我们的心灵才享受真正的尊严与解放。"上帝死了",可人还活着,那么人类的心灵如何得到新的安顿?只有"自觉"、"自省"、"觉悟",那便是讲"理",用"理"——人类自觉自悟的智慧来限制自己并给人类寻求新的灵魂支点,那种刹车失灵疯狂猛跑的汽车,我们知道他是何等的危险?!那种愿意反躬自省限制自己敬畏"理"的心灵,我们知道她又是何等的高贵!

西方知识论几百年来积累颇丰,但是方向却值得反思,① 他们试图将心灵交给上帝而人类在自然母亲的园地里撒野,以为那便是自由,固然对自然的认识是史无前例的进步的,但是最终都将回到不可知的"物自体"上,那是人类无可跨越的无限之界。此种将人心交给上帝任由自己为非作歹的行为是不负责任的,而且抛开人类自身不顾一味外求的结果必然同时将上帝抛弃,当尼采宣称"上帝死了"的时候,其实真正面临"死"之威胁的是人,上帝死了对于一心驰外的人并不重要,重要的是交给上帝呵护的心灵,如今还能再转交给谁?所以,对于西方有着广泛积累的知识论,无论其方法还是问题视角,都大有我们可以借鉴的地方,但是对于研究的主题应回到"人自己身上","认识你自己"应变成"认识我自己","认识人类自己"当是知识论新的更原本的任务,这便是对人类智慧"理"② 的探究。

---

① 此处的"知识论"更多是一种广义的西方近代以来文明取向的意思,因此说他们方向错了,有对今日文明反思的意味;另外西方知识论的传统界定语境多是面对"自然"的"事实知识",这也是我不能同意的,本文认为更应该回到"人"自身,包括"知识论"的探讨,不能忽视"人",所以说他们方向错了。

② 关于"理"的提法,它有别于"知识之理"的"理",具体如何界定,非本文所能及,此处不赘。

对"理"的探究便是对"普遍必然性"的探求。如我在第五章《内界之格式》中所说，寻求"普遍必然性"正是知识论之基本准则，要遵循此准则将必须区分纯粹知识与经验知识，这也是本文在《引论》中所关注的问题"为何中国缺乏知识论传统"的核心因素之一，不能脱离经验知识而上升到"纯粹知识"层面便无法达到对"必然性"的寻求，尽管有经验知识的丰富积累，但无论再多在性质上也是偶然的，那将意味着不是普遍的也并非必然的可靠，这样便无法形成知识论传统。人类生活若没有普遍必然性知识的保证，便只能生活在迷信、动摇、猜测之中，因为我们无法对我们知道的东西自信，对于那些经验性的知识，我们只能说"可能"或"很可能"是那样，而无法说"必然""一定"是那样，由此以来，我们便生活在不确定的认知世界之中，这并不意味着无法生活而且充满错误，但却意味着充满了不确定、不可知、莫名其妙、不可思议和不可测的未来。

固然，寻求普遍必然性与寻求到普遍必然性有着动机与结果的不同，但是若没有寻求"普遍必然性"的动机和方法，这固然与那没有"寻求到"普遍必然性的结果相同，但两者必然会产生不同的文化系统并过着不同的人类生活。从一定意义上，对"普遍必然性的寻求"就是"普遍必然性的达到"，达到在"过程中"，固然也有不断的猜测、反驳、证实、证伪，但是即便是假设被证伪了，无论其假设还是证伪都是出于对"普遍必然性寻求"中的。与此相对照，那种依靠经验知识生活的民族，也有证实、假设、错误、修正，但这一切都是处在"经验范围内"的修修补补，无论是证实还是证伪都是经验意义上的，因为它没有从经验知识上升到"纯粹知识"，所以即便是类似"天不变道亦不变"的信条也是基于经验上的不必然，这便意味着这样的文化系统无法将知识建立在"寻求普遍必然性"的牢靠基石上。换句话说，经验知识碰巧会对，但我们无法知道它为何对了，这样的对也是偶然的，无法给人可信感；而纯粹知识也会错，①但却可以推导出为何错了，所以即便是错也是可以知道其所以然的，这样的错依然能够给人以可信之感。一句话，若是人类想摆脱因无知（指必然性而言）而产生的恐惧感，那只有走上"纯粹知识"也即对"普遍必然性"知识的寻求之路。

　　这里请注意，对"理"或"普遍必然性"的探求是与人的生活、人自身紧密相连的，若是不去寻求、敬畏"理"，那么人的生存便无原则可言、便无安全感可言，一切的处境都将视有限的人而定，有限者充当无限者是最为可悲的事。作为人，却想不自量力地充当神，肉体凡身却想行神的事业，那么只能是反人类之"理"的。此时若不是因为"理"而信人，而是因人而信"理"，那么一切都将视"人"而定，人是有限者，所以一切都是偶然的、不定的，生活在这样境遇中的人便没有安身立命的依据所在，因为有限的人类的依靠只能是"无限者"，一个有限者不能再找一个"有限者"充当精神寄托，所以此种生存便是朝不保夕的、反理性的、充满恐惧感的。所以，我们必须回到对"普遍必然性"——"理"的寻求上来。固然"理"不是来自神，是处于"建构"中的，但对于任何个体而言，由于"理"承负着整个人类智慧的积淀与整个人类文明史的筛选，所以又同时是"无限"的、"必然"的、"普遍"的。这样，生活在讲"理"社会中的人才有安全感，此时不是某个人来决定另一个人，不是某个人来决定"理"，而是所有人都讲"理"，都服从"理"的准则，这才是理想的、身心有所安顿的人类生活。

　　在此意义上，我提出中国重建认识论传统之必要，此种"重建"不是"恢复"而是"重新建立"，此种新传统的建立，既是一种新的问题的提出，也是一种新的思维方式的引进，就问题本身而言只是关于人类自身，并不分"东西南北"的界域，对于已有资源的借鉴，也不分

---

① 本文此处的对错意思是比如对于"纯粹知识"的界定、论证出现逻辑错误是可能的，或者说对论证的前后认定会产生歧义甚至逐渐发现是"错误"。

东西，所以关于有助于认识人类自身的人类智慧都是需要融会与借鉴的，起初思考的与最终建立的都将关于人自身，而这便是对人类之"理"的探究与重建——也是知识论的主要任务与对其核心问题的回归。

附录一 张东荪著、译、文详细年表

本年表说明：

1. **本年表参考了先前研究者的多种成果。** 具体包括：左玉河先生《张东荪年谱简编》（《张东荪传》附录）、张耀南先生《东荪先生年表》（《张东荪》附录）、克柔女士《张东荪著述简目》（《张东荪学术文化随笔》附录）、马秋丽女士《张东荪主要著作文章目录》（《张东荪哲学思想研究》附录）以及毛翼鹏博士《张东荪著述简目》（博士论文《"多元交互主义"知识论研究》参考文献），我试图综合先前诸位学人之整理而将此年表做成最准确、全面，但恐怕还难免有许多差误。因为对于张东荪先生的大量单篇文章，我并未一一查阅旧刊核对，专著部分也以北大馆藏为限，所以这只是个初步的草稿，比以上参考各版本都全，但估计还是有错误或是遗漏，欢迎提出批评意见并联系作者（zhangyongchao@ zzu. edu. cn）以便于本年表之完善。

2. **需要说明的是，本年表将会是公用的。** 任何张东荪的研究者（以及其他对此感兴趣的学人），若是需要都可以自由使用，**本年表之整理积蓄了各家之心血**，目的也是为了学界对张东荪的研究能更深入、细致、规范。

3. 本年表除了整理张东荪先生在世时的著作、译作、校作、序文、编辑作品、单篇文章外，还整理了"1949 年以后文集选编出版情况"，便于研究者参考。

著作：

《科学与哲学》，上海：商务印书馆，1924 年版

《新哲学论丛》，上海：商务印书馆，1929 年版

《哲学 ABC》，上海：世界书局，1929 年版

《人生观 ABC》，上海：世界书局，1929 年版

《精神分析学 ABC》，上海：世界书局，1929 年版

《西洋哲学史 ABC》，上海：世界书局，1930 年版

《道德哲学》，上海：中华书局，1930 年版

《哲学》，上海：世界书局，1931 年版

《现代伦理学》①，上海：新月书店，1932 年版

《认识论》，上海：世界书局，1934 年版

《价值哲学》，上海：世界书局，1934 年版

《现代哲学》，上海：世界书局，1934 年版

《从西洋哲学史观点看老庄》，北平：燕京大学燕京学报社，1934 年版

《近代西洋哲学史纲要》（与姚璋合著），上海：中华书局，1935 年版

《伦理学纲要》，上海：中华书局，1936 年版

《思想言语与文化》，燕京大学社会学系（社会学界第十卷单行本），1938 年版

《不同的逻辑与文化并论中国理学》，北平燕京学社（燕京学报第二十六期单行本），1939 年版

《知识与文化》，上海：商务印书馆，1946 年版

《思想与社会》，上海：商务印书馆，1946 年版

---

① 张东荪致郭湛波的信中说"《新伦理学》新月书店出版"，张耀南在写《张东荪》一书道德哲学一章时，说"《新伦理学》一书，大陆不得见"，可以推测此书即是新月书店版的《现代伦理学》一书，相对于 1930 年的《道德哲学》，所以张称其为"新伦理学"或者就书内容针对现代诸派来说是"新"。

《理性与民主》,上海:商务印书馆,1946年版
《民主主义与社会主义》,上海:观察社,1948年版

译、校、序、编:

《物种由来》(与蓝公武合作节译),《教育杂志》,1906年第1号
《心理学悬念》(与蓝公武合译),《教育杂志》,1906年第1号
《社会论》(与吴献书合译),上海:商务印书馆,1922年版
《物质与记忆》,上海:商务印书馆,1922年版
《创化论》,上海:商务印书馆,1922年版
《科学与哲学》(卡阿),《东方杂志》,1925年第22卷第2号
《全体主义与进化论》(斯墨次),《哲学评论》,1927年第1卷第2—3期
《柏拉图对话集六种》(改译,初译张师竹),上海:商务印书馆,1933年版
《罗素评唯物论辩证法》,《新民月刊》,1921年第1卷第2期
《哲学与近代科学》(校,郭本道著),上海:世界书局,1934年版
《柏拉图与亚里士多德》(校,严群著),上海:世界书局,1934年版
《洛克巴克莱与休谟》(校,郭本道著),《柏拉图》(校),上海:世界书局,1934年版
《黑格尔》(校,郭本道著),上海:世界书局,1934年版
《柏格森之智慧论》,译者前言,《国民杂志》,1919年第1卷第2期
《唯用派哲学之自由论》,译者开首的话,1925年版
《罗素评唯物辩证法》译者序,《新民月刊》,1935年第1卷第2期
《彭基相译〈笛卡尔方法论〉序》,《文哲月刊》,1936年第1卷第6期
《序姚〈秦汉哲学史〉》,《晨报·思辨》,1936年第42期

《〈现代哲学之科学基础〉序》，《出版周刊》，1936 年第 193 期

《高名凯〈介绍德国胡塞尔的纯相学〉按语》，《丁丑》，1937 年第 1 卷第 1 期

《〈民主化是机关管理〉序》，《国讯》港版，1937 年第 1 卷第 3 期

《催眠心理学》（与蓝公武编），《教育杂志》，1906 年第 1 号

《唯物辩证法论战》（编），北平民友书局，1934 年版

论文：

《真理篇》，《教育杂志》，1906 年第 2 号

《论现今国民道德堕落之原因及其救治法》，《东方杂志》，1911 年第 8 卷第 3 号

《国会性质之疑问》，《庸言》，1913 年第 1 卷第 6 号

《论宪法的性质及其形式》，《庸言》，1913 年第 1 卷第 10 号

《论统治权总揽者之有无》，《庸言》，1913 年第 1 卷第 11 号

《余之民权观》，《庸言》，1913 年第 1 卷第 12 号

《道德堕落之原因》，《庸言》，1913 年第 1 卷第 12 号

《国会选举法商榷》，《庸言》，1913 年第 1 卷第 14 号

《主权讨论之讨论》，《庸言》，1913 年第 1 卷第 14 号

《余之孔教观》，《庸言》，1913 年第 1 卷第 15 号

《论普通裁判制度与行政裁判制度》，《庸言》，1913 年第 1 卷第 15 号

《议员薪俸问题》，《庸言》，1913 年第 1 卷第 16 号

《财政与道德》，《庸言》，1913 年第 1 卷第 16 号

《中国之社会问题》，《庸言》，1913 年第 1 卷第 16 号

《总统连任问题》，《庸言》，1913 年第 1 卷第 17 号

《关税救国论》，《庸言》，1913 年第 1 卷第 18 号

《学者之负担》，《庸言》，1913 年第 1 卷第 18 号

《内阁制之精神》，《庸言》，1913 年第 1 卷第 19 号

《国民之声》,《庸言》,1913年第1卷第20号
《中华民国宪法案略》,《庸言》,1913年第1卷第20号
《国会委员会之研究》,《庸言》,1913年第1卷第20号
《国民会议之主张》,《庸言》,1913年第1卷第21号
《行政权消灭和行政权转移》,《庸言》,1913年第1卷第21号
《政治会议之性质》,《庸言》,1913年第1卷第23号
《行政裁判论》,《庸言》,1913年第1卷第23号
《司法问题与教育问题》,《庸言》,1913年第1卷第23号
《对抗论之价值》,《庸言》,1913年第1卷第24号
《法制国论》,《庸言》,1913年第1卷第24号
《论二院制与一院制》,《庸言》,1913年第1卷第24号
《正谊解》,《正谊》,1914年第1卷第1号
《内阁论》,《正谊》,1914年第1卷第1、2号
《约法会议之商榷》,《正谊》,1914年第1卷第2号
《中国共和制度之最后裁判》,《正谊》,1914年第1卷第3号
《政治革命与社会革命》,《正谊》,1914年第1卷第4号
《读张秋桐"政本论"》,《正谊》,1914年第1卷第4号
《予之联邦组织论》,《正谊》,1914年第1卷第5号
《复辟论之评判》,《正谊》,1914年第1卷第6号
《根本救国论》,《正谊》,1915年第1卷第7号
《吾人之统一的主张》,《正谊》,1915年第1卷第8号
《政治根本论》,《甲寅》,1915年第1卷第5号
《行政与政治》,《甲寅》,1915年第1卷第6号
《政制论(上)》,《甲寅》,1915年第1卷第7号
《宪法与政治》,《甲寅》,1915年第1卷第9号
《吾人理想之制度与联邦》,《甲寅》,1915年第1卷第10号
《地方制草案的商榷书》,《大中华》,1916年第2卷第12号
《贤人政治》,《东方杂志》,1917年第14卷第11号

《〈学灯〉宣言》，《时事新报·学灯》，1918年3月4日
《世界共同之一问题》，《时事新报》，1919年1月15日
《不骂主义之胜利》，《时事新报》，1919年3月20日
《政治上怀疑论之价值》，《民铎》，1919年第1卷第6号
《新学会宣言书》，《解放与改造》，1919年第1卷第1号
《罗塞尔的"政治理想"》，《解放与改造》，1919年第1卷第1号
《第三种文明》，《解放与改造》，1919年第1卷第1号
《指导竞争与运动》，《解放与改造》，1919年第1卷第2号
《中国的知识阶级的解放与改造》，《解放与改造》，1919年第1卷第3号
《奥斯氏社会主义与庶民主义》，《解放与改造》，1919年第1卷第3号
《头目制度与包办制度之打破》，《解放与改造》，1919年第1卷第5号
《我们为什么要讲社会主义》，《解放与改造》，1919年第1卷第7号
《妇女问题杂评》，《解放与改造》，1919年第1卷第8号
《青年之苦闷》，《解放与改造》，1919年第1卷第8号
《所望于和平会议者》，《东方杂志》，1919年第16卷第1号
《社会主义与犯罪学》，《新群》，1919年第1卷第2号
《报纸的现在与未来》，《晨报副刊》，1919年12月
《杜威论思想》，《新中国》，1919年第1卷第2号
《突变与潜变》，《时事新报》，1919年10月1日
《答章行严君》，《时事新报》，1919年10月12日
《职业自由的要求》，《解放与改造》，1920年第2卷第2号
《评资本主义的办事方法》，《解放与改造》，1920年第2卷第3号
《利害背后的人性冲突》，《解放与改造》，1920年第2卷第3号
《改造要全体和谐》，《解放与改造》，1920年第2卷第5号

《科学的平民化与学校的工厂化》,《解放与改造》,1920年第2卷第8号

《中国之前途:德国乎?俄国乎?》(与张君劢合撰),《解放与改造》,1920年第2卷第14号

《现在与将来》,《改造》,1920年第3卷第4号

《由内地旅行而得之又一教训》,《时事新报》,1920年11月5日

《大家须切记罗素先生给我们的忠告》,《新青年》,1920年第8卷第4号

《长期的忍耐》,《新青年》,1920年第8卷第4号

《答高践四书》,《新青年》,1920年第8卷第4号

《再答颂华兄》,《新青年》,1920年第8卷第4号

《张东荪答书(答傅铜)》,《哲学》,1921年3月

《柏格森哲学与罗素的批评——一个批评的研究》,《民铎》,1921年第3卷第1号

《一个申说》,《改造》,1921年第3卷第6号

《论精神分析》,《学灯》,1921年5月12日

《我们所能做的》,《时事新报》("社会主义研究"1号),1921年9月16日

《讨论佛教的两封信》,《学灯》,1922年5月10日

《对于中国共产派及其反对者的忠告》,《时事新报》,1922年4月

《哲学与科学》,《学灯》,1922年6月

《思想问题》,《学灯》,1922年6月

《连省自治与国家社会主义——致陈独秀的一封信》,《学灯》,1922年9月

《我对于基督教的感想》,《生命》,1922年第2卷第7号

《文化运动与教育》,《教育杂志》,1922年第14卷第3号

《读〈东西文化及其哲学〉》,《时事新报》,1922年3月19日

《新实在论的伦理主义》,《东方杂志》,1922年第19卷第17号

《宪法上的议会问题》，《东方杂志》，1922 年第 19 卷第 21 号

《这是甲》，《东方杂志》，1923 年第 20 卷第 1 号

《批导的实在论》，《东方杂志》，1923 年第 20 卷第 3 号

《知识之本质——"这是甲"续篇兼答张君劢和王晋鑫两先生》，《教育杂志》，1923 年第 15 卷第 4 号

《关于科学与人生观论战给杏佛的信》，《时事新报·学灯》，1923 年第 6 期

《极端的理想化主义》，《时事新报学灯》，1923 年第 10 期

《相对论的哲学与新伦理主义》，《东方杂志》，1923 年第 20 卷第 9 号

《劳而无功——评丁在君先生口中的哲学》，《学灯》，1923 年 6 月 15—16 日

《谁能救中国》，《东方杂志》，1923 年第 20 卷第 12 号

《唯用论在现代哲学上的真正地位》，《东方杂志》，1923 年第 20 卷第 15—16 号

《新实在论的研究》，《东方杂志》，1923 年第 20 卷第 23 号

《人权与省宪》，《法学季刊》，1923 年第 1 卷第 5 号

《康德杂谈》，《学灯》，1924 年第 4 期

《中国政制问题》，《东方杂志》，1924 年第 21 卷第 1 号

《国内战争六讲·跋》，《学灯》，1924 年 10 月 12 日

《联邦论辩》，《东方杂志》，1925 年第 22 卷第 6 号

《席勒"唯用派哲学之自由论"按语》，《东方杂志》，1925 年第 22 卷第 9—10 号

《甘地动机与马克思动机》，《北京晨报》，1925 年 6 月

《出世思想与西洋哲学》，《东方杂志》，1925 年第 22 卷第 18 号

《思想的方法》，《学生杂志》，1926 年第 3 卷第 1 期

《初学哲学之一参考》，《东方杂志》，1926 年第 23 卷第 1 号

《由自利的我到自制的我》，《东方杂志》，1926 年第 23 卷第 3 号

《兽性问题》，《东方杂志》，第 23 卷第 15 号

《西方文明与中国》，《东方杂志》，1926 年第 23 卷第 24 号

《名相与条理——唯理派思想之来历及其分析》，《东方杂志》，1927 年第 24 卷第 3—4 号

《因果律与数理》，《哲学评论》，1927 年第 1 卷第 1 期

《新创化论》，《东方杂志》，1928 年第 25 卷第 1 号

《宇宙观与人生观——我所献议的一种》，《东方杂志》，1928 年第 25 卷第 7—8 号

《快乐论：其历史及其分析》，《哲学评论》，1928 年第 2 卷第 3 期

《休谟哲学与近代思潮》，《哲学评论》，1928 年第 2 卷第 1 期

《现代哲学鸟瞰》，《东方杂志》，1929 年第 26 卷第 17 号

《严肃主义：其历史及其批评》，《哲学评论》，1929 年第 3 卷第 1 期

《将来之哲学》，《哲学评论》，1930 年第 3 卷第 2 期

《新有鬼论与新无鬼论》，《东方杂志》，1930 年第 27 卷第 5 号

《苏格拉底以前之希腊哲学》，《光华大学"哲学会哲学研究"》，1930 年第 8 期

《哲学不是什么》，《哲学月刊》，1930 年第 3 卷第 1 号

《哲学与科学》，《大公报"社会科学"》，1930 年第 52、53 期

《伦理思想上的两种进化论》，《哲学评论》，1930 年第 3 卷第 4 期

《哲学之误解》，《大公报·现代思潮》，1931 年第 2 期

《我亦谈谈辩证法的唯物论》，《大公报·现代思潮》，1931 年第 3 期

《全国动员与学哲学的人们》，《大公报·现代思潮》，1931 年第 7 期

《苏格拉底之道德论》，《民铎》，1931 年第 11 卷第 1 期

《条理范畴与设准》，《哲学评论》，1931 年第 4 卷第 2—4 期

《柏拉图与苏格拉底的事迹》，《哲学评论》，1931 年第 4 卷第 2 期

《答张抱冰关于哲学三问》,《大公报·现代思潮》,1932 年第 31 期
《我们要说的话》,《再生》,1932 年第 1 卷第 1 号
《莫斯科印象记三则》,《再生》,1932 年第 1 卷第 1 号
《生产计划与生产动员》,《再生》,1932 年第 1 卷第 2 号
《书评〈土地问题〉〈国风月刊〉》,《再生》,1932 年第 1 卷第 2 号
《党的问题》,《再生》,1932 年第 1 卷第 3 号
《阶级问题》,《再生》,1932 年第 1 卷第 4 期
《辩证法的各种问题》,《再生》,1932 年第 1 卷第 5 期
《认识论的多元论》,《大陆杂志》,1932 年第 1 卷第 3—5 期
《为国家计与为国民党计》,《再生》,1932 年第 1 卷第 6 号
《苏格拉底之辩诉(译)》,《燕大月刊》,1932 年第 9 卷第 2 期
《民主与专政是不相容的吗》,《再生》,1932 年第 1 卷第 7 号
《"国民无罪"评国民党内的宪政论》,《再生》,1932 年第 1 卷第 8 号
《民主与专政的讨论——与孙宝刚讨论》,《再生》,1932 年第 1 卷第 9 号
《现代教育制度的缺点》,《读书通讯》,1932 年第 33 期
《我们与他们》,《再生》,第 1 卷第 10 号
《中性子的发现是否有助于唯物论》,《再生》,1933 年第 1 卷第 10 期
《教训》,《再生》,1933 年第 1 卷第 11 期
《讨论道德根本问题答素痴先生》,《再生》,1933 年第 2 卷第 2 期
《道德概念》,《大公报"世界思潮"》,1933 年 7 月 21 日
《科学的哲学概论:近代哲学之解剖》,《图书评论》,1933 年第 1 卷第 8 期
《科学之解剖》,《图书评论》,1933 年第 1 卷第 8 期
《动的逻辑是可能的么?》,《新中华》,1933 年第 1 卷第 18 期
《从西洋哲学观点看老庄》,《燕京学报》,1934 年第 16 期

《思想论坛上几个时髦问题》，《新中华》，1934 年第 2 卷第 10、11 期

《哲学是有党派的吗?》，《光华大学半月刊》，1934 年第 2 卷第 7 期

《唯物辩证法论战·弁言》，《唯物辩证法论战》，民友书局 1934 年版

《唯物辩证法之总检讨》，《唯物辩证法论战》，民友书局 1934 年版

《答复〈张东荪哲学批判〉著者之公开信》，《唯物辩证法论战》，民友书局 1934 年版

《现代的中国怎样要孔子》，《正风半月刊》，1935 年第 1 卷第 2 期

《孔子论仁》，《新民月刊》，1935 年第 1 卷第 1 期

《最近社会学研究之趋势》，《出版周刊》，1935 年第 115 期

《发刊词》，《文哲学刊》，1935 年第 1 卷第 1 期

《关于名学的性质》，《正风半月刊》，1935 年第 1 卷第 12 期

《关于逻辑的性质》，《哲学评论》，1935 年第 6 卷第 1 期

《十年来之哲学界》，《光华大学半月刊》，1935 年第 3 卷第 9—10 期

《从我们所谓的哲学看唯物辩证法》，《大公报》，1935 年 4 月 14 日、16 日

《从我们所谓的哲学看唯物辩证法（摘要）》，《哲学评论》，1935 年第 7 卷第 1 期

《教育与中国出路》，《新民月刊》，1935 年第 1 卷第 6 期

《结束训政与开放党禁》，《自由评论》，1935 年第 1 期

《〈张东荪的多元认识论及其批评〉跋》，《张东荪的多元认识论及其批评》，詹文浒编，上海：世界书局，1936 年版

《怎样研究哲学》，《出版周刊》，1936 年第 173—174 期

《评共产党宣言并论全国大合作》，《自由评论》，1936 年第 11 期

《从教育的意义上欢迎共产党的转向》，《再生》，1936 年第 3 卷第 10—11 号

《从拥护政府说起》，《自由评论》，1936 年第 11 期

《名学导言》，《民族杂志》，1936 年第 8 卷第 3 号

《关于陶许两封信的感想》，《自由评论》，1936 年第 28 期

《我对于哲学与政治之关系的意见》，《自由评论》，1936 年第 35、36 期

《从中国语言构造上看中国哲学》，《东方杂志》，1936 年第 33 卷第 7 号

《我亦谈谈梁任公辛亥革命以前的政论》，《自由评论》，1936 年第 19 期

《多元认识论重述》，《东方杂志》，1936 年第 33 卷第 19 号

《关于宋明理学之性质》（与熊十力论学来往信札），《文哲月刊》，1936 年第 1 卷第 6 期

《多元认识论重述》，《张菊生先生七十生日纪念论文集》，上海：商务印书馆，1937 年版

《思想自由与立国常轨》，《再生》，1937 年第 4 卷第 1 期

《说自己的话》，《再生》，1937 年第 4 卷第 1 期

《思想自由问题》，《文哲月刊》，1937 年第 1 卷第 10 期

《哲学究竟是什么？》，《东方杂志》，1937 年第 34 卷第 1 期

《思想言语与文化》，《社会学界》，1938 年第 10 期

《康德哲学之专门名词》，《研究与进步》，1939 年第 1 卷第 1 期

《知识社会学与哲学》，《研究与进步》，1939 年第 1 卷第 4 期

《不同的逻辑与文化并论中国理学》，《燕京学报》，1939 年第 26 期

《不同的逻辑与文化》，《读书通讯》，1940 年 24 期

《当今教育上不相属的问题》，《教育学报》，1941 年第 6 期

《学术统制与自由（问题笔谈）》，《读书通讯》，1942 年第 34 期

《朱子的形而上学》，《中大学报》，1945 年第 3 卷第 1—2 期

《〈正报〉发刊词》，《正报》，1945 年 9 月 1 日

《为什么要实行民主政治》，《正报》，1945 年 9 月 5 日

《党派息争是建设之先决问题》,《正报》,1945年9月8日

《一个提供大家参考的建国方案》,《正报》,1945年10月18日、11月1日

《关于政治协商会议所议的时间》,《民主》,1945年第14期

《虞美人咏》,《燕大双周刊》,1945年第2期

《创造的形象》,《燕大双周刊》,1945年第2期

《五四运动并未停止》,《青年世界》,1946年第1卷第4期

《我们的路线》,《民主周刊》,华北版第3卷第8期

《一个中间性的政治路线》,《再生》,1946年第118期

《美国对华政策和中国应有的反应》,《再生》,1946年第124期

《中国之过去和将来》,《观察》,1946年第1卷第1—6号

《士的使命与理学》,《观察》,1946年第1卷第13号

《追述我们努力建立"联合政府"的用意》,《观察》,1947年第2卷第6号

《和平何以会死了》,《时与文》,1947年第1卷第3号

《哲学是什么?哲学家应该做什么?》,《时与文》,1947年第1卷第5期

《中国民族的良心》,《国讯周刊》,沪版1947年第412期

《狱中生活简记》,《观察》,1947年第2卷第13—17期

《为中国问题忠告美国》,《时代批评》,第4卷第85期

《为中国问题再忠告美国》,《时代批评》,1947年第4卷第93期

《美国对华与中国自处》,《文汇报》,1947年第1卷第2期

《从"20世纪哲学"里的苏联哲学说起》,《中国建设》,1947年第4卷第4期

《最近时局》,《现代文摘》,1947年第1卷第1期

《我对于当前和平运动的意见》,《燕京新闻》,1947年第13卷第33期

《答林布君兼论左派理论》,《时与文》,1947年第1卷第14期

《论政治斗争》,《国讯》,1947 年第 1 卷第 1 号
《我亦追论宪政及文化的诊断》,《观察》,1947 年第 3 卷第 7 期
《敬答樊弘先生》,《观察》,1947 年第 3 卷第 16 号
《关于中国出路的看法——再答樊弘先生》,《观察》,1948 年第 3 卷第 23 期
《政治上的自由主义及文化上的自由主义》,《观察》,1948 年第 4 卷第 1 期
《经济平等与废除剥削》,《观察》,1948 年第 4 卷第 2 期
《自由主义》,《现代文摘》,1948 年第 2 卷第 1 期
《论知识分子在文化上的贡献》,《知识与生活》,1948 年第 27 期
《论知识分子》,《展望》,1948 年第 2 卷第 3 期
《朝国统一问题的教训》,《现代文摘》,1948 年第 2 卷第 9 期
《我对美苏谈判的看法》,《知识与生活》,1948 年第 28 期
《增产与革命——写了〈民主主义与社会主义〉以后》,《中国建设》,1948 年第 3 卷第 4 期
《纪念闻李二先生》,《北大半月刊》,1948 年第 8 期
《由宪政问题起从比较文化论中国前途》,《中国建设》,1948 年第 5 卷第 6 期
《"民主主义与社会主义"补义》(上、下),《观察》,1948 年第 5 卷第 1、3 期
《知识分子今天的任务》,《中建》北平版,1948 年第 1 卷第 2 期
《日本投降三周年感言》,《中建》北平版,1948 年第 1 卷第 4 期
《告知识分子》,《展望》,1948 年第 2 卷第 4 期
《国内知识分子的现状与其历史上传统的惰性》,《真善美》,1948 年第 5 期
《论真革命与假革命》,《展望》,1948 年第 2 卷第 24 期
《知识分子与文化的自由》,《观察》,1948 年第 5 卷第 11 期
《假想中的三次大战与中国》,《展望》,1948 年第 3 卷第 1 期

《从现代观点论朱子形而上学》,《学原》,1949 年第 2 卷第 9 期

《公孙龙的辨学》,《燕京学报》,1949 年第 37 期

《中国哲学史上佛教思想之地位》,《燕京学报》,1950 年第 38 期

《本无与性空》,《现代佛学》,1950 年第 1 卷第 1 期

另:20 世纪 50 年代后所写文字可分为三类:检讨类,今存残篇若干;诗词类,《草间人语》诗存约 70 首,词多不存,哲学诗 46 首,最为完整,张汝伦对哲学诗专门作了本事注;译作类,据《草间人语》中续作补录,他可能翻译了休谟的《人类理解研究》(张译为《人类理解力》),而张耀南见过张东荪译注的《纯粹理性批判》手稿,但此翻译应在 30 年代前后(可能是与蓝公武合译,但具体如何分工尚未查对,与蓝公武版的《纯粹理性批判》有何关系也暂无定论),此草稿较完整,而《人类理解力》未见手稿。

1949 年以后文集选编出版情况:

张耀南编:《张东荪讲西洋哲学》,北京:东方出版社,2007 年版

左玉河选编:《科学与哲学》,北京:商务印书馆,2004 年版

克柔编:《张东荪学术文化随笔》,北京:中国青年出版社,2000 年版

张汝伦选编:《理性与良知——张东荪文选》,上海:上海远东出版社,1995 年版

张耀南选编:《知识与文化——张东荪文化论著辑要》,北京:北京广播电视出版社,1995 年版

《思想与社会》,沈阳:辽宁教育出版社,1998 年版(新世纪万有文库之一,张汝伦作"本书说明")

《唯物辩证法论战》,台湾:地平线出版社影印,1973 年版

《知识与文化》、《思想与社会》、《理性与民主》,台湾:庐山出版社影印,1974 年版

《新哲学论丛》,台湾:天华出版社影印,1979 年版(台湾的出版

信息据张耀南《东荪先生年表》)

张东荪著，左玉河整理：《知识与文化》，长沙：岳麓书社，2010年版

张东荪著，左玉河整理：《理性与民主》，长沙：岳麓书社，2010年版

《张东荪全集》，张耀南先生和左玉河先生都在努力，但种种原因，尚未出版

附录二 张东荪研究文献索引
（1920—2011）[①]

一、专著部分

（一）已出版专著

马秋丽：《张东荪哲学思想研究》，现代教育出版社，2008年版

张汝伦：《诗的哲学史——张东荪西哲诗本事注》，广西师范大学出版社，2002年版

左玉河：《张东荪学术思想评传》，北京图书馆出版社，1999年版

左玉河：《张东荪传》，山东人民出版社，1998年版（2009年红旗出版社再版）

张耀南：《张东荪》，台北东大图书股份有限公司，1998年版（世界哲学家丛书）

左玉河：《张东荪文化思想研究》，中国社会科学出版社，1998年版

张耀南：《张东荪知识论研究》，台湾洪叶文化事业有限公司，1995年版（国学精粹丛书37）

贺麟：《当代中国哲学》，胜利出版公司，1947年版（2002年商务

[①] 需要说明的是，本《文献索引》参考了"已出版专著"中的部分附录；学位论文多从学位论文网查得，并没有全看，只选择以张东荪为"关键词"的收录；而单篇论文多从期刊网查得，大致有三百多篇，仅选取以张东荪为主要研究对象者，有个别论文是从所读文献中辑录而得，详见本论文第一章"研究综述"部分。

印书馆再版题名《五十年来的中国哲学》）

詹文浒编：《张东荪的多元认识沦及其批评》，上海世界书局，1936年版

郭湛波：《近五十年中国思想史》，北平人文书店，1936年版（2005年上海古籍出版社再版）

叶青：《张东荪哲学批判》，上海辛垦书店，1931年版

（二）学位论文

1. 博士学位论文

毛翼鹏：《"多元交互主义"知识论研究》，华东师大馆藏2003

耿彦君：《唯物辩证法论战研究》，社科院馆藏，2003

贡华南：《知识与存在——对中国现代知识论的存在论反思》，华东师大馆藏2002（2004年学林出版社已出版）

张耀南：《张东荪知识论研究》，北大馆藏1994

2. 硕士学位论文

左小白：《张东荪伦理思想研究》，南昌大学馆藏2009

刘秋庚：《论张东荪关于语言与中西哲学形态关系的论述》，华东师大馆藏2009

戴薇：《张东荪早期政治思想论略（1912—1922）》，厦门大学馆藏2008

郭广：《张东荪科学文化观研究》，武汉理工大学馆藏2008

刘丽萍：《张东荪逻辑文化思想研究》，湘潭大学馆藏2007

黄涛：《张东荪政治哲学思想研究》，南昌大学馆藏2007

史云虹：《张东荪文化观解读》，辽宁师大馆藏2007

吴晓番：《张东荪真理观研究》，华东师大馆藏2007

陈江勇：《略论后期张东荪的中国哲学思想》，云南师大馆藏2005

邓景异：《知识与文化——张东荪知识论研究》，北大馆藏2005

王洪：《张东荪文化思想述评》，北大馆藏1989

向宁：《张东荪哲学思想剖析》，北大馆藏1984

（三）其他相关文献

纪文勋：《现代中国的思想冲突——民主主义与权威主义》，程农、许剑波译，山西人民出版社，1989年版（有对"二张集"的说明）

董世贵、张彦之：《北平和谈纪实》，文化艺术出版社，1991年版

葛思恩、俞湘文编：《俞颂华文集》，商务印书馆，1991年版（"论张东荪"一文收入于此）

舒金城：《中国现代哲学人物评传》，中共中央党校出版社，1991年版（有张东荪一节）

谢泳：《旧人旧事》，上海人民出版社，1996年版（"张东荪与《观察》""张东荪这个人"部分）

张中行：《负暄续话》，中华书局，2006年版（第四章"张东荪"）

张孟劬撰：《遁堪文集》，王钟翰辑，1947年版

卞孝萱：《民国人物碑传集》，团结出版社，1995年版（邓之诚"张君孟劬别传"部分）

钟离蒙、杨凤麟：《中国现代哲学史资料汇编》，辽宁大学哲学系，1981年版（并出续集，文献较全）

熊十力：《十力语要》，中华书局，1996年版（收录张东荪与熊十力论学信札）

蒋匀田：《中国近代史转折点》，香港友联出版有限公司，1976年版

黄玉顺：《超越知识与价值的紧张："科学与玄学论战"的哲学问题》，四川人民出版社，2002年版

钟叔河编订：《林屋山民送米图卷子》，岳麓书社，2002年版（内含张东荪题字）

千家驹：《七十年的经历》，香港镜报文化企业有限公司，1996年版（内有"论张东荪案件"）

朱振才：《建国初期北京反间谍大案纪实》，中国社会科学出版社，2005年版（内有"张东荪出卖情报案"）

胡绳主编：《中国大百科全书·哲学卷》，中国大百科全书出版社，1987年版（杨凤麟撰写"张东荪"条）

民盟文史委员会编：《我与民盟》，群言出版社，1991年版（内有楚图南"民盟工作的片段回忆"涉及张东荪）

二、论文部分

（一）2011—1950年

蓝英年：《话说张东荪》，《同舟共进》，2010年第2期

郭广：《近代科学为什么没有在中国产生？——论张东荪对"李约瑟难题"的求解》，《武汉科技大学学报（社会科学版）》，2010年第1期

吴晓番：《论张东荪的真理观》，《广西大学学报（哲学社会科学版）》，2009年第4期

陈恬慧：《浅谈张东荪民主观之核心要义——自由》，《学理论》，2009年第13期

亓爱艳：《浅析张东荪五四时期的社会主义思想》，《网络财富》，2009年第6期

吴晓番：《张东荪对传统认识论的批判与扩展》，《青岛大学师范学院学报》，2009年第1期

王红霞：《自由知识分子的社会主义诉求——略论20世纪20年代前后张东荪的心路历程》，《济宁学院学报》，2008年第4期

李幼蒸：《忆往叙实：文革时偶获张东荪父子哲学书》，《学习博览》，2008年第10期

王敬华：《论张东荪的道德价值观》，《聊城大学学报（社会科学版）》，2008年第3期

胡丽娟：《张君劢与张东荪绝交原因探析——一个宪政主张上的比较》，《湖南科技学院学报》，2008年第6期

姜继为：《论张东荪民国初年的"小政府大社会"国家观》，《江汉

论坛》，2008年第6期

冬烘刚：《张东荪视角下的五四东西文化论争》，《四川教育学院学报》，2008年第4期

傅国涌：《张东荪：中间势力代言人》，《新世纪周刊》，2008年第11期

周骁男：《初踏宪政之路的张东荪与张君劢》，《长春师范学院学报（人文社会科学版）》，2008年第1期

杜运辉：《张东荪与张岱年的宇宙层次论比较研究》，《天津师范大学学报（社会科学版）》，2008年第1期

龙长安：《论张东荪的联邦制思想》，《同济大学学报（社会科学版）》，2007年第6期

周骁男：《自由的"社会主义"营地——民国初年张东荪与张君劢"社会主义"思想差异》，《绥化学院学报》，2007年第6期

马秋丽：《张东荪对李约瑟难题的解答》，《青海社会科学》，2007年第6期

马秋丽：《张东荪逻辑观述评》，《理论探索》，2007年第6期

傅国涌：《张东荪：中间势力代言人》，《炎黄春秋》，2007年第10期

郑瑞峰：《20世纪40年代张东荪对社会主义的探索》，《吉林广播电视大学学报》，2007年第5期

江琳：《试析张东荪的"文化主义的决定论"》，《历史教学（高校版）》，2007年第7期

周骁男：《源于旧学的自由起点——张东荪和张君劢自由思想比较》，《黑龙江教育学院学报》，2007年第6期

赵炎才：《民初政治道德建构思想的历史透视——以〈正谊〉杂志为中心》，《伦理学研究》，2007年第4期

杨延青：《张东荪五四时期社会主义思想流变的探析》，《海峡科学》，2007年第4期

张耀南：《一九三〇年以前中国人对西洋哲学的了解》，《张东荪讲西洋哲学代序》，2007 年

张耀南：《西方文化之输入不能不以哲学为先导》，《张东荪讲西洋哲学点评》，2007 年

王向清：《张东荪论语言与逻辑》，《邵阳学院学报（社会科学版）》，2007 年第 3 期

邱若宏：《五四时期张东荪的社会主义思想述论》，《长沙大学学报》，2007 年第 3 期

付云燕：《张东荪"社会主义"思想探析》，《科教文汇（下半月）》，2007 年第 2 期

张耀南、多元、程广云主编：《论基于知识社会学的中国哲学史研究》，北京：首都师范大学出版社，2006 年第 9 期

胡丽娟：《张东荪的宪政观》，《西安电子科技大学学报（社会科学版）》，2006 年第 6 期

程仲棠：《评张东荪的文化主义逻辑观》，《中国哲学》，2006 年第 3 期

王国银：《化道德为文化——张东荪的伦理思想》，《湖州职业技术学院学报》，2006 年第 2 期

王敬华：《张东荪"人生价值观"初探》，《山东社会科学》，2006 年第 4 期

栾亚丽：《张东荪民主思想探微》，《中共天津市委党校学报》，2006 年第 1 期

沈贞伟：《浅论张东荪的"中间媒介物"思想》，《党史文苑》，2005 年第 24 期

顾红亮：《道德人格与法权人格——梁启超和张东荪论人格与权利》，《东方论坛》，2005 年第 5 期

马秋丽：《张东荪知识社会学视野中的真理观》，《东岳论丛》，2005 年第 5 期

马秋丽：《学说上的社会主义与信仰上的社会主义——张东荪社会主义观浅析》，《当代世界社会主义问题》，2005年第4期

马秋丽：《张东荪论真理之性质》，《自然辩证法研究》，2005年第11期

毛翼鹏：《从张东荪对康德先验哲学的改造看中西方文化融通的形式》，《人文杂志》，2005年第6期

张耀南：《张东荪驳胡适的"哲学消灭论"》，《经纪人学报》，2005年第3期

王存奎：《"五四"时期社会主义问题论战的再思考》，《石家庄经济学院学报》，2005年第4期

成庆：《自由主义与共和主义：现代中国思想史中的两种民主观——以张君劢与张东荪为例》，《天津社会科学》，2005年第4期

杨蕾：《言语、思想与逻辑——张东荪多元逻辑观浅析》，《中州学刊》，2005年第2期

宋宏：《理想的冲突：论20世纪40年代张东荪的社会民主主义思想》，《历史教学问题》，2005年第2期

黄波：《一个卷入"叛国案"的学者——著名学者张东荪的风雨人生》，《文史天地》，2005年第1期

邱若宏：《张东荪民主主义思想述论》，《中南大学学报（社会科学版）》，2004年第6期

周骁男：《张东荪政治思想的总体特征》，《长春工业大学学报（社会科学版）》，2004年第4期

张耀南：《论中国现代哲学史上的"知识社会学"》，《哲学研究》，2004年第7期

贡华南：《20世纪中国哲学家眼中的科学》，《学术月刊》，2004年第10期

周石峰：《趋同与离异：张东荪与文化激进主义和文化保守主义》，《青岛大学师范学院学报》，2004年第3期

马秋丽：《言语与中西文化差异——张东荪的言语观诠次》，《山东大学学报（哲学社会科学版）》，2004年第4期

张耀南：《简论儒学的现代定位问题——兼论张东荪何以不能被称为"现代新儒家"》，《首都师范大学学报（社会科学版）》，2004年第5期

王敬华：《张东荪文化道德观探析》，《广西社会科学》，2004年第10期

马秋丽：《士的功能与知识分子的使命——评张东荪对知识分子问题的研究》，《山东社会科学》，2004年第5期

毛翼鹏：《"多元交互主义"与文化纠偏》，《贵州师范大学学报（社会科学版）》，2004年第3期

张小燕：《张东荪论言语构造与名学方式》，《河北大学学报（哲学社会科学版）》，2004年第2期

周骁男：《张东荪中西之别思想初探——兼与张君劢比较》，《学习与探索》，2004年第1期

周骁男：《张东荪主智的人生观》，《哈尔滨学院学报》，2003年第11期

张耀南：《知识论居先与本体论居先——中国现代哲学家对本体论与知识论之关系的两种见解》，《新视野》，2003年第2期

李事明：《论张东荪抗战胜利后的中间路线》，《五邑大学学报（社会科学版）》，2003年第1期

散木：《从"张东荪案"到"X社案"》，《文史精华》，2003年第11期

马秋丽：《张东荪论〈论语〉中的"仁"》，《山东科技大学学报（社会科学版）》，2003年第4期

黄波：《"书生谋国直堪笑"——关于张东荪》，《书屋》，2003年第7期

李春勇：《中国古代有没有逻辑——从普遍性与特殊性的角度看》，

《南通航运职业技术学院学报》，2003年第1期

马秋丽：《主智与化欲——张东荪对理智与人欲的安置》，《中共济南市委党校．济南市行政学院．济南市社会主义学院学报》，2003年第3期

宋亚文：《试析张东荪的中间路线思想》，《河北大学学报（哲学社会科学版）》，2003年第1期

马秋丽：《蚕食替代，还是相得益彰——张东荪科学与哲学关系主张述评》，《郑州大学学报（哲学社会科学版）》，2003年第6期

萧诗美：《论"是"的本体意义》，《哲学研究》，2003年第6期

张耀南：《评张东荪论中国传统宇宙观》，《哲学研究》，2003年第4期

郝海燕：《科学的精神价值：20世纪初中国思想家之间的争论》，《哲学研究》，2003年第3期

马秋丽：《哲学究竟是什么——张东荪的哲学观述评》，《山东大学学报（哲学社会科学版）》，2003年第1期

韩勤英：《张东荪与北平和谈》，《百年潮》，2002年第6期

李君：《评张东荪对中国哲学特性的自觉》，《中共天津市委党校学报》，2002年第1期

马永康：《"dialectic"译名讨论——以贺麟、张东荪为中心》，《世界哲学》，2002年第1期

张耀南：《论"知识解释说"在中西哲学史上之价值》，《北京行政学院学报》，2002年第2期

曾昭式：《张东荪多元逻辑观试析》，《商丘师范学院学报》，2002年第1期

陈赟：《人格、法权与所有制形式——张东荪论中西人文精神差异之根源》，《社会科学论坛》，2002年第3期

姜继为：《张东荪启人思考的一次发难》，《南京经济学院学报》，2002年第6期

毛翼鹏：《张东荪的"多元交互主义"方法论及其时代贡献》，《江淮论坛》，2002 年第 1 期

高力克：《五四时期研究系的"第三条道路"》，《中共杭州市委党校学报》，2002 年第 5 期

张耀南：《论"士"在现代社会中的角色转换——三论张东荪先生的儒学观》，《湖南大学学报（社会科学版）》，2002 年第 4 期

张耀南：《张东荪定位儒学的三个前提》，《长沙电力学院学报（社会科学版）》，2002 年第 2 期

宋志明：《评张东荪的多元认识论》，《中国人民大学学报》，2002 年第 4 期

张殿兴：《张东荪对中西文化差异性的研究》，《洛阳师范学院学报》，2001 年第 1 期

王国银：《张东荪的人生观》，《湖州师范学院学报》，2001 年第 1 期

张殿兴：《张东荪与张君劢》，《河南商业高等专科学校学报》，2001 年第 3 期

左玉河：《张东荪与中共扑朔迷离的关系》，《党史博览》，2001 年第 5 期

张斌峰：《在逻辑与文化之间：张东荪的逻辑文化观》，《安徽史学》，2001 年第 2 期

张耀南：《从二十世纪中国哲学看张东荪之"架构论"》，《学术界》，2001 年第 2 期

许纪霖：《寻求自由与公道的社会秩序——现代中国自由主义的一个考察》，《开放时代》，2000 年第 1 期

王国银：《试论张东荪的知识标准说》，《湖州师范学院学报》，2000 年第 2 期

张耀南：《从西方哲学看张东荪之"架构论"——"架构论"与怀特海、波普尔及结构主义》，《广东社会科学》，2000 年第 2 期

赵保国：《张东荪逻辑思想透视》，《社会科学辑刊》，2000年第5期

邓安庆：《康德、黑格尔哲学的传播与中国20世纪文化精神的养成》，《湖南师范大学社会科学学报》，2000年第3期

张耀南：《论至善——张东荪先生及著者对康德"至善论"之批评》，《湘潭大学社会科学学报》，1999年第5期

左玉河：《张东荪哲学思想的转变及其原因》，《首都师范大学学报（社会科学版）》，1999年第3期

张耀南：《张东荪与中国哲学的现代化》，《首都师范大学学报（社会科学版）》，1999年第3期

王国银：《张东荪与西洋价值哲学》，《湖州师范学院学报》，1999年第3期

涂志明：《张东荪与五四时期的社会主义思潮》，《党史研究与教学》，1999年第2期

张耀南：《张东荪道德哲学之基本观点》，《长沙电力学院学报（社会科学版）》，1999年第3期

左玉河：《张东荪生平及思想成为学术界研究的热点》，《中国文哲研究通讯》，1999年第2期

张利民：《"张东荪与中西哲学比较"研讨会述要》，《哲学研究》，1999年第2期（人大复印资料，1999年第2期转载）

邱若宏：《张东荪"社会主义"思想述论》，《湖南师范大学社会科学学报》，1999年第1期

吕希晨：《张东荪哲学思想研究》，《天津党校学刊》，1998年第4期

左玉河：《"畸形状态"与"补救之法"——张东荪"理智救国"论评析》，《中州学刊》，1998年第1期

朱正：《亦儒亦侠是吾师——张东荪诗里的梁任公》，《书屋》，1998年第2期

牟永生：《张东荪"知识价值论"探析》，《贵州社会科学》，1998年第3期

王海波：《张东荪：一个不忘朝市的哲学家》，《档案与史学》，1998年第5期

顾红亮：《实用主义真理观与张东荪》，《长沙电力学院学报（社会科学版）》，1998年第3期

邱若宏：《论新文化运动中的张东荪》，《安徽教育学院学报》，1998年第3期

左玉河：《五四时期张东荪的中西文化观》，《历史研究》，1998年第3期

王桧林：《重新认识张东荪》，《史学月刊》，1998年第1期

朱正：《张东荪诗里的梁任公》，《博览群书》，1997年第10期

赵青：《浅谈张东荪与金岳霖知识论之不同》，《天津党校学刊》，1997年第4期

王瑞芳：《试析张东荪的"社会文化层"理论》，《中州学刊》，1997年第2期

黎南：《张东荪几次原汁原味的演讲》，《炎黄春秋》，1997年第10期

牟永生：《中国价值哲学研究的新视野——论张东荪价值哲学的意义》，《贵州大学学报（社会科学版）》，1997年第2期

王国银：《张东荪与中国价值哲学》，《人文杂志》，1997年第5期

阎润鱼：《试析五四时期张东荪关于发展中国实业的思想》，《民国档案》，1997年第4期

左玉河：《张东荪传略》，《民国档案》，1997年第1期

王瑞芳：《"化冲突而为调和"——40年代张东荪的中西文化观》，《安徽史学》，1997年第4期

黄岭峻：《中国近代知识分子与实用主义中国化——以张东荪、胡适、陶行知为例》，《安徽史学》，1997年第2期

叶其忠:《从张君劢和丁文江两人和〈人生观〉一文看一九二三年"科玄论战"的爆发与扩展》,《台湾中研院近代史研究集刊第二十五期》,1996 年第 6 期

舒文、张耀南:《论张东荪与冯友兰对理学的不同解释》,《学术界》,1996 年第 1 期

张耀南:《张东荪与金岳霖:两条不同的知识论路向》,《长沙电力学院学报(社会科学版)》,1996 年第 1 期

张耀南:《新理学:张东荪对冯友兰的超越》,《广东社会科学》,1995 年第 6 期

左玉河:《试析张东荪"社会主义的民主主义"理论》,《史学月刊》,1995 年第 2 期

张汝伦:《中国现代哲学史上的张东荪》,《理性与良知——张东荪文选序言》,1995 年

吴孝武:《张东荪与民主主义思潮》,《中国文化》,1995 年第 10 期

武军:《解放战争时期的张东荪》,《淮北煤炭师院学报(哲学社会科学版)》,1994 年第 2 期

《二十和三十年代中国哲学中的精神分析学》,《国外社会科学》,1994 年第 2 期

唐振常:《张东荪先生琐记》,《文汇读书周报》,1994 年 1 月 1 日

刘振义:《试论张东荪的早期政治思想》,《淮北煤炭师范学院学报(哲学社会科学版)》,1993 年第 3 期

韩强:《张东荪多元认识论的文化价值观》,《杭州师范学院学报(社会科学版)》,1993 年第 2 期

李维武:《张东荪与金岳霖:中国现代知识论的两种路向》,《中国文化月刊(台湾)》,1990 年第 127 期

黄克剑:《民主主义:东方文化的现代转机——张东荪先生的中西文化比较研究》,《中国文化月刊(台湾)》,1990 年第 132 期

张慧彬:《张东荪的多元认识论与康德的先验论》,《社会科学战

线》，1988 年第 3 期

张慧彬：《张东荪哲学思想简论》，《齐齐哈尔大学学报（哲学社会科学版）》，1988 年第 1 期

方松华：张东荪，《探索与争鸣》，1987 年第 5 期

张盾：《从逻辑观点看"多元认识论"的困难》，《吉林大学社会科学学报》，1987 年第 5 期

叶笃义：《我和张东荪》，《文史资料选辑增刊第 2 辑》，中国文史出版社，1987 年版

李景林：《张东荪多元认识论简析——兼述张东荪对康德认识论的倒退》，《中国哲学史研究》，1986 年第 2 期

向宁：《张东荪哲学思想剖析》，《中国哲学史研究》，1985 年第 4 期

胡啸：《张东荪的架构论宇宙观和多元认识论》，《复旦学报（社会科学版）》，1984 年第 4 期

胡啸：《评张东荪反马克思主义的三次挑战》，《复旦学报（社会科学版）》，1983 年第 2 期

刘孝良：《评建党时期陈独秀与张东荪关于社会主义问题的论战》，《淮北煤炭师范学院学报（哲学社会科学版）》，1983 年第 1 期

谢扶雅：《怀念张东荪先生》，《台湾传记文学》，1976 年第 29 卷第 6 期

葛懋春：《第二次国内战争时期马克思主义者对张东荪的反动哲学的批判》，《山东大学学报》，1961 年第 4 期

朱作云、庞朴：《张东荪——封建地主买办资产阶级代言人》，《山东大学学报》，1956 年第 2 期

蒋捷夫、葛懋春：《批判张东荪的主观唯心论和不可知论》，《山东大学学报》，1956 年第 1 期

（二）1920—1949 年

大石：《质问张东荪的文化与职业》，《觉悟》，1920 年 3 月 13 日

江春：《张东荪现原形》，《觉悟》，1920年11月7日

力子：《张东荪先生的心理》，《觉悟》，1920年12月21日

力子：《再评张东荪底"又一教训"》，《觉悟》，1920年11月8日

望道：《评张东荪君的"又一教训"》，《觉悟》，1920年11月7日

梁启超：《复张东荪书——论社会主义运动》，《改造》，第3卷第6号（1921）

彭一湖：《我对于张东荪和陈独秀两先生所争论的意见》，《改造》，第3卷第6期（1921）

傅铜：《致张东荪先生书》，《哲学》，第3期（1921）

傅铜：《答张东荪先生书》，《哲学》，第3期（1921）

叶青：《张东荪哲学批判》，《二十世纪》，第1卷第3期（1931）

杜畏之：《唯物论的防御战——致张东荪的公开信》，《读书杂志》，第2卷第5期（1932）

叶青：《动的逻辑是可能的——答张东荪教授》，《新中华》，第1卷第23期（1933）

叶青：《论哲学——驳张东荪教授》，《二十世纪》，第2卷第6期（1933）

张横：《评张东荪氏的哲学观》，《教育·社会》，第1卷第4—6期（1931—1933）

秀侠：《张东荪的哲学——对所提出的"辩证法的各种问题"驳复》，《现代文化》，第1卷第2期（1933）

叶青：《张东荪道德哲学批判》，《二十世纪》，第2卷第8期（1934）

叶青：《与〈再生〉记者谈谈哲学——答复"〈张东荪哲学批判〉底批判"》，《二十世纪》，第2卷第1—3期

杨成柏：《"哲学家底工作"考察——驳张东荪》，《二十世纪》，第2卷第3—5期（1933）

陈序经：《评张东荪先生的中西文化观》，《全盘西化言论续集》

(1935)

孙道昇:《现代中国哲学界之解剖》,《国闻周报》,第 12 卷第 45 期 (1935)

熊十力:《与张东荪论学书》,《哲学评论》,第 9 期 (1936)

张聿飞:《现阶段中国哲学界的派别》,《现代评论》,第 2 卷第 1—2 期 1936 年 10 月

牟宗三:《一年来之哲学界并论本刊》,《广州民国日报·哲学周刊》,第 43 期,1937 年 6 月 24 日

浦熙修:《访问张东荪先生》,重庆《新民晚报周刊》,1945 年 11 月 29 日

《张东荪说:现在对政协的要求就是希望兑现》《新华日报》,1946 年 2 月 7 日

林布:《张东荪先生的思想》,《时与文》,第 1 卷第 12 期 (1947)

文琪:《张东荪论华盛顿与南京之间的距离》,《时与文》,第 1 卷第 12 期 (1947)

陈尉:《革命学者张东荪》,《现代新闻》,第 5 期 1947 年 6 月

俞颂华:《论张东荪》,上海《人物杂志》,第 2 卷第 6 期,1947 年 6 月 20 日

夏炎德:《读了张东荪先生新著〈民主主义与社会主义〉之后》,《世纪评论》,第 4 卷第 5 期,1948 年 7 月